大学生入学教育

主　编　张志勇　姚　娜　刘雪梅

东北大学出版社
·沈　阳·

图书在版编目（CIP）数据

大学生入学教育 / 张志勇，姚娜，刘雪梅主编．—沈阳：东北大学出版社，2023.6（2024.9重印）
ISBN 978-7-5517-3281-9

Ⅰ．①大…　Ⅱ．①张…　②姚…　③刘…　Ⅲ．①大学生—入学教育　Ⅳ．①G645.5

中国国家版本馆CIP数据核字（2023）第114121号

出 版 者：东北大学出版社
地址：沈阳市和平区文化路三号巷11号
邮编：110819
电话：024-83680176（总编室）　83687331（营销部）
传真：024-83687332（总编室）　83680180（营销部）
网址：http://www.neupress.com
E-mail: neuph@neupress.com
印 刷 者：辽宁一诺广告印务有限公司
发 行 者：东北大学出版社
幅面尺寸：185 mm×260 mm
印　　张：13.5
字　　数：354千字
出版时间：2023年6月第1版
印刷时间：2024年9月第2次印刷
责任编辑：白松艳
责任校对：刘淑芳
封面设计：高　飞　潘正一

ISBN 978-7-5517-3281-9　　定　价：48.00元

前言

前 言

大学生入学教育是大学教育的奠基工程，是加强和改进大学生思想教育工作的有效途径和重要内容；是大学生打好思想基础，完成角色转变，适应大学生活的重要阶段；也是大学生形成纪律观念，完善人格修养，规划职业生涯，进而步入科学发展轨道的关键时期。因此，新生入学教育在很大程度上影响着新生的大学生活乃至其一生的发展，它对新生的成长成才发展具有“导航”的作用。

为了更好地帮助新生顺利完成角色转变，尽快适应大学新生活，防止他们因不适应新的、独立的生活而产生困扰和烦恼，我们组织了一批有理论基础和实践经验，并且长期从事学生工作的教师编写了本教材。

本教材共十章，涵盖了大学情况介绍及大学阶段的学习、生活、实践活动等各个重要方面，具体包括：第一章“认识大学，梦想启航”；第二章“热爱大学，善学笃行”；第三章“积极生活，丰富生涯”；第四章“尊重规则，立身为人”；第五章“智慧做人，和谐处世”；第六章“呵护身心，康健阳光”；第七章“自我管理，有序从容”；第八章“国家助学，自强不息”；第九章“防范风险，安全指南”；第十章“规划职业，成就未来”。每章内容深入浅出，文字简洁凝练，便于学生理解与掌握。我们希望通过本教材的引导，帮助学生了解大学，认识大学的生活和学习，学会抓住机遇，学会做人、做事、做学问，学会规划自己的大学生涯和职业生涯，助力未来，走向成功。本书由张志勇（辽宁工程技术大学工商管理学院）、姚娜（西安职业技术学院）、刘雪梅（辽宁铁道职业技术学院）担任主编，具体编写分工如下：张志勇编写第一章、第二章、第三章、第四章，姚娜编写第五章、第六章、第七章，刘雪梅编写第八章、第九章、第十章，最后由张志勇统筹全稿。

本教材在编写过程中，参考、借鉴了一些成熟的研究成果和资料，在此对作者们表示由衷的感谢。广大读者在试用本教材的过程中若发现错误和疏漏之处，恳请不吝批评指正，以便本教材再版时更正完善，我们将不胜感激。

编　者
2023年

目　录

第一章　认识大学，梦想启航

内容导入

大学是人生破茧成蝶的第一步。进入大学，学生终于放下高考的重担，开始追逐自己的理想、兴趣；离开家庭，独立参与团体和社会生活；不再单纯地学习或背诵书本上的理论知识，有机会在学习理论的同时亲身实践；不再由父母安排生活和学习，而是有足够的时间自由处置生活和学习中遇到的各类问题，支配自己的时间。

大学可能是你一生中最后一次系统地接受教育，可以将大段时间用于学习；也可能是最后一次可以集中精力充实自我；也许是最后一次在相对宽容的理想环境中学习为人处世之道。

第一节　了解大学

大学是人的一生中最为关键的阶段，从入学的第一天起，崭新的大学生活就拉开了序幕。面对全新的学习、生活环境，大学新生是否意识到自己的首要任务是尽快适应大学生活、尽快进入大学生“角色”呢？面对新的转折点、新的起跑线，大学新生是否有了一个新的精神面貌、一个新的人生目标、一个新的成才规划呢？读大学，须先从认识大学开始。

一、大学的含义

在中国古代，“大学”一词有两种含义：一是“博学”的意思，二是相对于小学而言的“大人之学”。《大戴礼记·保傅》有言：“古者年八岁而出就外舍，学小艺焉，履小节焉。束发而就大学，学大艺焉，履大节焉。”束发即意味着成人，要开始学习各种技艺、本领，修身养性。现在，“大学”泛指实施高等教育的学校，指提供教学和研究条件、授权颁发学位的高等教育机构，包括综合性大学、专科院校及高等职业院校等。

二、我国大学的发展历程

纵向考察中国古代社会的教育，据文献记载，在中国五帝时代，“大学”一词已经用来指称较高等级的学校。凝聚几千年中华民族精神的《大学》开宗明义地道出了大学的理念：“大学之道，在明明德，在亲民，在止于至善。”大学之道，在于彰显光明的德行，在于使人们达到至善的道德境界。古代各朝代对于大学的称谓各有不同，五帝时代的大学名为“成均”，夏为“东序”，商为“右学”，周为“上庠”。西汉时，汉武帝采取大儒董仲舒的建议创立太学，设置五经博士，为当时的最高学府。西晋时，始设国子学，与太学并立。南北朝时，或设国子学，或设太学，或两者同设。隋朝时，改设国子监。唐、宋亦以国子监总辖国子学、太学、四门学等。元代设国子学、蒙古国子学等，亦称国子监。明、清仅设国子监，为教育管理机关，兼具国子学性质。1905年设学部，国子监遂废。国子学（国子寺、国子监）与太学名称虽异，历代制度亦有变化，但俱为最高学府。国子学是中国封建时代的教育管理机关和最高学府。

书院是中国古代相对独立于官学的民间学术研究和教育机构，它的出现意味着中国民间高等学校的诞生。书院萌芽于唐代，但作为一种教育制度形成、兴盛于宋代。宋代是古代书院产生和发展的重要时期。书院是当时特殊的政治环境和教育环境的产物。北宋书院最显著的标志就是出现了一批私人创办的全国著名的书院。由于书院教育受到官方支持和资助，因而起到了代替和补充官学的重要作用。北宋书院有数十所之多，遍布全国各地，著名的四大书院为岳麓书院、白鹿洞书院、应天书院、嵩阳书院。南宋，书院的发展进入一个新的阶段，其重要标志是书院与理学的结合，书院作为一种制度化的私学逐渐成熟和完善。

1840年鸦片战争之后，洋务运动兴起，西学渐入，出现了许多新式大学堂。这一时期创办的新式学堂以外语学堂和军事学堂为主，如京师同文馆、天津水师学堂、江南水师学堂等。此外，这一时期西方教会也在中国创办学堂，主要是教授外语、宗教及其他西学的书院，如山东的广文书院、上海的圣约翰书院等。1895年，中国在甲午海战中惨败，变法之声顿起。天津中西学堂（天津大学前身）创办。次年，该学堂更名为北洋大学堂，中国近代教育史上第一所大学诞生。1898年戊戌变法，京师大学堂（北京大学前身）成立，这是中国近代第一所国立综合性大学。1902年新颁《钦定学堂章程》，时设京师、北洋、山西三所国立大学堂，并先后创立南京两江、武昌两湖、广州两广、北京京师四大优级师范学堂。全国官私均兴起了办学高潮。1912年以前，中国早期的高等学校中，北洋大学堂和京师大学堂是最重要的两所学堂。1912年，战乱影响了教育的发展，新立中华民国，京师大学堂易名为国立北京大学。

1937年，日本发动全面侵华战争，东部与中部大学相继被迫西迁。北京大学、清华大学和南开大学最后迁至昆明组建国立西南联合大学。国立北平大学、国立北平师范大学和国立北洋工学院迁至陕西，与当地学校合并，组建为国立西北联合大学。不久，先后独立出西北工学院、西北农学院、西北师范学院、西北医学院等院校。1939年国立西北联合大学改称国立西北大学，抗战胜利后，部分师生东返，重建国立北平师范大学和国立北洋工学院。私立大学也多内迁，如作为教会大学的齐鲁大学、燕京大学、金陵大学、金陵女子大学西迁四川，云集成都华西坝。

1949年，中华人民共和国成立。国立中央大学更名为国立南京大学，翌年更名为南京大学。北洋大学更名为天津大学。所有私立大学包括教会大学改造为公立大学。1952年，高等教育摒弃欧美大学模式，采用苏联模式，编译苏联教材，对全国高等院校进行院系大调整。

受社会经济发展水平的制约，我国高等教育的发展一度受到很大限制，直到1978年改革开放，才获得了再次发展的机遇。1977年恢复高考之后，大学逐步恢复正常教学。此后的十多年里，中国大学的教学和科研都得到迅速的发展。20世纪80年代以来，在借鉴发达国家高等教育经验的过程中，我国大学不断突破过去三十年形成的苏式体制，积极探索构建具有中国特色的社会主义大学的办学模式。

1995年，我国开始实施在21世纪重点建设100所左右的高等学校和一批重点学科的“211工程”。1999年，我国又正式启动创建若干所具有世界先进水平的一流大学和一批一流学科的“985工程”，清华大学、北京大学、南京大学、复旦大学、上海交通大学、西安交通大学、浙江大学、中国科技大学、哈尔滨工业大学九所大学入选国家首批建设的重点大学。

三、大学的功能

现代大学具有传播知识、培养人才、科学研究和服务社会四大功能。在这四大功能中，传播知识、培养人才是大学的根本，科学研究是对传播知识、培养人才的支撑，而服务社会是现代大学的最终目的。

（一）传播知识

大学通过课堂教学、科学研究、学术探索向学生传授各种学科、门类的科学文化知识，引导青年人认识未知世界、探求客观真理、推进知识创新，为人类文明的宝库不断增添新的财富，从而实现创新和发展人类文明的功能。

（二）培养人才

《中华人民共和国高等教育法》规定：“高等教育的任务是培养具有社会责任感、创新精神和实践能力的高级专门人才，发展科学技术文化，促进社会主义现代化建设。”人才培养不仅是传授专业知识与专业技能，更重要的是促进大学生的全面发展，塑造他们高尚的精神品质，使之具有广博的知识和进行有效思考、表达思想、做出判断、善于创新、适应社会的能力，从而使他们成为服务于中国特色社会主义事业的劳动者、建设者、管理者和领导者。

（三）科学研究

大学科学研究的开展使大学的学科、专业、课程建设、教学内容和方式等与科学技术的发展紧密联系在一起。新的科学研究成果进入大学课堂，是大学教学内容得以不断更新、学术水平不断提高的主要源泉。大学开展科学研究并让学生参与其中，更是激发学生的创新灵感、培养学生创新精神的重要途径。

（四）服务社会

随着新科技革命的兴起，社会各领域、各类型企业基于生存和发展的需要，更加依赖科学技术，因而同高校的联系与合作更加密切。大学通过不断为社会提供新思想、新观念和具有创新思想、创新能力的人才，不断影响社会，引导社会发展和进步。大学作为创造、使用和传播新知识的集散地，通过产学研一体化的发展模式，促进科技成果向现实生产力转化，为我国的改革开放、社会发展与经济建设作出重要贡献。

（五）传承文化与创新

文化是民族的血脉，是人民的精神家园，是民族凝聚力和创造力的重要源泉，是经济社会发展的重要支撑。大学是一个国家的精神高地，是文化传承与创新的重要战略资源。从古代的稷下学宫到现代大学，没有教育，尤其是没有高等教育，就没有民族文化的传承与发展。在清华大学百年校庆时，胡锦涛同志强调说，大学具有文化传承与创新功能。大学无论是在学科建设、人才培养、科学研究、弘扬中华优秀传统文化方面，还是在帮助广大青年树立社会主义核心价值观、建设中华民族共有的精神家园方面，都肩负着推动文化大发展、大繁荣的重要使命和崇高责任。大学要充分发挥文化传承与创新职能，为培养具有中国传统文化、跨文化交流能力及科学技术能力的文化人才作出贡献。大学生要着力提高跨文化意识，培养跨文化交际能力，养成弘扬中华优秀传统文化与吸纳外来优秀文化的自觉性，增强民族文化自信心，进一步拓展跨文化心理空间，展现宽宏大度、兼容并蓄的跨文化人格，在跨文化交际中树立爱国主义精神，激发民族自豪感、自信心。

四、大学的机构设置

当前，我国的大学管理实行党委领导下的校（院）长负责制，校（院）长对学校行政工作全面负责。根据管理工作需要和学科建设发展的要求，大学设立了一些职能管理机构和办事机构，负责处理日常党务和行政工作，并按照学科的不同，建立了专门的学院（系）以加强学生管理。

（一）大学的管理机构

目前，我国的大学一般设有党委办公室、校（院）长办公室、学生工作部（处）、组织部、宣传部、团委、教务处、后勤基建处（总务处）、财务处、招生与就业处、保卫处、科研处、人事处等职能管理机构。

大学生了解大学的机构设置和职能很有必要。一方面，大学教育强调培养大学生的自我管理能力，因此大学生需要自己与这些部门打交道，处理学习和生活中遇到的各种问题；另一方面，大学生要从中学时代的学习和生活模式中走出来，利用学校设立的这些机构很好地培养自己各方面的素质和能力。下面介绍几个与大学生关系比较密切的学校管理机构的职能。

1. 教务处

一般来说，大学的教务处对于学生有两种职能：一是教学管理，二是学籍管理。凡是与教学和学籍相关的事，比如大学生每学期报到注册，大学生转学、休学，每个专业每学期的课程安排、选课、考试安排等，都归教务处管理。

2. 学生工作部（处）

学生工作部（处）是校级的学生管理机构，负责全校学生的思想政治教育和日常管理工作，并指导各院（系）的学生工作。具体的院（系）学生工作由院（系）学生工作组负责，每个院（系）设一名专门负责学生工作的党委副书记（有的兼任副院长）。另外，还有多名政治辅导员。校团委负责指导共青团活动，下有学生会和各种社团，通过开展丰富多彩的校园文化活动、多渠道的社会实践提高大学生的综合素质，培养大学生的能力。

3. 保卫处

保卫处是维护校园秩序的重要部门。能否很好地配合保卫处的管理，反映出大学生法治意识的高低。校园保卫处的职能有：对进出校园的人员、车辆进行管理；做好学生宿舍的防火防盗工作，保护学生财物及人身安全；对校园文明秩序进行监督，防止不文明行为甚至非法行为在校园发生。大学生要配合保卫部门的管理，自觉遵守相应的管理制度，同时也要以主人翁的姿态参与校园治安管理。

4. 招生与就业处

招生与就业处是负责学校招生考试录取及毕业生就业服务的职能部门。其与大学生密切相关的工作是学生的职业发展规划和就业指导，毕业生的就业服务等。招生与就业处通过制订并落实就业指导课程的教学计划，对大学生进行就业和职业发展方面的指导；在大学生毕业学年通过收集与发布就业信息，组织大型招聘会，为毕业生提供就业服务。

大学的管理机构通过制定规章制度进行管理，在学习生活中，大学生要自觉遵守校规校纪。一般情况下，大学生与学校管理机构的联系不是很多，但当大学生在学习、生活上遇到某方面的难题需要解决时，或者在某些特殊阶段，大学生与相关管理部门的联系就会增多。因此，大学生需要知道各管理机构的职能、机构所在位置及机构内教师办公的时间。与学校的管理机构打交道，实质上是与负责处理事情的教师打交道。大学生希望自己的问题能够得到及时解决，这是人之常情，但一定要注意解决问题的程序、原则及基本的礼仪。大学生反映问题一定要实事求是，解决问题时要尊重教师的时间安排，如果碰巧遇到教师工作很忙，可以根据事情的轻重缓急考虑改天再谈。在与负责处理事情的教师打交道时，大学生应该守时守信。

（二）大学的服务机构

根据大学生的学习特点、年龄特点及校园集体生活环境的特点，近年来，各大学为大学生提供的学习、生活服务越发完善，具体表现为增设了一些服务机构并充实了服务内容。下面介绍几个与大学生关系比较密切的大学服务机构的职能。

1. 心理健康教育与咨询中心

心理健康教育与咨询中心是一个由受过专门训练的咨询人员组成的为大学生提供心理帮助的机构。咨询教师运用心理学知识、技巧和技术，通过个别面谈或团体咨询的形式，使前来咨询的大学生在良好的氛围中得到指导和帮助。心理健康教育与咨询中心可以帮助大学生尽快适应大学的学习与生活；帮助大学生解决学习、人际交往中产生的困惑和遇到的阻碍；帮助大学生及时缓解遭遇挫折时产生的悲观沮丧、苦恼烦闷的情绪；并提供增进自我了解、提高心理素质的机会，使各种心理问题得到及时的解决。有的心理健康教育与咨询中心还会在大学生入学时提供一次性格和心理健康方面的测试，帮助大学生及时了解自我。另外，心理健康教育与咨询中心还为大学生开设了心理健康公共选修课和系列讲座，普及心理健康方面的知识。

2. 学生资助管理中心

学生资助管理中心是贯彻落实国家资助政策的服务机构，部分学校的学生资助管理中心挂靠在学生工作部（处）。学生资助管理中心主要负责大学生的国家生源地信用助学贷款，各项奖（助）学金的评审和发放，各项勤工助学工作的具体实施与日常管理等工作。

3. 后勤基建处（总务处）

学校的后勤基建处（总务处）是大学生学习生活的物质保障部门。大学生要在大学里度过四年的集体生活，且每一年在大学校园里的时间近10个月。在这近10个月里，大学生的生活服务大部分都由学校的后勤基建处（总务处）提供，如食堂、宿舍、校医院、校内的商店或超市等。不少大学正在不断改善硬件设施，使大学生的校园生活更加便利，比如有的学校在宿舍安装空调、自助洗衣机等。

大学生要想充分利用学校的服务机构，首先需要知道各服务机构的服务管理规定，只有遵守相关的规定，才能够让服务机构更好地为自己服务。几乎每个服务机构都制定了需要大家遵守的相关管理规定，例如，宿舍管理规定包括会客制度、作息制度、用电制度等；食堂就餐规定包括文明就餐、不插队、节约粮食等。一般情况下，大学生进校后多接触几次，就会清楚地了解这些规定。

五、大学的学生组织

大学是培养学生自我管理、自我服务、自我成长意识与能力的重要场所，为此，我国大学在以上职能管理机构和服务机构的基础上，还设立了团委、学生会、学生社团联合会、大学生艺术团、青年志愿者协会等学生组织，以加强大学生的自我管理和教育。

社团是培养大学生才能的第二课堂。在大学时代培养自己各方面的才能十分重要，大学校园的各种社团不仅能使大学生拥有多姿多彩的校园生活，同时培养了大学生的能力。学生社团一般在指导教师的指导下，由大学生负责社团的组织管理和各种活动的开展，大学生在课余时间参与或者组织一定的社团活动对自己的成长大有裨益。

在此要特别提出的是，目前我国的大学多为校院二级管理，大学生的日常管理工作主要集中在各个学院（系），所以上述部分服务机构和学生组织在校、院层面均有设立。学院（系）一般指定一名副书记或副院长分管学生的思想政治教育和事务性工作，而直接与大学生接触的则是学生辅导员。学生辅导员是为大学生服务的专职教师。在大学里，辅导员的职责主要是把握大学生的发展方向，引导大学生自觉遵守校规法纪，并通过开展各种活动实现大学生的自我教育、自我服务与自我管理。因此，大学生的管理主要依靠学生干部管理和学生自主管理。

六、大学的教学管理

（一）大学的教学管理机构

大学生在整个大学阶段与教学管理机构的联系都很密切。高等学校的教学管理机构一般包括校（院）、院（系）两级。

1. 校（院）级教学管理机构

校（院）级教学管理机构主要是指教务处，它是负责学校教学管理的职能部门。其职责主要包括：负责制定学校教学管理的规章制度；负责组织各院（系）制订和实施各专业人才培养方案，对各院（系）的教学质量进行宏观监控、检查和评估；负责学校教学安排，进行排课、选课和调课管理；负责全校学生学籍管理，进行成绩管理，毕业和学位资格审核；负责教学实践管理，开展学生学科技能竞赛；负责全面管理课程考试和大学英语、普通话水平测试等考试；负责优秀高职高专毕业生选拔升本（本科）工作；负责教材计划、征订、管理等工作。

2. 院（系）级教学管理机构

在院（系）级教学管理机构中，院长（系主任）全面负责院（系）的教学管理和教学研究等工作，分管教学的副院长（系副主任）主持日常工作。院（系）设有教学秘书或教务员，其在院长（系主任）的领导下处理日常教学行政工作，并负责教学状态、教学质量信息的经常性的调查与了解工作。

（二）大学教学管理制度

教学管理的根本任务是遵循教学规律，确保教学的顺利进行和教学质量的提高。为了提高大学生的整体素质和水平，学校会根据国家的有关规定制定学生行为规范、加强学业管理的规章制度，从政策和制度上落实教书育人、管理育人和服务育人。

1. 学籍管理规定

学籍管理是对取得学习资格的大学生从入学与注册，课程的修读、考核和成绩记录，转专业与转学，休学与复学，退学，毕业、结业与肄业，学制与学习年限，学业预警，学业证书管理等方面进行管理。

（1）入学与注册。

入学与注册部分规定了大学生如何办理入学与注册手续。因故不能按期入学者，应当向学校请假，请假时间一般不得超过两周。新生入学后，学校在3个月内按照国家招生规定对其进行复查，复查合格者予以电子注册，取得学籍。从入学当年的12月开始，大学生可在中国高等教育学生信息网（学信网）进行学籍查询。

每学期开学时，大学生应当按照学校规定办理注册手续。学生虽到校，但没有按照规定办理注册手续的，均作为无故未到校处理；未经请假逾期两周不注册者，按自动退学处理。

为加强高校学生管理的基础性工作，高等学校从学生入学次年起至学生毕业，应在每学年第一学期进行学年电子注册。

入学注册和学年电子注册的数据信息将作为大学生完成学业时颁发学历证书和进行学历证书电子注册的依据。

（2）课程的修读、考核和成绩记录。

课程的修读、考核和成绩记录部分内容规定了课程的分类规则，选课规则，学生考核资格及考试方法，课程成绩评定方法，课程考核不及格的处理办法，以及免考、缓考、重新学习等的具体规则。

（3）转专业与转学。

转专业与转学部分规定了大学生转专业、转学的几种情况及办理程序。

（4）休学与复学。

休学与复学部分规定了大学生休学的几种情况，以及休学与复学手续的办理程序。

（5）退学。

退学部分规定了大学生退学的几种情况及处理办法。

（6）毕业、结业与肄业。

毕业、结业与肄业部分规定了大学生毕业、结业与肄业的条件。

（7）学制与学习年限。

学制与学习年限部分规定了高校学分制管理下大学生在校学习的学制与年限。

（8）学业预警。

学业预警部分规定了教学管理部门发出学业预警的几种情形和工作程序。

（9）学业证书管理。

学业证书管理部分规定了学业证书管理的相关要求。

2. 考试管理规定

（1）考试资格。

学生在规定时间内选课并修完一门课程（包括上课、完成作业、参加平时考核等），即可获得参加该课程考试的资格。学期未注册的学生无考试资格，不能参加考试。

（2）缓考规定。

因病要求缓考者，必须出示二级甲等及以上医院的诊断书或学校医院的证明，按照规定办理缓考手续。因事要求缓考者，原则上不批准；特殊情况者，须按照规定办理缓考手续并获得批准。

（3）补考规定。

期末考试成绩不及格的学生，可在下一学期开学后一周内申请补考，由开课学院批准后参加补考。补考缺考者，成绩以零分计。被取消期末考试资格或违纪、旷考的学生，不得参加补考。补考成绩在60分以下者，只能重新学习该课程并再次参加考试。

（4）学生考试违规行为的认定与处理。

为规范对考试违规行为的认定和处理，以及维护国家教育考试的公平、公正，学校规定了学生违反考试公平、公正原则，以不正当手段获得或者试图获得试题答案，篡改或试图篡改考试成绩的考试作弊行为的认定与处理办法。

3. 实习管理规定

（1）专业实习。

专业实习的目的是通过实习，巩固、深化学生所学理论知识，使学生获得初步的组织、管理和技能训练，培养学生的敬业精神、团队精神，以及实践和创新能力。

专业实习可以采取集中与分散、校内与校外、实习与教学相结合等多种形式。专业实习的时间既可以安排在学期内，也可以安排在寒暑假。

专业实习的内容包括以下3方面。

① 课程实习（课程设计及实训）。学生在学完某一门专业重点基础课程后，学校或任课教师集中安排有针对性的实践教学环节。时间一般为1周左右。

② 专业见习、社会实践（含社会调查、军政训练、就业指导、科技创新等）。在专业教学过程中，学校或任课教师组织学生到专业对口的单位见习，把相关课程的专业知识同生产、管理、设计、科研等实际相结合，进一步巩固和提高学生的专业知识和专业技能。时间一般为1周左右，也可以将其分段安排到各教学年度中。

③ 专业实习（毕业实习）。一般在学生获得教学计划相关课程的学分以后，结合毕业论文（设计），有针对性地到相关对口单位搜集毕业论文（设计）资料，在生产管理和科研实践中综合运用所学知识、验证所学知识，为走上工作岗位奠定基础。专业实习一般安排在最后一学年，时间为8～10周。

（2）教育实习。

教育实习是高等师范教育教学计划的有机组成部分和培养合格师资的重要教学环节，其作为对师范生的职前专业训练，是师范教育的一门综合实践课程。

通过教育实习，学生可以把所学的基础理论、专业知识和基本技能初步地综合运用于学校教育教学实践；可以了解和熟悉中小学教育教学工作的基本情况，学习和初步掌握中小学教育教学的一般规律，培养和锻炼从事教师职业的独立工作能力和基本技能；可以对大学生进行热爱人民教师工作的专业思想教育，增强对教育工作的事业心、责任感。

教育实习包括教学工作实习、班主任工作实习和教育调查。教育实习在指导教师和中小学教师的共同指导下进行，教育实习成绩由两方指导教师按照相关标准共同评定并写出评语。教育实习一般采用集中实习的方式进行。

4. 毕业论文（设计）有关规定

毕业论文（设计）是本科学生在校期间综合运用所学的基础理论、专业知识和基本技能，进行科学研究训练的一个重要的综合性教学环节，是检验学生学习质量的重要手段，是本科生毕业及获得学士学位的必要条件，也是衡量本科院校办学质量和办学效益的重要评价指标。

高校本科毕业论文（设计）工作由教务处主管，各二级学院分管教学的副院长负责本学院各专业的毕业论文（设计）工作计划审定、指导教师配备、时间安排、进展情况检查、论文（设计）答辩、论文（设计）评分及优秀论文（设计）评定等组织工作。

毕业论文（设计）有关文件规定了毕业论文（设计）写作基本要求、毕业论文（设计）选题原则、选题方式与要求、毕业论文（设计）开题报告、毕业论文（设计）答辩等内容。

5. 学位授予实施细则

各学校根据《中华人民共和国学位条例》《中华人民共和国学位条例暂行实施办法》，结合本校实际情况制定授予学位工作的实施细则，规定学生获得学位的条件。

对完成教学计划的各项要求，经审核准予毕业的本科生，达到下列水平者，授予学士学位：热爱祖国，拥护中国共产党的领导，愿为社会主义现代化建设服务，遵纪守法，品行端正；较好地掌握了本门学科的基础理论、专业知识和基本技能；具有一定的科学研究、分析与解决实际问题的能力；掌握一门外语，能顺利地阅读本专业的外文书刊；具有一定的计算机基础知识和计算机操作能力。

大学新生应该认真了解学位授予实施细则，对获得学位的条件做到心中有数，尽量早安排、早准备。

（三）学分制管理

1. 学分制简介

学分制是当前大多数高校普遍采用的教学管理制度，大学生在开启大学学习生活前，有必要了解学分制，以及了解在学分制下如何选课、如何处理好必修课和选修课的关系等。

学分制起源于美国，20世纪初，美国大多数高校陆续实行学分制，并进行了不断地改进和完善。现在，学分制改革也已在我国高校全面推行。

学分制是以学分作为计算学生学习量的单位，学生修满一定量的学分并达到学校规定的其他要求后方可毕业。学分制不受学年和专业的限制，具有较大的灵活性：学习成绩优异、学习进度快的学生可以率先修满学分，提前毕业；由于种种原因不能在规定的年限内修满学分的学生，可延长学习时间；有的学生还可以在同一时期修满两个专业的学分。原则上，所有课程（除体育课外）每16~17学时计1个学分；课程设计、实习、工程训练、技能训练、军训等实践环节每一周计1个学分；学生所修读课程经考核合格，方能取得相应课程的学分。

学分制下，学生在学习时间上有较大的自由度，既可按课程表的进程取得学分，也可通过假期自学完成学业取得学分，或半工半读、工读交替完成学业。学生在完成主修专业课程的基础上，可以根据自己的能力和爱好，跨学科、跨年级选课，易产生学习的积极性、主动性，这样，既可以适应学生的各种差异和不同层次的需要，也可以打破同专业学生千人一面的弊端。此外，学生可以通过选课选择教师，这实际上是把激励竞争机制引入教学管理中，可以促进教师教学内容和教学方法的改革，有利于提高教学质量，因此，有人认为学分制的核心是选课制。

学分制下，学生的学籍管理明显区别于学时制，尤其是在转专业、转学、提前毕业、修读辅修专业、学分认定、考试、学习年限、毕业、结业、肄业等方面的规定上，两者有明显的差别，这些方面的规定也与学生的利益息息相关。因此，大学生入学后应尽快了解学校在这些方面的规定，《学生手册》中一般都会有相应的解读。

2. 学分制教学管理

（1）学制与学期。

① 全日制本科标准学制为4年，专科标准学制为3年，学生可以在规定的学习年限内提前修完学分毕业或延长学习时间推迟毕业。学生应征参加中国人民解放军（含中国人民武装警察部队）的，可保留其学籍至退役后一年。

② 每学年设置两个学期，每学期一般为19~20周，其中课堂教学一般安排16~17周，复习和考试时间为2~3周。

（2）课程设置与学分要求。

各专业人才培养方案的课程一般分为公共课和专业课，按课程性质又可分为必修课和选修课。所以，课程一般分为公共必修课程、公共选修课程、专业必修课程、专业选修课程等。本科总学分约为165学分，专科总学分约为135学分。

3. 课程修读与学分管理

① 在学分制教学管理下，学生可自主选择修读的课程并自主安排学习进程。在学期开始之前，学生可以根据教学计划，在导师指导下选择需要修读的课程。

② 学有余力、学分平均绩点达到规定要求的学生，可根据自身实际情况，在修读本专业的同时，选择其他专业作为辅修专业。

③ 学校设置创新学分以鼓励学生创新。学生的科学研究和创造、竞技成果可作为教学计划的补充，并可作为公共选修课程部分的学分。学校应根据有关规定，审批相应的创新学分并记入学生的学籍档案。

4. 课程成绩与学分绩点

① 学生应参加学校统一组织的课程考核，成绩及格者可获得相应的学分；未经考核或考核成绩不及格的课程，不计入学分；未选课而进行修读的课程，学生不能参加相应课程的考试。

② 课程成绩由平时成绩与期末考试成绩组成，比例由学校规定。

③ 成绩的评定，可采用百分制、五级制计分。通常，实验课、实习、毕业论文（设计）及实践性较强的课程成绩评定采用五级制（优秀、良好、中等、及格和不及格）计分，其余课程成绩评定采用百分制（0～100分，不带小数）计分。

④ 学分绩点是综合衡量学生学习质量的标准，绩点越高，说明学生的学习质量越好。学分仅显示学生学习的广度，学分绩点则显示学生学习的深度。

• 课程成绩绩点按照下面的公式计算：

$$课程成绩绩点 = (课程百分制考核成绩 - 50) \times 0.1$$

按五级制计分的课程成绩应换算为百分制成绩后，再用上述公式计算课程成绩绩点。若考核成绩低于60分，则该门课程成绩绩点按0分计。

• 课程学分绩点按照下面的公式计算：

$$课程学分绩点 = 课程成绩绩点 \times 课程的学分数$$

• 平均学分绩点按照下面的公式计算：

$$平均学分绩点 = 各门课程学分绩点之和 \div 各门课程学分之和$$

学分绩点是学生综合素质测评的重要组成部分，是评定奖学金、授予荣誉称号、推荐免试直读研究生的重要依据。

5. 课程选修

选课是实施学分制的前提和必要条件，学生有必要对选课的原则、程序等方面做详细的了解。

（1）选课原则。

第一，学生应以本专业指导性教学计划为依据，在教师的指导下选定课程，并确定修读时间及顺序。

第二，对于连贯性较强的课程，学生应先选修先行课程，再选修后续课程。先行课程考试成绩不及格者，不得修读后续课程。

第三，同一课程有多位教师开课的，学生可以选择自己喜欢的教师开设的课程。

第四，在校全日制本、专科学生每学期选修的学分一般为20学分，通常不能少于18学分，也不能超过30学分。

第五，学生一般不得选修与必修课上课时间冲突的其他课程。

第六，每学期考试课程门数一般不应超过5门。

（2）选课程序。

第一，学生要仔细阅读本专业的指导性教学计划、培养方案，了解所开课程的教学大纲、授课时效及学分数。

第二，选定课程后，学生应打印个人课程表。

第三，学生在开学注册后，才能将预选课程转为正式选课课程。未办理注册手续的学生，其预选课程无效；不能听课和考试，擅自听课、考试者，其成绩不予承认。

第四，课程一经选定，上课两周后，一般不允许再退选或改选。

第五，预选课程转为正式选课课程后，学生应按要求修读、考试；不参加修读或考试者，不能获得该课程的学分。

具体的选课程序：咨询—预选—注册收费—购买材料—上课—考核。

6. 课程重修、免修、间断听课或免听课

（1）重修。

学生课程考核成绩不及格者，予以补考一次。经补考后仍不及格（或学生认为学分绩点较低）的课程，属必修课、专业限定选修课的，学生必须重新学习；属其他选修课的，学生可以重新学习，也可另选性质相同的课程代替。

（2）免修。

学生通过自学，确已掌握某门必修课程内容，达到该课程教学目标要求的，可申请免修（政治理论课、体育课、实践教学环节及各专业规定不能免修的课程除外），但每学期只能免修一门。

申请免修的学生必须在学期末提出申请，同时提供自学的材料，如作业、读书笔记及有关实验等；获得平时成绩者，应在下学期开学初参加学校组织的课程免修考试。

免修考核通过的课程，学生可获得相应的学分，免修课程的成绩按免修考核实际成绩计。

（3）间断听课或免听课。

所选课程听课时间之间有冲突且学校有相关规定的，学生可申请间断听课，学习能力强的学生可申请免听课。学生申请间断听课或免听课的，应在开学后一周内提出申请，一个学期以申请两门课程为限。

申请间断听课的学生，每门课程的听课时数必须达到该课程总时数的1/3，完成指定的作业并参加各阶段的测验和考试。

申请免听课的学生，须按时完成课程实验和任课教师布置的作业，参加课程的统一考核后成绩合格的，即获得该课程的学分。政治理论课、教育理论课、体育课和实践性课程不能申请免听课。

（四）学历与学位

1. 学历

（1）学历的内涵。

学历是指人们在教育机构中接受科学、文化知识训练的学习经历。一个人在什么层次的教育机构中学习，接受了何种层次的训练，便具有相应层次的学历。人们通常所说的“学历”具有特定的含义和特定的价值；一个人具有什么学历，是指一个人最后也是最高层次的一段学习经历，并以经教育行政部门批准、实施学历教育、国家认可的具有文凭发放权力的学校及其他教育机构颁发的学历证书为凭证。

（2）学历的承认。

国家承认的学历在高等教育方面有专科、本科、硕士研究生、博士研究生4个层次。经国家教育行政部门批准或备案的具有举办学历教育资格的普通高等学校（含培养研究生的科研机构）、成人高等学校颁发的学历证书，国家予以承认；通过自学考试，由国务院自学考试委员会授权各省（自治区、直辖市）自学考试委员会颁发的自学考试毕业证书，国家也予以承认。

（3）学历证书的种类。

普通高等教育学历证书分为毕业证书、结业证书、肄业证书3种。

具有学籍的学生学完教学计划规定的全部课程，考试成绩及格（或修满学分），德育、体育合格，准予毕业者，可取得毕业证书。

具有学籍的学生学完教学计划规定的全部课程，其中有一门及以上课程补考后仍不及格，但不属于留级范围或未修满规定的学分，德育、体育合格，准予结业者，可取得结业证书。

具有学籍的学生学满一学年以上、未学完教学计划规定的课程而中途退学者（被开除学籍者除外），可取得肄业证书。

2. 学位

学位是标志被授予者的受教育程度和学术水平达到规定标准的学术称号，分为学士、硕士、博士3级。“博士后”指的是获准进入博士后科研流动站从事科学研究工作的博士学位获得者，不是学位，一些人将博士后看成高于博士的学位，是对我国学位制度的误解。

根据《中华人民共和国学位条例》中的规定，学士学位由国务院授权的高等学校授予，硕士学位、博士学位由国务院授权的高等学校和科研机构授予。高等学校本科毕业生，成绩优良，达到规定的学术水平者，授予其学士学位；高等学校和科研机构的研究生，或具有研究生毕业同等学历的人员，通过硕士（博士）学位的课程考试和论文答辩，成绩合格，达到规定的学术水平者，授予其硕士（博士）学位。作为学位授予单位的高等学校和科学研究机构，应在学位评定委员会做出授予学位的决议后，发给学位获得者相应的学位证书。

3. 学位与学历的关系

学位和学历之间不能画等号，学位是学术称号，学历是学习经历。有某种学位，不一定有某种相应的学历；同样，有某种学历，并不一定有相应的学位。例如，取得硕士学位或博士学位证书的，不一定有硕士研究生或博士研究生毕业证书；取得本科毕业证书的，不一定获得学士学位证书。

学历与学位的区别

仅获得学位证书而未取得相应学历证书者的学历仍为原学历，如有的人学历为本科毕业，尽管以后通过在职人员学位申请取得了博士学位，其学历仍为本科而非“博士学历”。

在职人员申请学位和在职研究生教育也是有区别的。在职人员申请学位不是学历教育，有学位但无学历；而在职研究生尽管是在职人员身份，但与脱产研究生的招生、录取办法和培养方案相同，因此属于学历教育。

第二节　感悟大学精神

大学精神是一种以人为本、充满人文关怀的精神，其使命是把培养具有良好的思想素质的公民放在首位的。大学教育作为引导人的力量，帮助学生提升精神境界较之获得知识在教育目的上更具终极意义。基于这一点，大学精神首先是价值观的教育，体现在它密切关注现实社会，对世界、人类和人生给予热忱关怀，并热情参与到社会活动中，把对真善美的追求，对世界的前途命运、人的价值、社会主义核心价值观的树立作为永恒主题。大学精神作为大学文化的核心，就是大学人群体价值取向的充分体现。

一、何谓大学精神

大学精神既深藏于大学之中，又游离于大学之外。它给大学注入了生命活力，大学不仅仅是教学楼、图书馆等冷冰冰的建筑群落，也不仅仅是人才的集散地，而是人、思想、价值观念、理性思考、创新、智慧与博大胸怀的集合。大学精神是在某种大学理念的支配下，经过所在大学人的努力，长期积淀而成的、稳定的、共同的追求、理想和信念，它是大学生命力的源泉，是大学文化的精髓和核心所在，是对大学的生存起决定性作用的思想导向。大学精神之于大学，正如土壤、空气、水、阳光之于植物一样重要。

二、大学精神的主要内容

从普遍的意义来看，大学精神主要体现为自由精神、民主精神、人文精神、科学精神、批判精神和创新精神。这几种精神互相关联，互相促进。

（一）自由精神

自由精神是大学的基本精神，是大学精神的灵魂，也是大学精神产生和发展的根基。大学是一种学术机构，以学术为根基，以学术为人类服务。“海纳百川，有容乃大”，大学研究高深博大的学问，必须有宽广博大的胸怀，以容纳百家之言。因而，学术自由是大学学术研究活动的题中应有之义。从本质上而言，大学有别于行政机构，也不同于各种经济实体。大学的基本宗旨是发展学术、追求真理。为了追求真理，大学提供自由探索的空间，不允许不利于或者妨碍自由探索的情况存在。这就是大学的自由精神。

大学的自由精神主要体现在学术上，包括教学的自由、研究的自由、学习的自由。当然，这并不意味着不受规范的制约，大学遵循着一定的规律和规范，“自由”地、“随心所欲”地发展着。

学术的自由带来学术的繁荣，“万物并育而不相害，道并行而不相悖”，世界因万事万物并存而呈现出无穷的生机，大学也因各家学说相竞相长而显出学术的生命。学术自由是追求真理的先决条件。大学提倡“百花齐放，百家争鸣”，允许各种学说竞相发展，因而能激发人的创造力和追求真理的勇气，能不断推陈出新，创造新文化，并不断随着时代的进步而进步。反之，如果没有学术自由，就没有创造的自由，也就很难达到很高的学术水平。

自由精神还体现在大学具有自主办学的权利上，这也是大学学术自由的重要条件，它与学术自由相伴而生、相辅相成。

（二）民主精神

民主与专制相对，强调人的自主、自由、平等与进步，强调人性的尊严和个性的发展。

大学是讲“理”的地方，大学的共同宗旨就是追求真理。大学倡导在真理面前、学术面前人人平等，学者有追求学术进步、献身真理的权利。大学有权自主办学，决定自己的教育目标、发展目标和学校内部的运行管理。大学提倡法治与制度创新，校长、教师、学生都是学校的主人，都有权利与义务为学校的发展作出自己的贡献，并依照一套行之有效的制度化方式管理学校，追求大学的“法治”。大学提倡充分发展学生的能力与个性，并追求创造一个民主进步的社会，促进社会的全面发展与进步。

（三）人文精神

广义的人文精神是一个宽泛的概念，在这里，我们使用的是狭义的概念。大学的人文精神就是指大学所倡导的在处理人与自然、人与社会、人与他人、人与自己关系时的价值观及建立在这种价值观基础上的行为规范。具体地讲，大学的人文精神至少包括以下几方面内容：追求生命的价值，追求人自身的完美；发展人性，完善人性；具有强烈的社会责任感和历史使命感及高尚的道德精神；坚持民主参与意识，强化法制契约观念，谋求个性解放，并建立自然、和谐、协调的人际关系；倡导人与自然的和谐与统一。

（四）科学精神

科学精神是科学工作者在科学研究和科学技术发展过程中形成的价值准则和行为规范。大学是开展科学研究、培养科学人才的重要基地，科学家在科学研究中形成的价值准则和行为规范通过教育内化为一代代学者的精神气质，形成了他们的科学良知和科学道德。大学相信科学技术的巨大变革力量并致力于发展科学技术，但它并没有在理性和科学精神面前迷失自我。它意识到科学技术是一把双刃剑，在给人类带来福祉的同时，也会给人类带来灾难。大学责任重大，它在利用科学技术为人类进步服务的同时，也教给人类道德和生存智慧，以使科学技术更好地为人类服务。

（五）批判精神

大学的批判精神是指大学以真理为唯一标准的价值观及在此基础上形成的追求真理、批判错误、纠正错误的行为规范和精神气质。这种批判精神主要体现在三个方面：① 从文化传递的视角看，大学是整理、保存、传递、发展文化的场所，无论是什么文化，都要用批判的眼光看待。② 大学是各种思想观念兼容并蓄、自由发展的场所，各种思想观念是在批判与反批判的交锋中发展的。③ 大学作为探索高深学问的机构，应当在社会批判和监督中发挥自己的独特作用。大学从产生之日起，就不是消极地顺应时代，而是以理性、智慧为武器剖析社会、批判社会、构建社会。

（六）创新精神

大学从产生之日起，就是探索、发现、传播新知识的场所。正是为了探索和发展高深学问，才有了大学。“教师和学生共同探索学问的行会组织”是最初意义上的大学。即使以坚守理性主义和古典主义著称的英国红衣大主教纽曼，也认为大学乃是“一切知识和科学、事实和原理、探索和发现、实验和思考的高级保护力量”。柏林大学的创立确立了教学与科研相结合的办学原则，以发现新知为目标的科学研究成为大学的重要职能，创新、开拓逐渐成为大学精神气质中重要的特征，创新精神也开始有了更为广泛的含义。大学的创新精神，一是指向科学研究，它通过鼓励开拓科学这个无止境的疆界，取得大量开拓性的成果，培养大批的科学家、发明家；二是指向社会发展，大学以新思想、新制度改革社会，推动社会的进步；三是指向人才培养，它把培养具有开拓创新精神的人才作为自己最根本的任务；四是指向大学自身，一代代人不断根据社会经济发展和大学的理念来改造大学、发展大学，使大学成为时代精神的体现者。

大学不仅传递文化，更重要的是选择、批判和创新文化，体现出生机勃勃的向上的创新精神，这种创新精神带有很浓的批判性、前瞻性和引导性。大学的创新精神指向社会的未来，它努力创造生机勃勃的未来社会，而不是被动地由社会所左右。大学的崇高意义在于，它不仅为社会各行各业培养了许多具有创新意识和创新能力的人才，而且为社会培养了具有领先时代潮流的英雄人物，更重要的是它肩负着创新科学文化并使其造福人类的重要使命。

第三节　适应大学生活

步入高等学府，同学们就迈上了人生发展的新阶段，面临着生活上的自理、管理上的自治、学习上的自觉、思想上的自我教育和目标上的自我选择。在这个新阶段，各种困难和矛盾将接踵而来。每一个大学生都会经历一个从盲目到自觉、从被动到主动、从不适应到适应的过程。正确认识自我，实现角色的转变，尽快适应大学生活，顺利地完成从中学到大学的过渡，为自己的大学生活争取一个良好的开端，是大学生首先要做好的一个重要课题。

大学生活与中学生活相比，最大的特点是要求学生自主独立。不论是衣、食、住、行，还是学习、交友乃至认识社会和人生，都需要学生更多地依靠自己的知识能力去思考、判断、选择和行动。生活、学习、人际关系、管理制度等都发生了变化。

精品案例

当“填喂式”遇上“放养式”

对于大学新生张某来说，初进大学最大的不适应就是教学方式的改变。高中时，老师都盯得很紧，不时地有这个测验那个考试，不想努力都难。但是进入大学，作业不经常布置了，以自主学习为主，老师很少主动关注学生的学习。面对这么宽松的学习环境，张某有些手足无措，期末考试各科成绩都亮起了红灯。

案例解决方案

对于大学新生来说，初进大学最大的不适应就是教学方式的改变。很多学生不知道如何由“逼我学”转变到“我要学”。高中学习基本上是被动式的，绝大部分学生都是按照老师的课程安排跟进的。大学则全然不同，学生自由支配的时间越来越多，老师不再施加压力，平时的作业比较少，课程安排一般比较轻松。所以如何学会自主学习，也是所有大学生需要修炼的一门课程。作为新生的班主任建议和教会新生在确定所学课程后，学生自己也要制订一个合理可行的学习目标，并坚持按照计划学习，平时有问题主动请教老师。此外，现在大学上课都是一个教室里有很多学生一起学习的大班，而且大部分的课程都是安排在阶梯教室里进行的，所以建议同学们“抢占”前6排的座位，这样听课效率会高一些。

来源：https://wenku. baidu. com/view/3d64437b0366f5335a8102d276a20029bc646341? aggId=3d64437b0366f5335a8102d276a20029bc646341&_wkts_ =1676343389896&bdQuery= % E5%A6%82%E4%BD% 95%E9%80%82%E5%BA%94%E5%A4%A7%E5%AD%A6% E6%A1%88%E4%BE%8B，略有改动。

一、独立自主地适应生活变化

（一）大学与中学生活方式的差异

我国的中学教育大部分是封闭式教学，中学生的生活范围比较狭小，加之高考的压力，中学生平时的精力主要放在学习上，往往在家庭、学校两点一线之间活动，并且起居由父母安排，除了学习之外，其余的事情不用操心。即便在寄宿制中学，学校离家也不会太远，学生一般一个月或者每周回家一次。进入大学之后，学生生活上最大的变化就是远离父母开始独立生活。大学生活是集体生活，住宿舍、吃食堂，凡事靠自己，个人的经济开支也需要自己把握。这是成长的一个关键时期。很多大学生就是在这个时期开始真正意义上的长大成人。独立是健康人格的重要内容，只有依靠自己的力量面对并解决生活、学习方面的种种问题，学会调整心态，才能彻底实现心理成长。

（二）熟悉并融入新环境

第一次离家远行的入学旅程，是大学生独立处理事情的开始。

首先，大学新生要尽快熟悉校园环境。新生入校后，必须马上熟悉校园情况，如了解教室、图书馆、运动场、商店、食堂等的位置，这样，在办理各种手续、解决各种问题时，会更顺利、更省时。

中国大学生适应量表

其次，大学新生要多向高年级的学生请教。直接向高年级的学生请教是熟悉校园环境最快捷的方法。一般来说，多数高年级的学生都愿意把他们的经验传授给新生，以帮助他们尽快适应校园生活。

最后，在班级中负责一定的工作，争做积极分子，也能帮助大学新生尽快适应校园生活。对环境适应快的大学新生，很快就能成为班级中的核心人物，并负责一定的班级工作或成为积极分子。与老师、同学接触得越多，掌握的信息越多，锻炼的机会也越多，能力提高就越快，自信心也就逐渐建立起来了。

（三）合理安排作息时间

第一，大学新生要合理地安排作息时间，形成良好的作息习惯。有规律的生活能使大脑和神经系统的兴奋与抑制交替进行，天长日久，能在大脑皮层上形成动力定型，这对促进身心健康是非常有利的。

第二，大学新生要保证合理的营养供应，养成良好的饮食习惯。大学生饮食不良主要表现在两个方面：一是饮食不规律，很多人早晨起床较晚，来不及吃早饭便去上课，有的索性不吃早饭，有的则在课间饿的时候随便吃些零食；二是暴饮暴食，大学生主要在食堂就餐，但食堂的就餐时间比较固定，常有大学生由于学习或其他原因错过了开饭时间，于是就吃点饼干、方便面等来对付，等下一顿吃饭时双倍吃回来。长期下去，是很不利于身体健康的。

第三，大学新生要杜绝吸烟、酗酒、沉溺于网络游戏等不良生活习惯。

第四，大学新生要尽量培养多种兴趣爱好，使大学生活变得充实、丰富。大学生要在学习之余多参与体育锻炼和文娱活动，如打球、唱歌、跳舞、下棋等，不但可以缓解紧张的生活气氛，还可以放松心情，有助于提高学习效率。若能拥有一项或多项爱好，将会给自己的人生增添无穷的乐趣，有利于建立自信心，增强社会适应能力。

二、积极主动地适应学习变化

（一）学习要求的变化

大学阶段的学习，知识的广度和深度大大增加，专业方向基本确定，需要大力发挥学习的主动性、创造性。大学里除了公共科目、学科基础课和专业课属于必修课之外，各专业还开设选修课。学生可以根据个人兴趣和能力选修相关课程，因此，自由支配的学习时间增多，学习的自主性大大增强。大学图书资料和各种信息丰富，大学生获取知识的渠道更加多样化，熟练利用图书馆和互联网收集资料与掌握信息成了大学生必备的学习技能。广泛涉猎有关知识，掌握科学的学习方法，培养自主学习和独立思考问题、分析问题、解决问题的能力，是大学阶段学习的重要特点。

（二）学习内容的不同

中学的学习内容重在打基础，而大学学习内容的特点是宽、深、新。“宽”指所学的课程门数比中学要多5～6倍，一般达到四五十门之多，涉及的领域十分广泛；“深”指内容比中学的学习内容要深得多；“新”指大学的学习要把握科技、文化发展前沿的最新知识和最新成果。在中学，学生的学习内容主要是课本知识，基本在课堂上进行，时间也安排得非常紧凑。大学阶段则不同，课程有选修、必修之分，学习场所包括教室、多媒体教室、实验室、图书馆、资料室等。怎样合理安排时间，是对每个大学生的考验。

（三）教学方式的不同

中学以教师课堂教学为主，学生依赖教师和课本；大学的学习更多的是依靠大学生自觉学习，没有老师无处不在的督促，没有家长每时每刻的检查和提醒，也不会有密集的考试，大学生有更多的时间、空间和自主权。不仅课堂上所学的内容要靠大学生自己消化吸收，而且整个知识体系也要靠大学生自己去架构、填充和完善。正因为如此，更需要大学生养成自觉的学习方式和学习习惯。大学的学习相对中学而言，更注重能力的培养和锻炼。

（四）发展目标的不同

中学的发展目标比较单一，主要是学好知识点，考上大学。但是，到了大学，发展目标就要复杂得多。如何掌握现代科学文化知识和专业技能，将来如何在社会立足，怎样为社会作出贡献，这些问题都是大学生在大学阶段要考虑的。

大学的发展目标必须是理想与现实、个人与社会、现在与未来的结合。在大学阶段，每个大学生都应该思索为什么学、学什么、怎么学，每个大学生都应该根据社会的实际需要确立自己的学习方向、学习内容、学习方法，并在学习中培养自己的职业能力。有人说，大学就是寻找自己与社会的结合点。通过大学的学习，大学生应不断缩小寻找的范围，使目标更准确、更有价值，只有这样，才能找到与社会的最佳结合点。

（五）处理好学习与课外活动的关系

大学社团组织的活动丰富多彩，各种讲座、论坛、竞赛、社会实践、志愿服务等活动形式让大学生应接不暇。在丰富多彩的课外活动中，如何明确自己的定位，处理好学习与课外活动的关系，是每个大学生都会面临的问题。

三、巧妙灵活地应对人际关系变化

（一）大学与中学人际关系的异同

中学时期，人际关系主要是友谊关系的一种扩展。在中学，人际交往的对象主要是老师、同窗好友和父母。尤其是班主任几乎天天见面，饥饱冷暖、学习成长，样样关心，父母更是体贴入微、关怀备至。学习内容、学习时间、学习计划都是由老师或家长安排的，学习效果也主要由老师检查。在大学，师生关系和同学关系都发生了巨大变化。从各地来的同学组成新的班级、宿舍，脾气、习惯各不相同，新生可能会感觉难以适应、难觅知音。因此，在学习和生活中，新生需要学习如何做自己的老师，要学会和别人友好相处。

（二）承认差异，巧妙灵活地应对变化的人际关系

与别人友好相处，首先要学会包容彼此不同的生活习惯和价值观。但是，如果他人的生活方式有碍你的生活，如夜里听音乐影响你休息、未经允许随便动你的东西等，你需要委婉地提出意见。

要想处理好同学之间的关系，还要做到对人宽、对己严，切忌以自我为中心，要做到"三主动"，即主动与同学打招呼、主动和同学交流、主动帮助同学，尤其是在帮助同学的时候，不要过于计较能不能、会不会及时得到对方的报答。

第二章　热爱大学，善学笃行

内容导入

读大学，到底读什么？这是每一名大学新生的普遍困惑，也是每一名大学新生真正开始大学学习生活前需要解决的问题。大学与中学阶段相比，尽管学习的形式发生了变化，但根本任务没有变，都是要学习。只不过在大学里不仅要学习而且要学会学习，即掌握有效学习的方法；不仅要跟在老师后面学，更重要的是要树立自主学习、全面学习、创新学习和终身学习的理念。

当今大学生已不再是“两耳不闻窗外事，一心只读圣贤书”的旧式书生了，大学的学习不仅包括与课堂学习有关的听课、读书、做笔记、提问、答问、复习、考试等，还包括课外的自学，如报考研究生、公务员，参加各类职业资格考试，参与社会实践，进行科学实验、研究并撰写论文等。

大学新生不仅要了解大学学习的特点，更要尽快掌握科学的学习方法，培养独立自主的学习能力，这对于提高学习质量和提升学习效率至关重要，也有助于大学生充分利用好大学四年的宝贵时光，为自己的人生道路做好铺垫，从而走出精彩的人生之路。

大学阶段需要学习，其指向当然不仅是知识，更重要的是学会处理问题的方法和具有处理问题的能力；衡量一个人大学读得好不好，不仅在于看他学到了多少知识和技术，还在于看他是否学会了独立的思考，是否训练了批判性思维，是否可以参与到新思想的孕育与传播中去。

读大学到底读什么，见仁见智。总体而言，大学就是学习求知、探索真理、能力养成、思想升华之所。在大学阶段遇事多思多想，多问为什么；要敢想敢为，尝试不同的挑战，不要怕犯错，因为大学是一个可以试错的地方，还有改正的机会。

第一节　大学学什么

一、理解“学习”的含义

在人的一生中，最普遍、最重要的活动之一莫过于学习了，但若问“什么是学习”，大多数人恐怕都难以清楚、明确地做出回答。人类的学习活动经历了一个由简单到复杂、由低级到高级的漫长发展过程。人们对学习的认识也经历了一个由片面到全面、由现象到本质的逐步深化的过程。

在我国古代，“学”与“习”两个字是分开使用和理解的。一般来说，所谓“学”，主要是指获取知识和技能，如接受各种感性知识和书本知识。它与“思”“行”相对，有时又兼有“思”的含义。所谓“习”，主要是指巩固知识和技能，一般包括温习、练习、实习三种含义。概括而言，古代所谓“学习”包括学、思、习、行，而学、思、习、行的过程就是学习的全过程。

现代意义的“学习”概念包含广义和狭义两个层面。从广义上说，学习是指人和动物在生活过程中通过练习获得个体行为经验的过程。按照巴甫洛夫学说，凡能建立条件反射的有机体都有学习的行为。学习是人类和动物生活中的普遍现象。凡是通过行为方式的改变对新的条件、新的环境发生个体适应的地方就有学习。换句话说，凡是个体以自身经验发生的适应都是学习。从低等动物到高等动物，从婴儿到成人，都经常以个体经验的变化去适应其周围生活环境的不断变化。因此，广义的学习，既包括动物的习得行为，也包括儿童学习走路、说话，还包括学生在学校学习知识、技能、习惯、道德、品质等。

从狭义上说，学习专指学生在学校里的学习，是学习的一种特殊形式，即学习是学生在教师指导下，有目的、有计划、有组织、有步骤地获得知识、掌握技能、培养才智的过程。学生的学习在学习内容上以掌握前人经验和行为规范为主；在学习情境上以师生交往为主；在学习形式上是通过课堂教学，以语言为载体，通过他人传递，间接获取知识经验；在发展目标上，学生要德智体美劳全面发展；学习过程一般要经历感知、理解、记忆、应用等阶段。

二、学会成长

大学生从生理年龄上看处于青年早期，从心理年龄上看处于人生第二段“心理断乳期”，从社会年龄上看处于从“自然人”向“社会人”的过渡期。由中学生转变为大学生，不仅是学习层次的提升，更是青年学生走向成年的开始；且不仅是法律成年的开始，更是思想成年、心理成年和行为成年的开始。习惯了有父母在身边照顾的生活，一下子开始集体生活难免会有所不适应，但这种不适应恰恰是人生成长的必经阶段。大学期间，我们要提高独立生活的意识，逐渐培养独立生活的能力，尽快完成角色转变。

大学新生入校时，学习成绩、智商都差不多，又在同样的学习环境、学习体制下求学深造，由同样的教师传授同样的知识，在同一个校园里感受同样的学习氛围，在同样的管理模式下遵守着同样的行为规范，为什么几年后，学生的学习成绩、动手能力、创新意识、社会交往等各方面的综合素质会出现较大的差异呢？除了先天的生理、心理因素及努力程度不同之外，还取决于学生能否尽快地完成角色的转变。大学与中学不同的学习环境、生活环境和发展目标，要求学生尽快适应大学、融入大学，顺利完成从中学生到大学生角色的转变，完成从未成年人向成年人角色的转变，着力增强自主意识、发展意识和责任意识。

（一）培养自主意识

自主意识就是掌握或主宰自己命运的意识、意志和行动，做到自主、独立，遇事有主见，能对自己的行为负责。自主意识是青年学生走向成熟、完成社会化的重要标志。树立了较强的自主意识，就意味着学生可以为自己的发展独立地、理性地做出选择；意味着一旦进行了选择，就能为自己的选择承担责任；意味着有能力对自己进行自我管理。大学里经常提到的“三自”——自我管理、自我服务和自我教育，实际上就是要求大学生增强自主意识。

1. 学会自我管理

所谓自我管理，就是指个体对自身的目标、思想、心理和行为等表现进行的管理，自己把自己组织起来，自己管理自己，自己约束自己，自己激励自己。进入大学之后，父母不在身边，老师也不再如“保姆”般管着学生。在大学里，学生所有的生活方式、休息方式、学习方式几乎都靠自己决定，因此大学生要学会做自己的主人。

2. 学会自我服务

信息的获取是学生自我服务的前提和基础。大学生的学习生活独立性和自主性很强，想要科学合理地安排自己的学习生活，积极有效地收获更多，第一步就是及时获取充分的信息。所以，只有对个人、学校、专业等各方面的信息有比较清晰、完整的认知，学生才可能进一步科学规划、安排自己的学习生活。自我服务的最基本形式是解决各种事务，具体包括思想政治、学习、日常生活、社团活动、就业等方面的内容，这是学生大学生活的核心。自我服务的更高层次服务是在完成各项常规性活动后追求自身能力提高和素质拓展方面的服务。大学生除了要具备专业素质，也要学会锻炼和塑造各方面的能力，这是另外一项重要目标，也是大学生今后成功就业、创业，独立面对社会的必然要求。

任何能力都是在实践中不断摸索、锻炼出来的，正所谓“生活是最好的老师”，只有在生活的实践中不断磨砺，才能逐渐提高独立生活的勇气和能力；只有在实践中勇于面对、大胆实践，才能真正得到锻炼。此外，还要善于在生活实践中不断总结，不要在“同一个地方摔倒两次”，不断分析和总结生活中的经验教训，逐渐形成自己的生活智慧，为将来更好地生活和成长打下良好的基础。

3. 学会自我教育

教育实际上是由自我教育和他人教育组成的，自我教育既是学校德育的一种方法，也是大学生成才的必要途径。

大学往往被称为“半个社会”，在这里你会遇见更多的人，会经历更多的事，人际交往的广度和深度与中学阶段相比大大增加了。独立生活之后，大学生有了更多的自主权，在规划自己生活的同时，也要承担自身行为的一切后果。这就需要大学生在大学期间提高明辨是非的能力。对于什么该做、什么不能做、什么可以做、什么必须做等要有一个清晰的认识，尤其是涉及一些重要决定的时候，更要有清晰的判断和理智的选择。

大学阶段，大学生往往都即将或已经成年，从法律意义上讲是具有完全行为能力的个体，对自己的一切行为及其后果都要独立地承担责任，再不能以自己还小、不懂事为借口做出一些不恰当的甚至是违法乱纪的事情。

学校要按照大学生的身心发展阶段予以适当的指导，同时要激发大学生自我教育的自觉性、积极性，使其善于批评与自我批评，逐步树立明确的是非观念；善于辨别真伪、善恶和美丑，培养自我认识、自我监督和自我评价的能力；勇于肯定并坚持自己正确的思想和言行，否定并改正自己错误的思想和言行。此外，大学生还要善于通过自我教育，形成自信、自强、自立、自尊的良好品质。

（二）培养发展意识

发展意识也可以称为成才意识，就是要求大学生能树立成才目标、明确成才方向，成为一名既能树立远大理想、坚定信念，又善于立足实践、具有创新精神；既具有深厚人文底蕴、扎实专业基础，又具有实践能力、健全人格；既具有社会适应能力、社会责任感，又敢于担当、具有国际视野、全面发展的高素质人才；并进一步增强成才的紧迫感和使命感。

香港中文大学原校长金耀基先生说过："学生在大学里，实际上是学四种东西，一是学怎样读书；二是学怎样做事；三是学怎样与人相处；最后是学怎样做人。"联合国教科文组织"国际21世纪教育委员会"在《学习——内在的财富》报告中，郑重地提出了21世纪教育的四大支柱，即学会做人、学会求知、学会做事、学会共处，并认为这也是21世纪人一生宝贵的支柱。大学阶段的学习任务也需要完善这四个方面的学习。

1. 学会做人

学会做人是四大支柱的关键和核心，也是教育的根本目的。做人需要求学，求学旨在做人。大学阶段的学习，做人比求学更加重要，因为做人乃立身之本。要做一个什么样的人呢？改革开放总设计师邓小平就曾告诫我们，要做"有理想、有道德、有文化、有纪律的"四有新人，而其中最基本、最关键的是要做一个"有德"之人。

"德者，才之帅也。"一个人的道德水准显然是文明社会的第一要求，顺理成章地成为成才的第一标准。人可以没有文化，但不可以没有道德。道德，是人与动物相区别、人之所以称为"人"的重要依据。曾经有人这样说："一个人智育不合格，做不了事情，最多是个次品；若一个人体育（身体素质）不合格，没法做事情，顶多是个废品；但一个人若是德育（思想道德）不合格，那就是人见人恨的危险品。"由此可见道德对一个人的重要性，是为人之本。

重智轻德的后果必然是形成功利主义的人生态度：重视现实，轻视理想；热衷功利，漠视文理；珍视个人，忽视社会；关注物质，鄙视精神；有智商，但没有智慧；有知识，但没有文化；有学问，但没有教养；有欲望，但没有理想；有目标，但没有信仰；有青春，但没有热血。大学生要有正确的思想政治观、是非观和社会公德意识，要时刻告诫自己什么该做、什么不该做，"勿以善小而不为，勿以恶小而为之"，努力培养厚德敬业、自强不息、诚信做人的品德。

2. 学会求知

学会求知就是要学会学习，学生不仅要学会知识，更重要的是要具备不断学习、获取知识的能力。我们身处一个知识爆炸、科学技术迅猛发展的信息时代，学生只一味啃书本或者只掌握本专业范围内的知识是远不能适应时代需要的。当前社会上最受欢迎的是具有创新精神、创造能力的拓荒者。况且，一个人在学校学习的专业知识有百分之八十终生用不上。那为什么还要在学校孜孜不倦地学习呢？实际上，我们一直学习的是一种学习的方法。大学阶段的学习，重要的不是学习系统化、专业化知识本身，而是要学会如何学习，掌握学习的方法，学会如何在纷繁复杂的信息社会里筛选信息、处理信息、管理信息，让信息为己所用。大学生不仅要学习课堂上的内容、书本上的知识，还要去图书馆查阅资料，做实验，参加丰富多彩的课外活动及各种竞赛，参与各种集体和社团活动，听各类讲座，做社会调查，参加社会实践活动等。

有人说，未来的文盲不是没文化的人，而是没有学会学习的人。未来的人不是拼知识，而是拼谁更会学习，持之以恒地学习，活到老学到老，有价值地体现自我。在知识爆炸的今天，学习能力直接影响今后职场和生活。在大学生涯中，每一次课堂讨论、社团活动、实践实习都是在帮助大学生提升学习能力、改善学习方法。大学生要充分利用机会，利用这些资源，做一个会学习的人。

3. 学会做事

学会做事，就是在自身理性的指导下，运用一些方式方法解决日常生活、工作、学习中的问题。做事不难，难的是把事情做好。一件事情摆在面前，从哪方面着手、运用什么方法、需要什么手段、怎么去处理都需要仔细斟酌、慢慢摸索，方能把事情做到完美。因此，学会做事是需要一定的素质和能力的。这种素质和能力包括但不限于劳动技能、合作精神、创新精神、奉献精神、交流能力等。此外，学会做事更多的是指培养学生社会行为技能，包括处理人际关系、团队管理能力等。大学生在校期间，应注重拓宽基础知识、基础理论和相关知识，注意文理结合和知识间的相互作用，注重提升自身的综合能力，努力提高自己的外语水平和计算机操作水平，这将有助于提高学生做事的本领。

做事要有一定的计划，在解决问题之前，做到心中有数。要有一定的条理性，第一步做什么，下一步做什么，要有规划，不能做“无头苍蝇”到处乱撞。失去条理和计划，做事的效率会很低。

做事还要有认真、积极、热情的态度。没有热情、不积极、把做事当作一种负担，做起事来就不会投入，就容易把事情搞砸；不认真、不细心、毛手毛脚，也做不好事，因为成败往往取决于细节。

4. 学会共处

现代社会是合作的社会，个人的力量相对于集体而言是渺小和有限的。一个缺乏合作精神的人很难在事业上有所建树，因此，学会合作必须作为大学学习的一项重要内容。学会合作就是强调人的协调能力和与他人共处的能力，学会爱人，学会包容。

一个身怀绝技的人如不能融入这个社会，特立独行，那一定是小说中的侠客，现实生活中几乎不会有这样的人。相处本身是一门学问，人类用漫长的时间来解决这个问题，但至今仍未彻底解决。

今天我们的文化培养的是一代有着独立精神的新人。独立思考重要，但合作精神更重要。独立精神仅是一种人格体现，并不是处世法宝。人类的处世法宝理应是合作，所以相处就成了当今社会的生存艺术。

人类之所以有今天的繁荣，是相处的结果。人们在相处中学会积极向上，学会利用资源，学会团结就是力量，学会了与人方便、自己方便。只要走入社会，你迟早会明白所谓相处，不是只和你喜欢的人相处，而是要和你不喜欢的人相处，这一条对生存十分必要。

学会相处，会使人感受到社会的美妙，会使人知道个人在集体中的位置，会让我们更有归属感。

（三）培养责任意识

责任意识要求大学生敢于承担不同的角色责任，承担起学生的责任、子女的责任、公民的责任和文化传承的责任。古代儒家将知识分子的责任分为8个循序渐进的层次，即格物、致知、诚意、正心、修身、齐家、治国、平天下。“天下兴亡，匹夫有责”，这是当代大学生需要具备的价值追求和精神气质。

1. 承担对自己的责任

大学生要建立自信的人生观，做好大学生涯规划，应持之以恒，决不轻言放弃、随波逐流。大学生应安排好自己在大学的时间，明确在大学里每一年重点该干什么，尽快地、负责地确立自己正确的政治立场和价值取向，“一心只读圣贤书”的同时，两耳还要“多闻窗外事”，要参与大学的管理、组织活动，更多地为集体尽义务，比如花一些时间为同学服务。大学生还要负责任地用好每一分钱，负责任地对待自己的学业，负责任地对待自己的时间，并敢于对自己的言行承担责任。

2. 承担对父母的责任

承担对父母的责任就是要有孝心。离开父母到他乡求学，大学生尽孝心的第一点就是向父母报平安。除了平平安安地在大学里学习、生活，大学生还应不时地给父母打个电话，告知自己的状况。儿女一句亲切的问候比任何物质形态的表达都更珍贵。第二点就是报喜讯，比如参加比赛获了奖，交了新朋友，参加了学生党校，成功竞聘为学生干部，等等，都应及时向父母汇报。第三点是报健康，比如饮食是否习惯、气候是否适应等。这些看似不起眼的细节，其实是父母最关心的。第四点是节约消费，不能浪费父母辛苦工作换来的薪水。第五点就是要认真学习，刻苦求学，争取做一个有作为的大学生。在大学里成人、成事，这是大学生对父母负责的根本所在。把对父母的“孝”揣在心中，时常有报答的意愿，这样才能成为人格高尚、心理健康、全面发展的人。

3. 承担对社会的责任

大学生要承担对社会的责任，首先要做一个道德高尚、举止文明的公民。在大学里，学生应该用儒雅的标准来要求自己的行为举止，在任何公共场所都要提倡语言文明、行为举止得体；要从内心尊重每一名同学，他们是自己生活中的朋友、学习上的知己、情感上的依靠；要关心国家大事，关注时事政治，关心经济政策的变化和走向，关注环境问题，关注人们的生活状况，了解社会现状。

4. 承担文化传承的责任

如前所述，大学的功能首先是传承文化。因此，大学生要把大学的理念、大学的精神、大学的核心价值观、科学的方法、缜密的逻辑思维、勇于探索和创新的精神融于学习生活，不论今后是一名律师、一名医生、一名高级工程师还是一名普通的劳动者，都应该在自己的领域里发扬这些优秀的品格。大学犹如一面高扬的文化旗帜，而大学生就是传递这面旗帜的旗手。

三、培养综合能力

随着社会的进步和我国社会主义事业的发展，对于大批已走向社会和即将走向社会的大学生来讲，具备一定的综合实际应用能力至关重要。在21世纪人才竞争空前激烈的情况下，大学生作为信息时代的知识分子群体，是社会发展的主要动力和后备力量，并且将会成为推动社会发展的主要力量。大学生综合能力的高低直接决定国家的发展情况，决定实现中华民族伟大复兴的共同理想能否实现。所以，提高大学生的综合能力具有重大的意义和必要性，是一个极为重要的话题，也是一项极为艰巨的任务。

能力是人们在参与社会活动的过程中对自我形象的设定和自我角色的认定。它带有明显的人际行为特征，可以决定个人行为的基调和心境，在很大程度上左右了人的社会行为模式。良好的能力是个人事业成功的基础，是大学生进入工作单位的“金钥匙”。大学生的综合能力包括学习适应能力、环境适应能力、人际交往能力、创新能力、语言表达能力、动手能力、沟通能力、就业竞争能力、团队精神等。

进入21世纪，我国经济快速发展，人们的生活节奏加快，就业压力也随之加大。除了选择继续深造的大学生，大多数大学生要面临毕业后的就业问题。如何让自己从众多竞争者中脱颖而出？能力是关键。大学阶段是人生的关键时期，是展示能力的舞台，也是锻造能力的工厂，大学生一定要最大限度地珍惜和利用校内的资源，提高和展示自己，学好专业知识，培养团队精神和沟通能力，提高自身修养和人格魅力。

（一）培养适应能力

1. 学习适应能力

学习适应能力主要是指在学习环境（如学习目的、学习内容、学习要求、学习方式、学习时间等）发生变化的情况下，大学生调节、控制自己做出正确恰当反应的能力，学习适应能力是大学生社会适应能力的基本组成部分。大学生应学会学习、学会思考，提高可持续学习的能力。

大学生最重要的任务是学习，因此学习适应能力的提高是大学教育的关键任务，是大学生培养其他能力最重要的基础。大学生在学习上，不仅面临从中学到大学学习环境的变化和适应问题，而且面临大学毕业后继续学习的环境变化和适应问题。引导大学生探索大学学习规律，寻找一套适合自己的学习方法是大一的关键任务。

在科学技术迅猛发展的今天，大学生仅满足于掌握本专业范围内的知识是不够的，还必须具有多学科的知识储备，熟练掌握复合型国际人才应有的基础知识，优化知识结构。大学生在刚刚进入大学时就应该有意识地了解本专业的学习特点、教学进程、发展趋势，学会充分利用大学内的一切学习资源，懂得寻求帮助，掌握适合自己的学习方法。

2. 环境适应能力

角色转变是人生的重要课题。从高中到大学，大学生无论是对生活方式、学习方法还是对人际交往都会有全新的感受。正因如此，在英文中，用“freshman”一词来表示大学新生，这个词蕴含着“新鲜”的意思，代表步入大学后的新生将会有许多新的体验、新的希望、新的追求。新生也只有积极地了解环境、适应环境，才能在新的环境中重新认识自己，找到自己的新的发展机会。

大学一年级，新生的身上充满了对未来的信心，也体现出对大学生活的不适应：一方面，大学生活的新鲜感、陌生感深深地吸引着新生，他们成为各种校园文化活动的参与主体，给校园注入了无限的生机；另一方面，面对新的环境、新的同学、新的教师，离开了父母、亲人独自在学校生活的新生在很多方面都表现出明显的不适应性。从学习环境看，学习环境的变化导致许多习惯了“填鸭式”教学的新生很不适应，他们不知道怎样合理安排自己的时间；从生活习惯看，饮食、气候、语言环境、作息制度与卫生习惯的不同，也容易导致新生不适应新环境；从生活范围看，大学的生活领域拓宽，社会实践增多，人际关系更加复杂。面对诸如此类的变化，许多大学生一时难以适应，导致学习兴趣不浓，心理矛盾加剧，学习缺乏动力，人际关系紧张，严重影响了大学的学习生活。

适应新环境，要积极主动。首先，要尽快熟悉新环境，这是适应环境的前提。学生入学之初，学校会进行入学教育，主要是介绍学校的基本情况，让学生参观教学楼、图书馆、餐厅、运动场等教学生活设施。这些活动的目的就是帮助学生熟悉校园环境，消除陌生感，尽快适应大学生活。当然，学生也应该主动去熟悉校园环境，包括了解各个教学楼内教室的位置分布，图书馆内部阅览室、自修室、借书处等的位置分布和借阅图书的流程，医务室、校园修读点、超市、浴室、银行的分布，以及其他健身、娱乐、生活设施的设置情况等。总之，就是要尽快熟悉新的生活学习环境。

其次，要尽快与同寝室、同班级的同学熟悉起来，建立良好的人际关系。有的学生缺乏集体生活的经历，不懂得关心他人，难以融入集体，甚至逐渐对集体产生排斥，这不利于尽快适应大学生活。人是具有社会性的动物，拥有知心朋友和志同道合的伙伴会有助于人们尽快适应新的生活环境。相反，缺少朋友会增加人的孤独感，从而影响人对于新环境的接受和融入。

最后，在心态上，要主动适应，积极调整，从心理上接纳大学生活。俗话说："环境不会改变，解决之道在于改变自己。"托尔斯泰说："世界上只有两种人，一种是观望者，一种是行动者。大多数人都想改变这个世界，但没人想改变自己。"我们难以改变外界环境，但是我们可以主动适应外部环境，积极调整和改变自己，改变自己看待周围环境的心态和目光。自己改变之后，你会发现其实身边每一样事物看上去都是那么美好，此时环境不就是已经改变了吗？人往往对原来已经熟悉的生活环境心怀留恋，而对于陌生的新环境总觉得这儿也不对劲，那儿也不习惯，从而产生一种排斥心理，这实际上是人的心理防御机制在起作用。弗洛伊德在精神分析学说中最早提出了"心理防御机制"的概念。他认为，这是一种无意识的心理反应，用以防止为社会规范所限制的不能接受或不能直接表达的本能冲动，并使"自我"与"超我"和外界现实协调起来。消除这种源自本能的排斥心理对于适应新的环境是非常重要的。你需要告诉自己，这就是你的大学，这就是你未来4年的家，你就是这里的主人，你不是来做客的，你已经成为这所学校的一员，你是大学学习生活的参与者，而不是旁观者，更不是局外人。

总之，尽快适应大学生活环境是每一名大学生都必须面对的，解决这个问题并没有什么诀窍，关键就是要从心态上主动地"亲近"大学生活，积极地融入大学生活。

3. 人际交往适应能力

人际交往适应能力是指人们在通过各种手段进行人与人之间的联系和接触的过程中，调节、控制自己做出正确恰当反应的能力。人际交往作为人类一项基本的实践活动，存在于社会生活的各个领域中，贯穿人们的一生，具有沟通人际信息、交流人际情感、协调人际行为、提高人际知觉准确性的普遍作用。大学生作为社会的成员，参与各种社会实践活动是其人生的需要，而在各种社会实践活动中，必然面对各种社会关系，需要进行各种交往。进行人际交往必须了解相应的道德规范、礼仪规范和习俗规范，提高人际交往的适应能力是社会向大学生提出的一项重要要求。

大学生进入学校的那一刻就已决定了其交往需要，良好的人际交往能力是其生存和发展的必要条件。在大学校园里，若人际交往顺利，则会形成团结友爱、朝气蓬勃的环境，这将有利于大学生形成和发展健康的个性品质。

（二）培养创新能力

创新是一个国家兴旺发达的不竭动力。创新是现代科学技术发展的原动力，科研能力和科研成果标志着一个国家的科技水平，因此创新是富国强民的必由之路。如何培养大学生的创新意识，是我国高等教育面临和必须解决的实际问题。

增强大学生的创新意识，不断提高年轻一代的知识水平和创新能力，是继承我国先进知识成果的首要条件，也是不断创造并赶超世界先进生产力水平的不竭动力。唯有不断发扬创新精神，才能保持民族事业的顺利开展，因此，大学生应积极思考并主动参与创新活动，提高自身的创新能力。

1. 夯实基础知识

只有打下坚实的基础，才能谈创新。可以肯定地说，良好的基础知识是创新成果诞生的基点，优秀的创新成果几乎都是饱含科技含量的，没有坚实的知识积累和深厚的知识底蕴，是很难孕育出创造发明成果的。因此，大学生在大学期间一定要学好基础知识，其中包括数学、英语、计算机及本专业要求的基础课程。需要注意的是，大学生切不可一味埋头苦钻基础知识而放弃对基础知识的延伸和新知识的发现，要抱着质疑的态度学习，敢于挑战权威，在学习中不断创新，这才是创新性学习的关键。

2. 注重综合能力的全面发展

创新型人才首先是全面发展的人才。一个人如果没有正确的世界观，没有坚定的信仰，没有良好的品德修养，没有高雅的审美情操，不仅不能成为一个合格的创新型人才，就连成长为一个健全的人都是困难的。作为当代社会的创新型人才，大学生要以个性的自由和独立发展为前提，工具化的人、模式化的人和被套以种种约束条件的人都不可能成为创新型人才。因此，当代大学生首先要学会做人，要重视自己的生理与心理、智力与非智力、认知与意向等因素的全面和谐发展，成长为有理想、有道德、有文化、有纪律的合格公民。其次，大学生要重视自我个性的培养与完善，增强独立思考问题、分析问题和解决问题的能力，努力使自己全面发展。

3. 通过学习实践培养自己的动手能力和创新精神

大学生可以通过参加选修课优化自己的知识结构，为自己在某个领域深造做好准备或者扩展知识兴趣，使自己学有所长。高校要通过加强实践环节，强化大学生的动手能力和实践技术的培养，实现从培养科学知识型人才向培养科学知识实用技术型人才的转变；要通过设立开放型实验室，建立大学生实习基地，进一步开展校企合作，为大学生提供实践的机会和场所，使大学生可以从实践过程中进一步锻炼、提高自己适应新型社会的能力。大学生不应该囿于大学校园，应该主动走出校门，参加社会调研，让理论和实践相结合，在社会实践中发现问题、思考问题、解决问题，并在实际活动中及时反馈，形成最后的成果；还可以通过团队的形式参加“互联网+”“挑战杯”等大学生科技创新竞赛来培养、锻炼自身的创新能力和团队合作意识。

（三）培养语言表达能力

语言表达能力是大学生必须具备的又一项重要能力，学习、工作和社会人际交往等均需要语言表达能力。社会竞争是人才的竞争，而一个人只有具有很强的语言表达能力，才能在市场竞争中处于不败之地。在现实生活中，许多大学生，尤其是一些理工科学生的语言表达能力令人担忧。当前大学生对开口讲话普遍存在畏惧心理，在回答问题和发表见解时，由于受到紧张或担心别人耻笑等心理因素的影响，一般不愿也不敢在课堂、座谈会等公众场合表达自己的思想，往往在被点名后才被动发言。有的大学生怯场严重，害怕甚至拒绝在公众场合发言。对于同学间的交往和交流，部分大学生因缺少自信心和热情，而宁愿选择“独自看书”“独自欣赏音乐”等完全属于个人行为的活动。大学生的这种自我封闭是主观上有意回避语言交流的表现。

若要具备较高的语言表达能力，大学生首先要敢说，这也是练好口才的前提；其次要做到有话可说，这是练好口才的基础；最后要善于说话，注意什么场合说什么话，注重语言的得体，这是练好口才的关键。为此，大学生应该抽出时间阅读有关的文学名著和演讲范文，多做练习，以便使自己的语言表达能力得到锻炼和提高。

（四）培养动手能力

动手能力是将理论知识转化为实践工作能力的重要保证。对于大学生来说，无论是毕业之后从事教育教学研究、自然科学研究，还是在生产第一线从事技术工作，动手能力的强弱都会在一定程度上影响其发展前途。为此，大学生要勤动手、重实践、多做实事，在扎实的理论知识的指导下，提高自己的动手能力。

（五）培养沟通能力

随着现代社会的进步和科学技术的飞速发展，每个大学生都必须具备较强的沟通能力。沟通能力是社会交往的关键，一个具有很强沟通能力的人，更容易把工作做得得心应手。而培养沟通能力需要自信心和必要的技巧，对大学生来说，应注意以下3点：一是要注意沟通中双方的互惠和相互尊重；二是要学会站在对方的立场和观点上看问题，了解对方的思想观点；三是要积极地在矛盾和冲突中找到共同点，提高沟通的技巧。此外，在沟通时，大学生要特别避免以下7点：一是对别人随意的评价，二是不恰当的询问，三是命令的语气，四是威胁的话语，五是高傲的态度，六是注意力不集中，七是言不由衷。

（六）培养就业竞争力

大学生的就业竞争力一般可以理解为大学生通过大学阶段的长期准备，最后在就业市场上的表现，即大学生要具有比竞争对手更能够全面满足社会和用人单位需求的能力。就业竞争力不仅是高校培养的“特殊产品”在外部市场的表现，更多的是高校内部的支撑能力、生存能力和发展能力的体现。大学生就业竞争力主要反映高校的人才培养质量和社会及用人单位对某所大学的信任情况。20世纪90年代以后，随着人才市场的建立和完善，以及高校逐步实行“供需见面，双向选择，自主择业”的就业制度，毕业生和用人单位逐渐习惯在市场的调控下相互选择。在高校扩招以后，毕业生市场成为买方市场，用人单位开始用谨慎的目光看待毕业生，这时，符合“厚基础、强能力、高素质、善创新”的人才培养要求的毕业生在就业市场上逐步受到人们的关注。

具体来说，就业竞争力包括以下2种能力。

1. 基本工作能力

基本工作能力包括适应环境的能力、组织管理能力、人际沟通能力、团队协作能力、外语和计算机运用能力及从事实际工作必需的思想素质和心理素质。基本的工作能力，良好的职业道德、职业意识和职业精神，是大学生作为社会人、单位人应该具备的基本素质，是用人单位挑选大学生的首要标准。

2. 专业能力

大学生经过严格的专业训练，全面系统地掌握了本学科、本专业的基本理论和方法，运用这些知识指导实践的能力就是专业技能。专业技能决定了大学生的就业方向和将来的职业发展前景。专业技能是大学生可持续发展的基础，是大学生就业的核心竞争力，也是用人单位挑选大学生的关键标准。

（七）培养团队精神

所谓团队精神，是指组织成员对组织感到满意与认同，自觉地以组织的利益和目标为重，在各自的工作中尽职尽责，并主动与其他成员积极协作、共同努力奋斗的意愿和作风。团队精神表达的不仅是一种精神境界的要求，更是一种理念、一种指导思想和方法。团队精神要求团队成员必须精诚团结，相互协作，在团队内部开展良性竞争，而且团队精神建设对成员个性化的要求及认同自己的社会角色的要求，符合素质教育健全人格、塑造学生良好个性的目标。

培养大学生的团队精神，有利于塑造大学生的人格，有利于大学生综合素质的提高，有利于大学生创新能力的培养，有利于大学生奉献、进取、团结合作精神的培养。

（八）树立科学、崇高的理想和信念

理想与信念是人生不可缺少的精神支柱，是促使人前进和奋斗的精神动力。它像一朵明亮的火花，点燃人们的激情，激发人们的才智，焕发人们奋发向上的勇气。理想就是人们向往、信仰和追求的奋斗目标，树立崇高理想是确立正确人生观、价值观的必然要求，也是大学生健康成长的客观需要。

如果说社会是大海、人生是小船，那么理想就是引航的灯塔、信念就是推进的风帆。没有理想和信念的人生，就像失去了方向和动力的小船，只能在生活的波浪中随处漂泊而找不到自己的港湾。大学时代，正是人生之舟起航之际，崇高的理想和科学的信念将帮助大学生扬起生命的风帆，伴随其走过人生旅程。

当代大学生肩负祖国和民族的希望，承载家庭和亲人的嘱托，满怀对未来美好生活的向往。在大学期间，大学生不仅要提高知识水平、增强实践才干，更要坚定科学、崇高的理想和信念，明确做人的根本，这对于大学生成长、成才具有重要的意义，具体表现在以下4个方面。

1. 引导大学生做有用的人

人的理想和信念反映的是人对社会状况和自身状况的期望，因此，有什么样的理想和信念，就意味着会以什么样的期望和方式去改造自然和社会，塑造和成就自身。只有树立起高尚的理想和信念，大学生才能全面发展自我、完善自我，做一个对国家、社会有用的人。

2. 指引大学生走正确的路

大学时期，大学生普遍面临着一系列的人生课题，如人生目标的确立、生活态度的形成、知识才能的丰富、发展目标的设定、工作岗位的选择，以及如何择友、如何恋爱、如何面对挫折、如何克服困难等。这些问题的解决，都需要一个总的原则和目标，那就是要确立科学、崇高的理想和信念。大学时期确立的理想和信念，对今后的人生之路将产生重大影响，甚至影响终身。因此，大学生应当高度重视对理想和信念的选择和确立，努力树

立科学、崇高的理想和信念，使将来的人生道路越走越宽广，使自己宝贵的一生有意义、有价值。

3. 激励大学生有目的地学习

对当代大学生而言，为什么学的问题是与做什么人的问题紧密联系在一起的。大学生只有树立高尚的理想和信念，把个人的奋斗志向同国家和民族的前途命运紧紧联系在一起，把个人今天的学习进步同祖国明天的繁荣昌盛紧紧联系在一起，才能明确学习的目的和意义，使理想和信念之花结出丰硕的成果。

4. 坚定大学生的意志品质

在成长、成才的道路上，并非只有成功与鲜花，也可能遇到挫折和失败。是在逆境中奋起，还是在逆境中消沉，常常是一个人能否成功的关键。理想和信念是激励人们迎接挑战、克服困难的精神支撑和强大力量，理想和信念越坚定，克服困难的勇气和意志就越坚定。

（九）培养组织协调能力

组织协调能力是根据工作任务，对资源进行分配，同时控制、激励和协调群体活动，使之相互融合，从而实现组织目标的能力。一般认为，组织协调能力包括组织能力、冲突处理能力、激励下属能力等。有的学生参加工作之后表现突出，会被安排到领导岗位，从事组织管理工作，这就需要具有较强的组织协调能力，把下属的工作热情和工作能力充分激发出来，更好地实现工作目标。俗话说："为政之道，在于用人；为政之妙，在于沟通。"从事组织管理工作的核心就是把人用好，关键则是搞好沟通协调，使组织成员相互了解，相互信任，达成共识，并共同付诸行动，实现组织目标。提高组织协调能力的方法，一是阅读图书，掌握一些基本的理论知识；二是尽可能通过参与学生工作和社团活动等进行实践锻炼。

（十）培养积极向上、乐观豁达的个性品质

人们常说，良好的个性品质胜于卓越的才智。大学生要有意识地培养自己优良的个性品质，这主要包括：

① 培养自信心。自信是一种心理正能量，不是轻率高傲，表现为一股沉稳执着坚毅的内在力量。挫折使人沮丧，导致自信心流失，而不断的成功则可以增强人的自信心。自信能使弱者变强，使强者更强，成功者往往是充满自信且干劲十足的人。

② 锻炼意志力。"自古雄才多磨难，从来纨绔少贤良。"通往成功的道路往往是坎坷曲折、布满荆棘的。如果没有披荆斩棘、奋勇向前的顽强意志，往往会半途而废，难以到达成功的彼岸。"天将降大任于是人也，必先苦其心志，劳其筋骨……"苦难是人生的财富，凭借顽强的意志克服艰难险阻，一定会越来越强，成为人生的赢家。

③ 拥有好心态。好心态是指个性特征、认知、情绪、意志、行为等处于理想状态，具体体现为认知合理、情绪适当、意志理智、行为适应。好心态成就好人生。威廉·丹姆思说过："人只有改变内在的心态，才能改变外在的世界。"马斯洛也说："心态若改变，态度就跟着改变；态度改变，习惯就跟着改变；习惯改变，性格就跟着改变；性格改变，人生就跟着改变。"不同的年龄应该有不同的心态。大学生应拥有积极向上、踏实认真、勇于追求的积极心态。

④ 勇敢地面对和克服困难。人生从来就不是一帆风顺的，人生路上最艰苦的那一段往往收获最多。种种失败都需要我们勇敢地面对。对于怯懦者来说，困难是“绊脚石”；对于勇敢者来说，困难是“磨刀石”。乐吃苦中苦，方能成就奇迹伟业；勇登山上山，才可尽得无限风光。从某种意义上来说，经受磨难的过程就是积累幸福的过程。对于大学生而言，敢于面对磨难是一种勇气，能经受磨难是一种品质，正确看待磨难是一种睿智。

⑤ 常怀感恩之心。《现代汉语词典》（第7版）中将“感恩”定义为：“对别人所给的恩惠表示感激”。感恩是一种歌唱生活的方式，它来自对生活的热爱与希望。对生活常怀感恩之心，感谢生活给予的一切，能使我们保持健康的心态、完美的人格和进取的信念。英国作家萨克雷说：“生活就是一面镜子，你笑，它也笑；你哭，它也哭。”你感恩生活，生活将赐予你灿烂的阳光；你不感恩，只知道一味地怨天尤人，最终可能一无所有！从这个意义上说，感恩是一种处世哲学，是生活的大智慧。

第二节　大学的学习要适应时代需要

大学生千万不要把获取毕业证书和学位证书作为最主要的目标，比这更重要的是在获得毕业证书和学位证书的过程中积累了什么经验，提高了什么能力，增强了什么素质，开拓了怎样的视野，树立了怎样的意识。

从目前人才市场反馈的信息看，最受用人单位欢迎的往往是复合型人才。他们一般具备如下特点：① 具有较高的思想政治素质，爱国守法，诚实守信，团结友善，勤俭自强，敬业奉献；② 有事业心、责任感，有艰苦奋斗的精神和踏实的工作作风；③ 有广泛的科学文化知识、扎实的基础理论知识与精深的专业知识，一专多能，外语水平较高，计算机操作能力强；④ 有较强的适应能力、组织能力、管理能力及处理人际关系等各方面的能力；⑤ 有开拓进取、敢想敢干的创新精神；⑥ 性格开朗，谦虚随和，善解人意，大事拿得起，小事也能干。

大学阶段是个人成才的关键时期，大学生必须正确处理专业爱好与社会需要的关系，认真学习必要的知识，形成合理的知识结构，并在此基础上不断通过实践形成合理的能力结构、素质结构，只有这样，才能成为适应时代需要的大学生。

一、大学生要具备合理的知识结构

大学阶段依旧是积累知识的重要阶段。随着时代和社会的进步，人们对人力资源的开发越来越重视，用人单位在挑选人才时，对应聘者的科学文化水平和知识结构要求越来越高，所以一个人科学文化水平的高低、知识结构是否合理、是否具备相应的实践能力，决定其在求职时的成功率和相应的职位层次。要想有所作为，大学生应该尽早确定择业目标，自觉地把大学学习同今后的就业紧密地联系起来，建立合理的知识结构，培养科学的思维方式，提高实践能力，以适应职业岗位的要求。

（一）建立合理的知识结构

具备合理的知识结构是人才的重要特征之一。当前影响最大的是“宝塔形知识结构”，其主要的观点是在确定目标的情况下，把知识分为一般基础知识、专业基础知识、专业知识。大学生应侧重基础知识的宽厚性，注重专业知识的精深性、主攻目标的明确性。专业知识是大学生知识结构的核心，大学生的知识结构中如果缺少专业知识，就不可能成为本专业的专门人才。基础知识的作用只有在对专业知识的掌握与发挥中才能得到体现，所以，大学生多花时间，有计划地、系统地学习专业知识是非常必要的。但是，大学生也不能忽视一般基础知识、专业基础知识的学习，因为这些课程包含的知识是学习其他知识的基础，也是培养一个人良好素质的基础。正是基于此观点，国内大多数高校在实行学分制的同时，大力提倡通识教育，开设了丰富多彩的通识教育选修课，并要求理工科的学生多学习人文社会科学知识，人文社会学科的学生多了解一些理工科的知识，做到文理交融、古今贯通。

信息加工心理学将知识分为陈述性知识和程序性知识，认为大学生应具备的合理的知识结构是两者的有机结合。陈述性知识也叫描述性知识，主要用来回答世界是什么、为什么、怎么样等问题，以区分、辨别事物；程序性知识也叫操作性知识，主要用来说明做什么、怎么做，是一种实践性的知识。学生如果只掌握陈述性知识而缺少程序性知识，那就只能了解事实、经验、观点、概念、规律、原理，而无法通过一定的操作方式运用概念和规则。因此，大学生完整的知识结构应包括陈述性知识和程序性知识，对于大学生来讲，尤其要注意程序性知识的学习和训练。

受条件的限制，在校大学生应以学习书本知识为主，同时讲究方法的合理性，减少学习中的盲目性，以求得学习的高效率。学习中要积极思考，积极参与社会实践，做到理论与实践相结合，知行合一。

（二）优化知识结构

首先，大学生要重视知识的基础化，把知识结构的重心放在基本原理、基础知识、基本理论与基本方法上。基本原理、基础知识、基本理论和基本方法是人们认识自然和社会相对稳定的、比较成熟的工具，因此，大学生更应重视学习这些知识。而除了重视专业知识及其基础知识的学习外，大学生也不能轻视对公共课程及其基础知识的学习。

其次，大学生要重视知识的综合化，树立系统观念，将知识作为一个整体来看待。综合不是简单的叠加，而是相互整合，融入自己的知识体系，形成一个新的有机整体。例如，环境问题的解决已无法单纯依靠某一门学科或某一类知识，而必须把许多类知识作为一个整体加以运用。为此，对于学有余力的大学生，可以在学好一门专业知识的同时，学习另一门专业知识，形成两个相互交叉的专业知识结构。这种交叉既可以是自然学科间的交叉，也可以是社会学科间的交叉，还可以是自然学科和社会学科间的交叉。现在，一些大学里实行的主辅修制有助于学生知识的综合化。

最后，大学生要重视知识的前沿化，在学习过程中必须站在科学发展的最前沿，了解科学发展的最新动向。如果大学生的学习还只停留在陈旧落后的知识上，那其思想就会僵化、落伍，而前沿性的知识往往孕育着新的思路、新的方法和新的逻辑，有助于大学生更新自己的知识结构。要使大学生的知识实现前沿化，大学就必须开设反映现代科学技术和现代社会科学的前沿性课程，不断更新传统课程的内容，同时鼓励学生参与科学研究。

二、大学生要具备完善的能力结构

能力是顺利完成某种活动必备的并直接影响活动效率的个性心理特征，人们通常把能力分为一般能力、特殊能力和创造能力。一般能力是指从事各种活动时必备的一些基本能力，包括注意力、观察力、记忆力、思维力和想象力等。这些能力的有机组合被称为智力。特殊能力是指顺利从事某种专业活动必备的能力，例如学习能力、组织管理能力、社会活动能力、运动能力、音乐能力等。创造能力是指进行创造活动必备的能力。当前高等教育的主旋律是提高人才质量，人才的标准见仁见智，但是一流人才必须具备较强的创造能力。当代大学生要在未来成长为一个出色的人，就必须从学生时代开始着力培养自己的创造能力和创新意识。

人的能力是有差异的，这种差异不仅表现在能力发展水平上，还表现在能力类型上。每个人有不同的能力，如有的人擅长交际，有的人擅长运动，有的人擅长艺术；在知觉上，有的人属于综合型，有的人属于分析型；在记忆上，有的人运用视觉识记效果较好，有的人运用听觉识记效果较好，有的人有运动参与时识记效果更好；在思维上，有的人擅长形象思维，有的人擅长抽象思维；等等。大学生在评价自己的能力时，要做到客观、全面、理性，既不要只看到别人的长处而自怨自艾、妄自菲薄，也不要只看到别人的短处而自视过高、骄傲自满，须知每个人的能力都是独特的，每个人都有值得自己学习的地方，见贤思齐、取长补短才是明智之举。

精品案例

热心公益服务，传承大学精神

黄某考入大学读书以来，切身地感受到家乡基础教育事业亟待青年力量的建设和反哺。作为国家培养的公费师范生，她觉得自己有责任为家乡的教育做点事。

2022年暑期，黄某加入“寻梦”实践队，回到家乡，结合当地特色设计开发了“五色”校本课程，同期组织了2名公费师范生面向寻甸中小学生开展暑期线上“云辅导”。

黄某作为“寻梦”实践队队长，和30多名师范生一起在寻甸举办了“寻梦”五色夏令营，精心设计了许多素质拓展课程，与家乡的小朋友们云端会晤，教学相长。

此外，黄某还报名“华乐师大——寻甸实验班”物理学科的教学助理并成功入选，在努力地服务家乡的同时锻炼自身综合能力。

通过志愿服务践行未来教师使命是黄某的一贯追求，为此，她曾参加“牵手上海流动儿童教育”志愿活动，给太阳花社区的小朋友们讲绘本故事；在“非常数学云课堂——寻甸教育帮扶”活动中，与小组成员一起设计趣味教学课堂，作为主讲人给家乡五年级的学生线上授课；新型冠状病毒肺炎疫情期间，她积极参与学校组织的“云陪伴”活动，线上陪伴一线抗疫工作者的子女，让他们的学习生活不再孤单。

来源：https://www.oh100.com/a/202212/5799786.html，略有改动。

（一）大学生应具备的能力结构

大学进行的教育是专业教育，大学生在校学习期间必须培养从事本专业相关工作特有的能力。毕业后，大学生将把在校学习期间获得的知识和能力运用在各个岗位上，以解决业务难题，攻克技术难关。为此，培养大学生从事某一专业相关工作的特殊能力是每一名大学教师和大学生都应重视的问题。但是，特殊能力的形成有赖于一般能力的发展，这说明大学生在发展特殊能力的同时，还应加强对一般能力的培养。心理学和生理学的研究结果表明，如果大脑不断接受有关刺激和挑战，大学生的一般能力将得到继续发展，逻辑识记能力将随着知识的增加和思维力的发展而得到不断增强。因此，大学生应形成由一般能力、特殊能力和创造能力构成的能力结构，并全方位提高自己各方面的能力，最终形成富有自身特色的能力结构。具体来说，大学生应突出培养3方面的能力。

1. 自学能力

之所以特别强调大学生的自学能力，是因为大学可能是大学生在校学习的最后一个时期，将来工作中需要的知识和业务能力很大程度上要靠大学生在实践中通过自学获得。未来的“文盲”不再是不识字的人，而是不会学习的人。此外，自学本身还具有发展智力、培养意志力、增强主动性和独立工作的能力等作用，大学生的自学能力包括检索能力、阅读能力、分析和综合能力、评价能力等。

2. 使用基本工具的能力

大学生应着重掌握以下基本工具。

第一，较强的母语听说读写能力。对于一个正常的人，“听”和“读”一般都不成问题，但“说”和“写”想要达到一定的水平，就要经过不断的、有意识的训练。

“说”是口头表达能力，想要提高这一能力，一要使用普通话，二要条理清楚，三要逻辑性强，四要形象生动，五要幽默风趣。“写”是书面表达能力，大学生的书面表达能力主要体现在撰写学术论文和工作报告等方面。

第二，良好的外语能力。一个人外语水平的高低可能直接影响其发展的程度。

第三，使用计算机的能力。随着科学技术的不断发展，计算机已深入社会生活的各个方面，如果一个人不会使用计算机，那么势必会成为现代社会的“文盲”。

3. 解决问题的能力

人的实践活动就是解决问题的过程，解决问题的能力包括再造性活动能力和创造性活动能力。再造性活动能力是指准确、熟练运用所学知识和技能解决问题的能力；创造性活动能力是指从现象中发现规律，创造出新思想，并采用新方法解决前人未曾解决的问题的能力。再造性活动能力是创造性活动能力发展的基础，创造性活动能力是再造性活动能力的进一步发展，因此，大学生应重视这两种能力的培养。

（二）优化能力结构

首先，大学生要辩证看待教师的主导作用与学生的主体地位，教师在教育过程中起主导作用，这是由他们的特殊身份决定的。教师经过了某一专业的专门训练，精通所教专业的知识，懂得教育规律，且教育目的明确，能够把握教育教学的方向。教师的主导作用并不危胁学生的主体地位；相反，教师主导作用的发挥必须建立在学生的积极性、主动性的基础之上。只强调教师的主导作用而忽视学生的主体地位或只强调学生的主体性而忽视教师的主导性都不利于教育教学工作的开展，更不利于学生能力的培养。因此，大学生在培养自身能力的过程中，要特别注意发挥自身的积极性和主动性，主动谋划，提早进行。

其次，大学生要辩证看待知识与能力的关系。知识是能力的基础和前提，就好比指挥官，如果没有一定的军事指挥常识，无法想象他能指挥千军万马；能力是掌握和运用知识的必要条件，能力强与能力弱的人从事同样的学习与工作，其效果却大不相同，有的人事半功倍，有的人事倍功半。掌握知识与发展能力两者相辅相成，互相促进，互相转化。当前，人们已逐渐意识到能力培养的重要性，但在实施过程中仍然存在重知识、轻能力的现象。要正确处理知识与能力的关系，从学校教育这个角度来说，课程设置应加强工具性课程的分量，给大学生更多自由支配的学习时间；教学中要重视理论知识的学习与实践的结合，注重教学方法、教学手段、教学形式等方面的优化。对于大学生来说，一定要重视英语、计算机等工具课程的学习，学习时间要得到保证，英语学习要注意多听、多说、多练。在学习中，大学生要逐渐摆脱对教师的依赖性，为学习设定周密的计划，并学会利用图书馆、校园网，学会使用工具书、教科书等。

最后，大学生要学会辩证看待课内与课外学习的关系。大学生在校学习，课堂学习占据了绝大部分时间，这是符合学生学习规律的，正因为如此，每名大学生都必须充分利用课堂学习时间。目前，有些大学生仅凭自己的主观判断，连课都还没有听，就决定不听哪些课，或者听课时心不在焉，看杂志、小说等，课后又忙于补笔记，考前背笔记，结果考试成绩不理想。其实，这种做法是得不偿失的。大学生切记要充分利用课堂的宝贵时间，毕竟教师是“术业有专攻”，教师一堂课所讲的知识足以让学生在课后花上几倍的时间去学习。在保证课堂学习的基础上，大学生还应重视课外学习，具体包括有计划地学习专业知识，有计划地进行一些教学性实践活动，以及积极参加课外活动和社会实践活动。这些活动可以弥补课堂教学的不足，为大学生能力的发展提供更广阔的空间。实践证明，凡是在校学习时能积极参加各项活动的大学生，其能力往往发展得更充分，走上工作岗位以后适应性更强，也更容易做出成绩。

三、大学生要具备全面的素质结构

素质是个体在先天禀赋的基础上，通过环境和教育的影响，形成和发展起来的相对稳定的身心组织的要素、结构及其质量。素质既包括先天的成分，也含有后天的因素。素质的形成，首先是要对个体的身心发展潜能和已有发展水平做出正确估计，然后充分发挥个体的身心潜能，在环境和教育的影响下，通过自身努力发展各方面的素质，最后内化成一种稳定、基本、内在的个性生理和心理品质。

（一）大学生应具备的素质结构

大学生应具备的素质结构主要包括以下5个方面的内容。

1. 身体素质

大学生的身体素质就是指他们的身体健康状况、体力、精力、生命力等。良好的身体素质是从事其他一切活动的基础，大学生要在合理饮食的基础上，积极参加体育锻炼，养成经常锻炼身体的好习惯。大学的运动设施都比较齐全，大学生可以尝试参加不同的运动队，既可以接受教师的专业指导，又可以认识不少志趣相投的朋友。如果实在没有时间，可以尝试每天早起30分钟，跑步或者做一些运动，那么一天都会神清气爽。同时，平时应尽量少坐车，多走路；少坐电梯，多爬楼梯。

2. 科学文化素质

科学是反映自然、社会、思维3方面的客观规律的知识体系，具体可分为社会科学、自然科学和思维科学。文化是指人类在历史发展进程中创造的物质财富与精神财富的总和。大学生的文化是指大学生自身具备的文化水平。大学生要不断砥砺自己的专业品质，并特别注意塑造自己的文化品质，逐步培养人文关怀的意识和能力；注意培养人文精神，接受自然科学精神的陶冶，培养自然科学人格，提升自己的审美能力和劳动素质。

3. 思想道德素质

思想是客观存在并反映在人的意识中的经过思维活动而产生的结果，大学生的思想内容主要包括世界观、人生观、价值观等几个方面。道德是由经济基础决定的上层建筑和特殊的社会意识形态，以善恶评价为标准，通过舆论、传统习惯和内心信念来维系、调整人们之间关系的行为规范的总和。大学生应不断提高自己的思想品质和政治觉悟，逐步培养起较高的伦理道德、职业道德和社会公德，特别是要注意培养自己的诚信意识和文明意识，做一名诚信文明的大学生。

4. 创新素质

创新素质是指人在先天禀赋的基础上，通过学习和实践活动形成和发展起来的具有创新能力的内在的、相对稳定的品质。创新素质是一种综合性素质，主要由创新精神、创新知识和创新能力构成。大学生应该积极投身于社会实践和科学研究中，善于质疑，独立思考，不断提高自身的动手能力和创新能力。

5. 心理素质

人的心理包括认识过程、情感过程、意志过程、个性倾向性和个性心理特征。大学生心理素质有广义和狭义之分：广义的心理素质是指影响大学生学习、生活和工作的水平和成效的心理品质；狭义的心理素质是指非智力因素，即情感、意志、兴趣和性格等方面的心理品质。人们通常讲的心理素质主要是指狭义的心理素质。对于大学生来说，其在认知、情感、意志、需要、兴趣等方面表现出来的自知、自尊、自信、自立、自制、自强，以及乐观、豁达、进取、坚强、果断等品质，就是良好心理素质的具体表现。良好的心理素质有助于大学生的身体健康，有助于形成健康的心理、获得更大的成就。大学生应该树立积极乐观的心态，具备良好的情感意志，节制、坚韧，并不断完善自己的性格，正确对待成功与挫折，正确对待自己、他人、集体和社会。

（二）优化素质结构

大学生要注意全面发展，优化素质结构，具体应做到以下5个方面。

1. 不要只看重考试分数，更要重视综合素质的全面发展

当前，一些大学生学习认真，掌握的知识比较系统，考试能力很强，但存在唯书唯上、个人观点少、动手能力差、解决问题能力差等问题。大学生应清醒地认识到，如果不提高自身的综合素质，那么可能无法适应社会发展的需要，最终被社会淘汰。因此，大学生一进入大学校园，就应明确自己的奋斗目标，为自己的素质发展规划蓝图，不要把应付各种考试作为唯一的目标，不要为了应付考试而学习，要树立全面发展的观念，打造自己的核心竞争力。

2. 着力提高自己的创新能力

创新来自探究，来自动口、动脑、动手的实践。创新能力不是教师可以教出来的，而是需要大学生通过自身积极、多方面的实践活动探索得来的。大学生要重视发散性思维和批判性思维能力的培养。此外，还应该培养自己的动手操作能力，因为创新能力的培养离不开动手操作能力。

3. 提高心理素质

心理素质是大学生素质结构的重要内容，大学生的心理素质往往制约着其他素质的发展。大学生应该致力于培养健康的心理素质，积极参加学校组织的心理健康课程与讲座，有意识地培养自己的恒心、毅力、耐挫力、自信、乐观、坚强等优良的心理品质；积极参加丰富多彩的校园文化活动，在活动中展现自己的才华，发展自己的能力，培养自信心；也可以尝试运用放松、自我暗示、音乐、表演、心理剧、模拟与模仿等心理学技术与方法提高自己的心理素质。

4. 培养审美素质

进行审美和创造活动是人的本质特征之一，人的审美能力的发展本身就是一种创造能力的发展。良好的审美素质能够激发人的创造欲望和动力，为思维和实践的创造提供不竭动力。艺术与科学相互联系，在审美方面交汇，许多杰出的科学家都具有浓厚的艺术兴趣和较高的审美修养。例如，爱因斯坦不仅是科学家，而且是造诣颇深的艺术家，其小提琴演奏能达到专业水平，而其创造能力与良好的音乐修养是相互联系的。大学生应当自觉加强审美修养，努力培养高尚的审美情操，发展自己感受美、鉴赏美、创造美的能力，陶冶求真、向善、爱美的情操，按照美的标准塑造自己；同时尽量多地涉足文学、美术、音乐、摄影、戏剧等艺术实践和丰富多彩的校园文化活动，强化美的意识和对美的追求，提高对美的鉴赏和识别能力。

5. 培养文学素质

文学的本质是人学。文学的作用是巨大的，它最足以唤起人们的联想、想象，进而诱发创造性思维。提高文学修养，既有利于开拓思维，加深对所研究问题的深刻理解；又有助于表达，培养高雅的气质、丰富的审美情趣，增强对真、善、美的辨别能力，丰富感情世界。

第三节　大学学业考试与资格证书考试

大学生选择如何度过大学生涯，在一定程度上决定了毕业以后如何度过自己的职业生涯。有的大学新生刚入大学的时候会表现得很听话，不会逃课旷课，但是，到了大二以后，上课见不到人。而有的学生一直保持良好的学习状态，不但是“学霸”，还是学生活动达人。其实，这些现象在许多大学都存在。路是自己选择的，选择积极学习生活的人，看起来很辛苦，每天有上不完的课、学不完的知识、写不完的作业、考不完的证书、参加不完的活动。但这些人离开大学后，会发现在工作中所接受的挑战，都是曾在大学里吃过的苦，面对这些挑战，都能轻松应对。而每天睡觉、打游戏、旷课的那部分学生，步入社会后，会发现自己不仅失去了最初的岗位竞争优势，还养成一身怠惰习气，做任何事都提不起兴趣，工作缺乏热情和创造力，甚至连人际关系也一塌糊涂。学习是一辈子的事，大学阶段尤其重要，不仅要完成基本的学业任务，还要参加各类水平及资格证的考试，为今后的职业发展增加砝码。

一、认真对待学业考试

考试作为衡量学生学习成绩和检查教师教学效果的重要手段，是大学教学活动中不可缺少的一个重要环节。大学的考试一般安排在期中和期末，考试形式多样，有撰写论文、开卷考试、闭卷考试或开卷考试与闭卷考试相结合等。考试成绩好坏对学生下一阶段的学习乃至毕业有重要影响。因此，能否顺利地通过考试，或者在考试中取得好成绩，对每一名大学生有切身的利害关系。

要顺利地通过考试并取得好成绩，主要取决于大学生平时对课程内容的熟悉、掌握和应用的程度。当然，考试前准备和考试时临场发挥也很重要。

（一）抓好平时的学习，不要“临时抱佛脚”

有的学生平时不用功，到考试前才“临时抱佛脚”。这种复习方式，对于应付一些客观选择题可能起到一定作用，但对于要发挥想象力、创造力的考题就丝毫没有效果。因此，要抓好平时的学习，课堂上认真听老师讲课，坚持做笔记；课后注意及时消化、吸收、巩固课堂上的知识；按时完成老师布置的各项作业；每学完一章，除了要做好必要的练习外，还要进行自我总结，写读书心得，进行自我测试。每学完一章这样做，每学完一门课也这样做，学到的知识就比较牢固。

（二）制订复习计划，科学、合理地安排复习时间

大学每个学期的期末都要考几门课程，而且一般集中在期末的一两个星期内进行。因此，要根据学校考试安排和自己的情况制订复习计划，把每天的复习时间划分为几个阶段，分别复习不同的课程。各门课程的复习要交叉进行，若是考完一门课后再复习下一门，往往来不及。

（三）系统复习与突出重点、难点相结合

在复习过程中，首先，进行系统复习，将教材各章节的内容进行归纳总结，全面系统地掌握这门课的基本框架、基本概念和基本原理。其次，掌握重点、难点。如果复习时不分难易、不分重点，每次都想面面俱到，结果就会越学越多、越学越忙。因此，系统复习后，要能区分哪些内容比较熟悉，哪些内容不熟悉，哪些内容是重点、难点。对重点、难点、不熟悉的内容，进行多次反复地复习，多做练习，多思考。遇到不懂的知识，及时请教老师和同学。在复习重点内容时，可将学到的知识条理化、系统化，用简明的语言和图表概括，并且对学习过程中做过的练习进行多次消化，效果会更好。

（四）养精蓄锐，保持良好的心理状态

首先，要相信考试只不过是自己真实水平的展现，轻轻松松应对考试，有压力但不感到恐惧。其次，要劳逸结合，在考前如果过分紧张地复习，大量做题、熬夜，会造成脑力和体力的极度消耗，精神高度紧张，加剧焦虑和恐惧，削弱对考试的信心。因此，考试前

一定要养精蓄锐，临考前两天不要过度疲劳，每天保证有一定的时间参加体育活动，保证睡眠，同时加强营养，使自己精力充沛、精神振奋地投入考试。此外，认真阅读考试规则，务必带齐考试应带的东西，以免影响考试。要做好扎实的复习工作，不要有任何侥幸心理。

二、适当考取资格证书

大学生持双证上岗不仅是我国相关法律法规、政策的规定，也是大学生具有从事某一职业所必备的学识和技能的证明，是求职、任职、开业的凭证，更是用人单位招聘、录用的主要依据，也是境外就业、对外劳务合作人员办理技能水平公证的有效证件。考取资格证书是大学生抓住就业机会和寻求理想工作的必备条件。从另外一个角度看，大学生考证的过程就是督促自我学习的过程，是给自己不断充电的过程，是丰富和提升自己的过程。

社会上有各种类型的证书，也有海量的教育机构提供各种考证信息。作为大学新生，一定要科学规划，要根据自己的兴趣爱好，结合自己的职业理想，考取适合自己的证书，要清楚所考取证书的用途和特性，以免浪费时间和金钱，甚至陷入诈骗陷阱。

（一）常见的证书类型

1. 专业技术资格（职称）证书

从理论上讲，职称是指专业技术人员的专业技术水平、能力及成就的等级称号，反映专业技术人员的学术和技术水平、工作能力和工作成就。就学术而言，职称具有学衔的性质；就专业技术水平而言，职称具有岗位的性质。专业技术人员拥有何种专业技术职称，表明其具有何种学术水平或从事何种工作。

2. 职业资格证书

职业资格是对从事某一职业所必备的学识、技术和能力的基本要求，反映了劳动者为适应职业劳动需要而运用特定的知识、技术和技能的能力。职业资格证书是劳动者具有从事某一职业所必备的学识和技能的证明。它是劳动者求职、任职、创业的资格凭证，是用人单位招聘、录用劳动者的主要依据，也是境外就业、对外劳务合作人员办理技能水平公证的有效证件。职业资格证书与职业劳动活动密切相关，反映特定职业的实际工作标准和规范。

3. 执业资格证书

执业资格是国家对特殊行业规定资格准入的凭证，即没有此类资格证书不能从事这一行业，例如医师执业资格证书、药师执业资格证书、会计师执业资格证书等。

4. 职业技能证书

职业技能证书是指在一定的职业培训活动结束后，经考核（考试）及格，由国家相应机关或由中央编制办公室直接认定的事业单位核发的、证明其职业技术能力等级的证明文件，具有法律效力，各级机关、企事业单位在进行岗位聘任、加薪调级等方面给予承认。

表 2–1　不同种类证书的比较

证书种类	性质	颁发部门	是否是职称
专业技术资格（职称）证书	是人事部门的一种技术称号，是具有专业技术水平的标志	人事部门	是职称，有等级划分

表2-1（续）

证书种类	性质	颁发部门	是否是职称
职业资格证书	是劳动者具有从事某种职业所需要的专业知识和技能的证明，是劳动者从事相应工种的资格证明	劳动部门	不是职称，资格直接考取
执业资格证书	是一种强制要求的证书，即从事某种职业必须具有的证书	相关部门	不是职称，资格直接考取
职业技能证书	技能测试合格后颁发，即上岗证，侧重动手能力	相关部门	不是职称，资格直接考取

（二）大学生可以考取的证书

1. 外语类证书（成绩单）

（1）大学英语四、六级。

全国高等学校英语应用能力考试（PRETCO）是由教育部批准成立的高等学校英语应用能力考试委员会设计，供高职高专院校和成人高专院校学生参加的标准化考试，主要考核考生实际应用英语进行日常和业务涉外交际的能力，同时为用人单位提供对高职高专毕业生英语水平的评价标准。

本科、高职高专学生一般参加全国大学英语四、六级考试。英语四级（CET-4）和英语六级（CET-6）是由教育部高等教育司主持的全国性教学考试，一般在每年6月、12月（或次年1月）各举行一次，报名时间一般在每年3月下旬和9月下旬。大学英语四、六级考试满分为710分，不设及格线。四级425分及以上获取证书并可以报考六级；六级425分及以上下发成绩单。

（2）全国外语翻译证书。

全国外语翻译证书考试是由教育部考试中心与北京外国语大学合作举办，在全国实施的面向社会的非学历证书考试，主要测试应试者外语笔译和口译能力，并对应试者提供翻译资格的权威认证。该项考试参考了包括美国、加拿大、欧盟、英国、澳大利亚等国家和地区的翻译资格认证标准，是一项具有国际水准的认证考试。

全国外语翻译证书目前设英、日两个语种。英语包括四个级别，日语包括三个级别。英、日语一、二、三级各包括笔译和口译两种证书，考试合格者可获得相应级别的笔译或口译证书。英语四级考试含笔译和口译两部分，两部分均合格者可获得四级翻译证书，该类考试于2008年10月首次开考。

考试每年举行两次：3～4月报名，5月考试；8～9月报名，10月考试。具体考试时间为5月和10月的第四个周末。具体报名和考试时间以考前通知为准。

（3）英语专业四、八级证书。

英语专业四级考试（TEM-4）全称为全国高校英语专业四级考试，自1991年起由教育部实行，考察对象为全国综合性大学英语专业学生。考试内容涵盖英语听、说、读、写四个方面。

考试时间为每年4月的第三个周六。

报名资格：

① 经教育部备案或批准的高等院校中英语专业二年级本科生。

② 经教育部备案或批准的高等院校中修完英语专业基础阶段教学大纲规定课程的二、三年制最后一学年的大专生。

③ 经教育部备案或批准有学历的成人高等教育学院中四年制即脱产学习的英语专业（第二学年）本科生；五年制即不脱产学习的、修完英语专业基础阶段教学大纲规定课程（第三学年）的本科生。不脱产的三年制大专生，在第三学年时方可报名参加专业英语四级考试。

④ 重点外语类院校中，非英语专业的本科生当年参加英语六级考试且成绩达到一定标准，可参加当年专业英语四级考试。

⑤ 参加专业英语四级考试的考生只有一次补考机会。

英语专业八级考试（TEM-8），全称为全国高校英语专业八级考试，自1991年起由教育部实行，考察对象为全国综合性大学英语专业学生。英语专业八级考试是由高等学校外语专业教学指导委员会主办的（非教育部主办）。每年3月举办一次，考试在上午进行，题型包括听力、阅读、改错、翻译和写作。考试内容涵盖英语听、读、写、译各方面，2005年又加入人文常识，以笔试形式考核。

具体时间是每年3月上旬，对象是英语及相关专业大四学生。非英语及相关专业与非在校生无法参加考试。考试及格者由高等院校外语专业教学指导委员会颁发成绩证书。成绩分三级：60～69分是合格，70～79分是良好，80分及以上是优秀。考试合格后颁发的成绩证书终身有效。从2003年起，考试不合格能够补考一次。补考合格后只颁发合格证书。

（4）剑桥商务英语（BEC）证书。

教育部考试中心和英国剑桥大学考试委员会合作，于1993年起举办商务英语证书考试。该系列考试是一项水平考试，根据公务或商务工作的实际需要，从听、说、读、写四个方面对考生在一般工作环境下和商务活动中使用英语的能力进行全面考查，对成绩及格者提供由英国剑桥大学考试委员会颁发的标准统一的成绩证书。成绩证书终生有效。

（5）英语中高级口译证书。

英语中高级口译考试，是英语口译岗位资格证书考试项目中的高层次项目，具有大学英语六级和同等英语能力水平的考生可以报考。每年3月和9月的一个双休日为笔试日。该项目的培训和考试，为国家机关、企事业单位、公司和涉外单位造就一批能胜任各类涉外项目谈判、高层次会晤、新闻发布会、记者招待会及国际研讨会的翻译，并为同声翻译人才的培养打好基础。

（6）托福（TOEFL）、雅思（IELTS）、GRE、GMAT、托业（TOEIC）证书（雅思考试为发放分数报告）。

① 托福（TOEFL）。托福是由美国教育测验服务社（ETS）举办的英语能力考试，全名为“检定非英语为母语者的英语能力考试”，中文由TOEFL音译为“托福”。新托福满分是120分。TOEFL考试的有效期为2年，从考试日期开始计算。

② 雅思（IELTS）。雅思全称为国际英语语言测试系统，是著名的国际性英语标准化水平测试之一。雅思考试于1989年设立，由英国文化教育协会、剑桥大学考试委员会和澳大利亚教育国际开发署（IDP）共同管理。雅思考试是全球认可度最高的国际英语考试，

获得全球超过140多个国家和地区1万所院校机构的认可，每年有超过300万人次参加雅思考试。2019年1月15日，中国教育部考试中心与英国文化教育协会联合发布中国英语能力等级量表与雅思、普思考试的对接研究结果，标志着雅思和普思成为率先完成与中国英语能力等级量表对接的英语能力测评考试。雅思考试作为全球英语测评领先者，已超越其他同类测试，成为全球规模最大的国际英语测试。

雅思考试是为那些打算在以英语作为交流语言的国家和地区留学或就业的人们设置的英语语言水平考试，分为学术类测试（A类，academic）和培训类测试（G类，general training）。雅思考试包含纸笔模式与机考模式，考生可自由选择适合自己的考试模式。

注重“沟通为本”的雅思考试，是从听、说、读、写四个方面进行英语能力全面考核的国际考试，能够立体综合地精准测评考生的英语语言运用能力。雅思考试报名为全年开放式，考试日期安排公布后即可报名，最晚报名时间为考试前两个星期。考生可根据自己的情况选择全国任何一个考点考试，不受地域限制。雅思考试成绩总分为9分，有效期限通常为2年。

③ GRE。全称Graduate Record Examination，中文名称为美国研究生入学考试，由美国教育考试服务处（Educational Testing Service，ETS）主办。GRE是世界各地的大学的各类研究生院要求申请者具备的一个考试成绩，也是教授对申请者是否授予奖学金所依据的最重要的标准。GRE首次由哈佛、耶鲁、哥伦比亚、普林斯顿四所大学联合举办，初期由卡耐基基金会（Carnegie Foundation）承办，1948年交由新成立的教育测试中心ETS负责。之后每年在世界许多地方举行。中国国外考试协调处负责中国归口管理和承办GRE等国外考试。

有些美国名牌大学把GRE专项成绩作为“推荐成绩”，即希望申请人能够提供此项成绩，无论本科专业是否与其申请的研究生专业相同，但不把它作为必备要求。若能提供专项GRE成绩，是很有利于申请奖学金资助的。

因此，如果申请人有较为充足的时间，不妨参加GRE专项考试，一个优秀的专项成绩很能反映申请人的专业素质与学习潜力。

目前，美国大学在成绩替代上比以往要求松些。可以提供GRE普通考试或GMAT考试成绩的任何一种作为商业类研究生应提供的成绩。

④ GMAT。GMAT是graduate management admission test（研究生管理科学入学考试）的简称。美国、英国、澳大利亚等国家的高校都采用GMAT考试成绩评估申请入学者是否适合在商业、经济和管理等专业的研究生阶段学习，以决定是否录取。

⑤ 托业（TOEIC）。托业即TOEIC（test of English for international communication），中文译为国际交流英语考试，是针对在国际工作环境中使用英语交流的人们而指定的英语能力测评考试，由美国教育考试服务中心设计。

考试者可以在网上报名，也可以在当地授权咨询站报名，当地授权咨询站的所有列表及联系电话可以在网上查询。

（7）第二外语证书。

日语：日语等级考试，分N5至N1五个等级，其中N1为最高级。

法语：法语水平考试（TEF），是法国教育部正式承认的一项考试。

德语：德语考试（TestDaF），共分F3，F4，F5三个等级，F5为最高级。

韩语：韩国语言能力考试（S-TOPIK），分1～3级，其中3级为最高级。

西班牙语：西班牙语考试（DELE），分Nivel Inicial：初级，基本沟通场景；Nivel Intermedio：中级，日常生活场景；Nivel Superior：高级，需要运用高水平的西班牙语及西语文化知识进行表达的场景。

2. 专业资格证书

专业资格证书是一种实际认证信息，它的效用在于证明持证者在职业活动中的真实表现。如果说学历证书是求职者就业的一块敲门砖，那么专业证书就是求职者打开就业之门的通行证。这一通行证不仅反映求职者的受教育程度、培训背景、工作经历，还向社会展示求职者个人对某个职业工种的一技之长或潜在的创造性。专业资格证书有精算师证书、法律职业资格证书、注册会计师证书、注册金融分析师证书、金融风险分析师证书、理财规划师证书、导游证、教师资格证、秘书资格证、普通话水平测试等级证书、银行从业资格证、证券从业资格证、品酒师资格证、健康管理师证书、物流师职业资格证、营养师证、职业汉语等级水平证书、CAD工程师认证证书、心理咨询师资格证书、电子商务师职业资格证、报关员资格证、驾驶证等。

（1）教师资格证。

教师资格证是教育行业从业教师的许可证。在我国，需要在社会上参加认证考试等一系列测试后，才能申请教师资格证。

2015年，教师资格证考试改革正式实施，打破教师终身制且五年一审，改革后实行国家统一考试，考试内容增加、难度加大。在校专科、本科生能报考。改革后不再分师范生和非师范生，想要做教师都必须参加国家统一考试，方可申请教师资格证。

证书分类：

① 幼儿园教师资格证。

② 小学教师资格证。

③ 初级中学教师和初级职业学校文化课、专业课教师资格证（统称初级中学教师资格证）。

④ 高级中学教师资格证。

⑤ 中等专业学校、技工学校、职业高级中学文化课与专业课教师资格证（统称中等职业学校教师资格证）。

⑥ 中等专业学校、技工学校、职业高级中学实习指导教师资格证（统称中等职业学校实习指导教师资格证）。

⑦ 高等学校教师资格证。

⑧ 成人/大学教育的教师资格证，按照成人教育的层次，依照上款规定确定类别。

（2）普通话水平测试等级证书。

普通话水平测试（PSC）是测试应试人员运用普通话的规范程度、熟练程度的口语考试。考试形式为口试。普通话水平等级分为三级六等，即一、二、三级，每个级别再分出甲乙两个等次；一级甲等为最高，三级乙等为最低。普通话水平测试不是口才的评定，而是对应试人员掌握和运用普通话所达到的规范程度的测查和评定，是应试人员的汉语标准语测试。应试人员在运用普通话口语进行表达过程中表现的语音、词汇、语法规范程度，是评定其所达到的水平等级的重要依据。

（3）职业汉语等级水平证书。

国家职业汉语能力测试（ZHC）是测查应试人员在职业活动中的汉语实际应用能力的

国家级测试，考察运用汉语的交际能力和逻辑思维能力。

ZHC服务于政府机关、企事业单位和各类院校，服务于各种人力资源开发和培训部门。其主要用途包括：为用人单位在人员招聘、选拔、任免和培训等决策过程中评价相关人员职业汉语能力提供参考依据；为人力资源开发、服务机构评价相关人员的职业汉语能力提供参考依据；为应试者了解、发展自己的职业汉语能力提供参考依据；为评价相关教学单位、培训机构的教学或培训成效提供参考依据。

3. 计算机证书

全国计算机等级考试是经教育部批准，由教育部考试中心主办，面向社会，用于考查应试人员计算机应用知识与技能的全国性计算机水平考试体系。考生不受年龄、职业、学历等背景限制，任何人均可根据自己学习情况和实际能力选考相应的级别和科目。考生可携带有效身份证件到就近考点报名。每次考试报名的具体时间由各省（自治区、直辖市）级承办机构规定。

① 一级考试：操作技能级。考核计算机基础知识及计算机基本操作能力，以及Office办公软件、图形图像软件、网络安全素质教育。

科目：计算机基础及MS Office应用、计算机基础及WPS Office应用、计算机基础及Photoshop应用、网络安全素质教育，一共四个科目。

形式：完全采取上机考试形式，各科上机考试时间均为90分钟，满分100分。

获证条件：总分不低于60分。

② 二级考试：程序设计、办公软件高级应用级。考核内容包括计算机语言与基础程序设计能力，要求参试者掌握一门计算机语言，可选类别有高级语言程序设计类、数据库程序设计类、Web程序设计类等；二级还包括办公软件高级应用能力，要求参试者具有计算机应用知识及MS Office办公软件的高级应用能力，能够在实际办公环境中开展具体应用。

科目：语言程序设计类（C，C++，Java，Visual Basic，Web，Python）、数据库程序设计类（Access，MySQL）、办公软件高级应用（MS Office高级应用）共九个科目。考生于九个科目中选择一个参加考试并过关即可。

形式：完全采取上机考试形式。各科上机考试时间均为120分钟，满分100分。

获证条件：总分不低于60分。

③ 三级考试：工程师预备级。三级考核面向应用、面向职业的岗位专业技能。

科目：网络技术、数据库技术、软件测试技术、信息安全技术、嵌入式系统开发技术共五个科目。其中，软件测试技术科目自2018年3月起暂停考试。

形式：完全采取上机考试形式。各科上机考试时间均为120分钟，满分100分。

获证条件：总分不低于60分。

④ 四级考试：工程师级。四级证书面向已持有三级相关证书的考生，考核计算机专业课程，是面向应用、面向职业的工程师岗位证书。

科目：网络工程师、数据库工程师、软件测试工程师、信息安全工程师与嵌入式系统开发工程师五个考核项目。其中，软件测试工程师科目自2018年3月起暂停考试。

形式：无纸化考试。四级考试科目由五门专业基础课程中指定的两门课程组成，总分100分，两门课程各占50分。专业基础课程为计算机专业核心课程，包括：操作系统原理、计算机组成与接口、计算机网络、数据库原理和软件工程。其中，“软件工程”科目自2018年3月起暂停考试。考试总时间为90分钟，单课程考试没有时间要求。

获证条件：两门课程总分达到60分并分别达到30分及以上，并已经（或同时）获得三级相关证书。2013年3月及以前获得的三级各科目证书，不区分科目，可以作为四级任一科目的获证条件。

4. 会计证书

目前，国内的会计证书考试分为三个级别：一是会计从业资格证书考试；二是会计专业技术资格考试；三是注册会计师考试。

会计从业资格证书，也就是通常所说的“会计证”，根据规定，在我国所有要从事会计行业的人必须持有该证书。全国会计专业技术资格考试（职称考试）分为初级资格考试（获取助理会计师证）和中级资格考试（获取中级会计师证）。目前，我国对已取得中级职称的会计人员，采用评审制来认证其高级会计师职称。注册会计师考试（CPA），凡高等专科及以上学历、已取得会计或者相关专业（指审计、统计、经济）中级及以上专业技术职称的中国公民都有资格报考。考试实行滚动式，从第一门单科合格成绩取得之年限算起，5年内必须考完所有科目，才可获得申请注册会计师的资格。

目前，可在国内参加考试、国外认证的会计师资格证书主要有5种：英国特许公认会计师认证（ACCA）、国际会计师专业资格证书（AIA）、加拿大注册会计师（CGA）、美国注册管理会计师（CMA）、澳大利亚注册会计师（ASCPA）。

考试时间：会计从业资格证书考试每年11月进行。5月报名，报名前必须有会计电算化证，会计电算化证考试每月举行。

（三）国家公务员考试

由于国家公务员招考是“因岗择人”，即按照职位来招考，所以每个岗位的招考条件并不相同，但有一些通用的要求：具有中华人民共和国国籍；具有正常履行职责的身体条件；具有大专及以上文化程度和符合职位要求的工作能力；具备拟任职位所需资格条件（其中，招考职位明确要求有基层工作经历的，报考者必须具备相应的基层工作经历）、公务员主管部门规定的其他条件。

国家公务员考试

国家公务员考试笔试题，除报考公检法的考生需加试专业科目考试外，报考普通职位的考生需考公共基础科目，行政职业能力测验和申论。行政职业能力测验和申论主要考查考生认识、分析和解决问题的能力，临时抱佛脚复习的作用不大。公共基础科目的考试涉及法律、行政等方面的内容。

申论，取申述、申辩、论述、论证之意。申论，既不同于作文考试，也不同于策论考试。申论考试的内容、方法及其产生的测评功能涵盖了作文和策论两种考试的基本方面。申论测试，命题中的背景材料涉及公务员社会活动方方面面的现实问题，包括一些社会热点与大众传媒所关注的焦点等，是模拟公务员处理日常工作的能力测试。申论所给的背景材料不是原始的信息，而是经过加工的半成品资料，头绪不是很清楚，条理顺序也较为混乱，究竟反映了什么问题，需要考生研究、梳理、归纳。公务员处理日常工作，依据的是党的方针、政策、法规，提出的解决问题的方案要有针对性、要切实可行。申论考试作答也要如此，不要说套话、假话，不能漫无边际、无的放矢。

专业科目笔试和面试的时间由招考部门自行通知。报考人员只有考试成绩、考核结果、体检都符合录用条件，才能办理录用手续。

第四节　大学学习的特点、要求、方法

只有正确认识大学学习的特点，了解大学学习的要求，掌握大学学习的方法，大学新生才能尽快步入大学学习生活的正轨，轻松应对各项学习挑战，顺利完成学业。

一、大学学习的特点

大学的学习从学习对象方面看，既要学习书本知识，还要向教师、同学学习。大学的学习从学习任务看，一是获得知识与技能；二是发展智力及能力，形成科学的思维方法；三是形成良好的思想、品德和养成良好的行为习惯。

大学生学习的特点

大学的学习与中学的学习最大的区别就是要求高度自觉。另外，在学习的内容、方法和要求上，也发生了很大的变化。要想真正学到知识和本领，除了继续发扬刻苦勤奋的学习精神外，大学生还要适应大学的教学规律，掌握大学的学习特点，选择适合自己的学习方法。与中学的学习相比，大学的学习具有以下特点。

（一）自主性

大学学习与中学学习截然不同的特点是依赖性的减少，取而代之的是主动、自觉的学习。大学的课堂教学往往是提纲挈领式的，教师在课堂上只讲难点、疑点、重点或者是教师最有心得的一部分，其余部分就要由大学生自己攻读、理解和把握，因此大学里的大部分时间是留给大学生自学的。在这种特点下，大学生不能完全依赖教师的计划和安排，不能只单纯地接受课堂上的教学内容，必须充分发挥主观能动性，发挥自己在学习中的潜力，广泛涉猎相关知识，掌握科学的学习方法，培养自主学习和独立思考问题、分析问题、解决问题的能力。

自主性的学习方式将贯穿大学学习的整个过程，并反映在大学生活的各个方面，如学习的自主安排、学习内容和学习方法的自主选择等。大学生自学能力的培养，是适应大学学习自主性特点的一个重要方面，因此，培养和提高自学能力是大学生必须完成的一项重要任务，也是进行终身学习的基本条件。不论是课堂学习、自学活动，还是独立钻研或者相互启发式学习，大学生都要发挥学习的主动性，根据实际情况选择适合自己的有效的学习方法。大学的学习不再是死记硬背教师所讲的内容，而是要根据自己的学习目标和专业要求，选择、吸收、消化有用的知识。

（二）专业性

大学教育具有明显的专业性特点。从报考大学的那一刻起，专业方向的选择就摆在了考生面前，考生对专业进行全面了解和评估后填报志愿。专业方向在上大学时就已经基本确定了，大学几年的学习内容都是围绕这一大方向安排的。大学的学习实际上是一种高层次的专业学习，这种专业性是随着社会对本专业要求的变化和发展而不断深入的，体现在知识不断更新、知识面越来越广上。为适应当代科技发展既高度分化又高度综合的特点，这种专业性通常只能是一个大致的方向，而更具体、更细致的专业目标在大学几年的学习过程中或是在将来走向社会后才能最终确定下来。整个大学学习过程也是大学生对所学专业不断认可的过程，如果喜欢自己的专业，可以在专业中多投入一些精力；如果不太喜欢自己的专业，而喜欢其他专业，除了申请转专业外，还可以辅修相关专业的课程。无论如何选择，大学生需要明确一件事情，即任何人所适合的专业都是一个大体的范围，而不是一个局限的点，因此，大学生千万不要因对所学专业没兴趣而荒废学业，最终留下遗憾与悔恨。

（三）广泛性

广泛性反映大学学习的多层面、多角度的特点，具体表现在两方面。一是在学习过程中，大学生可以通过各种不同的途径和渠道吸收知识，也可以靠广泛的兴趣探求课程之外的知识。上课时间之外，大学生有较多的自由支配时间，可参加学术报告、知识讲座、专题讨论、社会调查等，众多形式为大学生从不同层次、不同角度学习知识创造了条件。二是在学习活动中，大学生可以发展自己的兴趣，不断丰富、调整自己的学习内容，形成合理的知识结构。作为大学生，人文素质和科学文化素质这两方面的内容是不可分割的，犹如一枚硬币的正反两面。

大学生不仅要拥有精深的专业知识，还应利用闲暇时间广泛阅读人文类图书，如政治、哲学、法律、地理、历史等方面的图书。历史能使人明智，哲学能使人高深，地理能使人豁达……书籍是人类进步的阶梯，畅游其中，必能陶冶情操。机遇总是青睐有准备的人，大学生要把握好机遇，合理调整知识结构，不断提高自身综合素质。

（四）创造性

大学学习是大学生在继承前人积累的专业理论知识的基础上，从事探索活动、培养创造能力、获得科学方法和创新精神的过程。大学教师除了完成教学任务外，也从事本学科的科学研究工作，他们把自己的研究成果和本学科或本专业的国内外最新研究动向、成果及趋势介绍给大学生，使大学生站在学科发展的前沿，激发大学生的创造热情。因此，创造性是大学学习的基本特点之一。大学生在学习过程中，要不断激发自己的创新意识，不轻易相信现成的结论，不盲从他人；要敢于突破思维定式，力求有自己独特的见解和思考角度。

大学推行学分制，大学生选课及转专业都具有一定的自由度。大学的教学过程更加注重调动学生学习的主动性、独立性和创造性，以提高学生的自学能力、独立研究能力和发展创造能力；大学的学习注重实践教育环节，通过实践教学、实践活动使大学生有更多的机会接触客观事物并对它们产生兴趣，这对培养大学生的动手能力起到了关键作用。

此外，大学还设立了创新创业课程，各项创新成果可以转化为创新学分，计入毕业学分之中。大学制订这些学习设计、保障机制的目的是培养具有创新意识和创新能力的人才。

二、大学学习的要求

大学生的身份是学生，学生的天职是学习，不管是提高综合素质还是培养综合能力，学习都是基础。知识经济时代是“知识就是财富”的时代，大学生只有不断提高自己的知识水平，才能适应知识经济时代的发展，为自己铺就成功之路。

一所学校、一个班级有自己的学风，一个人也有自己独特的学风，并且从学风可以看出一个人的整体精神风貌和各种人格因素。

（一）正确的学习态度

学习态度不是一件小事，它会导致巨大的差别。正确的学习态度是克服学习过程中出现的各种各样问题的关键，态度明确、注意力集中，学习效率才能提高。

有的大学生学习态度比较散漫，被动学习，单纯应付考试甚至逃课、作弊。良好的学习态度对于大学生掌握扎实的专业知识和形成积极向上的人生观、价值观具有重要的意义。

学习态度比课本和课堂更重要，比分数和名次更重要。用正确的学习态度和最大的学习热情对待学习，主动、刻苦、最大限度地完成力所能及的学习任务；自信，正确认识自身优点，避免自卑心理；严谨，脚踏实地，养成严谨的科学态度。

（二）摸索适合自己的学习方法

大学是系统地学习知识的时期，大学生应该抓住这一难得的机遇期，努力成为一个“知识贵族”。大学生的学习不单是掌握知识，更重要的是掌握学习知识的方法。

刚进入大学的新生，一般都会有3～4个月的适应期。在这段时间里，新生需要完成从高中的应试教育模式到大学的开放式教学模式的转换。高中更注重学习具体的知识，而大学则应该注重培养一种思维方式。面对“爆炸式”的信息，大学新生要在学习知识的过程中学习多角度思考问题，通过大量的课外阅读整理、消化课内的知识，找到适合自己的学习方法。为此，大学生要在借鉴前人经验的同时，积极探索并形成适合自己的学习方法。

（三）用智慧驾驭知识

以新的视角看待知识与方法的关系，是知识经济时代培养创新人才最根本的问题。1957年诺贝尔物理学奖获得者之一李政道在《物理的挑战》中指出，创新人才不能仅仅依靠课堂讲授、课堂教育，也不能完全依靠因特网等高科技工具，因为因特网只能提供信息，但信息不是知识。

现在，不少大学生认为进入信息时代，点击一下鼠标就可以获得任何知识，但实际情况并非如此。信息不等于知识，知识不等于智慧，体现智慧的是把信息和知识综合起来予以应用并取得良好效果的能力。数据资料不加以分析不能称为信息，信息不加以应用不能称为知识，知识不通过智慧加以运用不能称为力量。当今世界不是与社会生活无关的知识竞争，而是人的视野、能力、水平的竞争。管理学家德鲁克把人类处理知识的方式划分为3个时代：人类早期是知识启蒙的时代，工业化时期是知识应用的时代，工业化之后是智慧时代。所谓智慧时代，就是要求人类根据自己的发展目标检索知识、积累知识、处理知识。

牛顿、爱因斯坦等一大批科学家都是在20多岁就做出了划时代的科学成果，他们当时的知识储量和他们同时代的科学前辈相比可能要少一点，那么为什么他们取得了巨大的科学成就呢？主要是科学的方法。知识的数量不是创新的决定因素，最为关键的是知识的数量与科学的方法相结合，能够用自己的智慧驾驭知识。

三、适合大学学习的方法

找到正确、有效的学习方法，会让学习达到事半功倍的效果。当然，学习方法不是一成不变的，没有哪一种学习方法一劳永逸，关键是找到最适合自己的学习方法。下面介绍7种科学有效的学习方法。

（一）循环学习法

学习成效与记忆能力密切相关。德国心理学家艾宾浩斯的一项关于学习记忆的实验研究结果表明，学习中人的遗忘具有先快后慢的规律，如果及时复习，就可达到牢固记忆的目的。事实上，在学习过程中，记忆能力再强的人也难以做到对所学的教学内容一次性记忆下来。因此，循环法就是要求大学生在每节课后，在新的信息传入大脑后，印象逐渐消失以前，对所学的内容及材料及时整理，在不同的时间内多次采取“学习—复习—再复习”的方法，以达到记忆的目的，巩固学习效果。

（二）四环式学习法

四环式学习法是指通过由面到点、由表面到实质的综合概括，把握学习内容之间的联系，在较短时间内掌握全部材料内容的方法。包括分析材料、编写提纲、迁移内化、归纳强化四个环节。第一环节是分析材料，要抓住重点，就是对所学的内容进行认真的分析、综合，把握其要点、重点和难点及材料间的必然联系。第二环节是编写提纲，要求在理解所学内容的基础上，细致地进行筛选、概括、组织，然后根据所学的材料的性质，用自己的语言提纲挈领地编写提纲，列出每一个问题的要点。第三环节是对学习材料进行迁移内化，即对所编写提纲及知识、材料间的内在联系进行背诵、记忆、分析、推理。第四环节是归纳强化，即用简短的语言，抓住材料的实质和核心内容，把提纲归纳成简纲，以强化记忆，加深印象。

（三）框架式学习法

框架式学习法是指将有关的知识通过有条理的分析，归纳成一个个“框架”，以便理解和记忆。例如，学习某一学科或阅读某一本书时，往往会根据学科或书本的知识和内容及其内部之间的联系，建立一个知识“框架”。这样，不但便于理解和记忆，而且便于每学一点新的知识，就能自觉地把它投到这个“框架”的内容中，整理“信息”，调整信息的位置，以取得更好的学习效果。

（四）设问推敲法

设问推敲法是指在学习过程中，对于经常遇到各种问题，要养成问“为什么”的习惯。如果是前人问过的，但还没有解决，要敢于再问；如果是前人没有问过的，要敢于去问，不要怕错，错了就改。根据遇到的问题，迈出“问”的第一步，根据“问”发挥自己的主观能动性，主动查找资料，主动寻求解决问题的新方案，这对培养自己的创造性思维能力是很有好处的。常见的设问推敲法有比较法、反问法、逻辑法、变化法、极端法5种提问形式。

（五）螺旋式学习法

螺旋式学习法就是用一系列的循环知识单元代替平铺直叙的知识积累和阐述，每一循环都比前一个循环更高一层、更进一步。这种学习方法以学习者感兴趣或想研究的内容为目标。起点可以是某个基本概念、某个公式、某个实验现象，围绕着中心内容，掌握与中心内容有直接关联的基本知识，并了解那些有联系、但并不直接有关的知识。经过一个阶段的学习，学生掌握了基本概念，能理解和运用公式，能分析实验现象，疑难问题也得到了解释，设想得到了丰富和完善。同时了解到与所学内容有关的知识领域。在这一循环的学习中，又会遇到新的概念、新的问题，再以此为新的起点，进一步循环，进一步学习，进一步开阔视野。

（六）SQ3R学习法

SQ3R学习法是美国艾奥瓦大学首创的学习方法，其中S代表浏览（survey），Q代表提问（question），3R分别代表阅读（read）、背诵（recite）和复习（review）。

浏览是指在阅读一本书之初，先大致地浏览一遍，着重看书的序言、内容提要、目录，正文中的大小标题、图表、照片，以及注释、参考文献和索引等附加部分，目的是对全书有一个总的直觉印象，以及了解哪些内容值得注意等。

提问是指在浏览确定要读一本书之后，先进行粗读并提出问题，主要是在阅读大小标题、黑体字和其他重要标示的基础上提出一些问题，以便在后面的精读阶段更有目的性；对提出的问题先自己试着回答，有利于培养、提高思考问题和解决问题的能力，也可以提高学习和记忆的效果。

阅读是指带着问题深入地精读，对书中比较重要的内容，要逐段逐句地读，有时甚至要反复地读：对其中的重要概念、图、表、专门术语、注释等，要透彻理解其意义；对书中的核心内容和中心论点做笔记、写心得，并配以圈点、画线、眉批等。

背诵是指在理解了一本书的精神实质后，合上书本，把有关章节的主要内容简明扼要地复述出来，能熟练地背诵出书中的重要法则、原理、公式、定理等。通过背诵，可以加深理解、增强记忆。

复习是根据复述、背诵过程中出现的问题和熟练程度进行回顾，以便全面、准确地记住书中的主要内容。对其中需要长期记忆的材料，还要反复复习，以求牢固掌握。

（七）理论与实践结合法

大学学习是学生将高度抽象的专业理论知识运用到实践的活动。理论来源于实践，必须回到实践中接受检验。学习的过程也是人的认识过程，必须符合人的认识规律。脱离实践的理论，是无法生存的理论，也是无法掌握的理论。大学生所学的理论，是前人或他人在实践中升华了的东西，这种理论要在实践中才能检验它的真理性。因此，大学生通过参加课程设计、实习、实验、调查、毕业设计等实践活动，将课堂教学理论运用于实践，在实践中培养自己的动手能力、操作能力、运用知识解决问题的能力、创新能力等，树立在实践中学习的观念。

以上介绍的7种学习方法都是他人经验的总结，借鉴他人经验，可以少走弯路，提高学习效率。但是，由于个人习惯、思维方式、性格、气质、意志品德等具体条件不同，学习方法应该因人而异，因此，具体选择哪种学习方法，要结合自身的特点，对别人的经验要有选择性地加以吸收。

第五节　善于利用大学的资源

大学生要成长为素质全面的人，必须学会充分利用大学的各项资源。丰富多彩的大学生活，相对宽松的管理环境，自由时间较多的课程安排，令不少初入大学的学生感到很难适应，于是，时间在闲聊、逛街、网络游戏中匆匆溜走，没有看到校园里等待他们挖掘的各种“金矿”。除了课堂外，还有很多可以很好利用的资源。大学毕业后，有些人只得到一张文凭，而有些人则收获颇丰，原因是多方面的，其中很重要的一条为是否充分地利用了大学的资源。大学校园里有哪些应该被利用而常常被忽视的资源呢?

一、学业朋友——大学最亲密的学习伙伴

“三人行，必有我师焉。”大学时光，与我们朝夕相处、共同成长的，正是我们的学业朋友。学业朋友不但是我们的学习伙伴，也是最好的知识来源，大学生要学会善于从每个人身上学习他们的优点和闪光点，做到取长补短。英国文学家萧伯纳有一段经典的交换苹果与思想的论述：交换苹果，每人还是一个；交换思想，每个人都将拥有两种思想。朋友就是可以交换思想、沟通心灵、彼此相助的人。大学生是大多数优秀青年的集合体，如果细心观察、虚心请教，就能从这些优秀的伙伴身上学到很多优点。遇到困难，看看别人是怎样处理的，对自己肯定会有很好的启发；有不会的问题，请教身边的同学，不仅能解决困难，而且会增进同学之间的感情。“闻道有先后，术业有专攻”，每个人的专长不同，每个人对问题的理解和认识也不尽相同，只有互帮互学，大家才能共同进步。学长的经验和教训对我们的帮助是很大的，尤其是本专业的学长，他们经过了专业课程的学习和考试，对课程内容本身、学习重点都有所了解，可以向他们请教课程的重点内容及学习时要注意哪些问题，这样可以让我们在学习中少走弯路，尽快达到目的。

大学生要善于结交学业朋友，拓展自己的学业朋友圈。跨专业结交朋友，可以互相交流专业知识、领悟不同的思维方式、实现知识的互相渗透；跨个性结交朋友，可以吸收不同特质的人的个性优点，使自己的个性更加丰富和完善；跨学校结交朋友，可以体验不同学校的精神和文化；若有条件，也可以跨国籍结交朋友，结交学校里的留学生、外教，会感受到异域文化独特的魅力；跨年龄结交忘年交，将会受益无穷，甚至终身受益。

结交朋友既要靠缘分，也要靠自己主动，大学里各种校园文化活动都是结交朋友的平台。但是千万要记得，不要为了交朋友而交朋友，“物以类聚，人以群分”，要慎重结交朋友，注重结交思想上能相互启迪、心灵上能相互沟通、学业上能相互借鉴、品质能力上能相互欣赏的朋友，这样的朋友将是你一生的财富。

二、师者——你的人生导师

清华大学原校长梅贻琦曾说：“所谓大学者，非谓有大楼之谓也，有大师之谓也。”老

师是知识的传授者、成长的指导者、学生素质拓展的培养者，老师在大学生成长道路上的作用无人能够替代。大学老师大多思想深邃、个性鲜明、感情真挚，是为人治学的楷模。与老师的交流就如同一次思想的洗礼、一次人格的过滤、一次心灵的净化，如果能常与老师交流，大学生活将变得无比丰富，也更有内涵。

在大学里，我们要尽可能地多与老师接触，老师那种历经人生风雨之后的淡定从容，那种深厚的人文素养和含而不露的内在大气，无时无刻不在影响着我们。从学习到生活，从研究到工作，都可以从老师那里得到最无私的帮助。遗憾的是，基于很多顾虑，如担心受到老师的冷落、批评，担心老师没有时间，等等，很多同学不敢甚至不愿亲近老师，但是实际上，或许当我们用敬畏的眼光去看待老师的时候，老师也会用一种欣赏鼓励的眼光看着我们。很多老师并不如我们所想象的那样，总是高高在上，不易靠近，其实他们很喜欢和年轻的学生一起交流，只要我们有勇气跨出第一步，老师就一定会笑着接纳我们。

跟老师交流的第一步就是多跟老师聊天。课前、课间、课后都是跟老师交流的好机会，不要担心找不到共同话题，比如请老师帮忙推荐几本专业参考书，请教自己在学习中遇到的问题或生活上的一些疑惑都是很合适的。彼此熟悉之后，自然可以聊一些学习和校园之外的东西。不过，在跟老师交往的过程中，一定要注意礼貌和尊敬，不管老师多么和蔼可亲、平易近人，他始终是我们的长辈和尊师，在表达上要多注意。

平时也应该主动拜访老师，倾听老师的教诲。跟老师深入地交流，往往比课堂上的学习效果更好，因为这更有针对性。在拜访老师时，有几个问题需要注意：首先，要跟老师提前约定时间，不要贸然拜访；其次，要事先准备好请教的问题；最后，要注意自己的着装仪容，体现出对老师的尊重。

大学新生要善于向老师请教，勇于提出问题。不论是学习方法、技巧上的问题，还是课程内容上的问题，或是老师研究领域方面的问题都可以请教，与老师熟悉之后，甚至可以提出有关做人道理方面的问题。能够提出问题正是研究的开始，向师者请教之后，慢慢培养自己解决问题的能力。这样，4年下来，肯定收获颇丰，甚至会发现终生研究的课题。

俗话说：听君一席话，胜读十年书。我们在学校里很容易就能遇到人生导师，既然如此，同学们要勇敢地跨出和老师交流的第一步，好好地运用这一资源。

三、图书馆——广博的知识海洋

如果说大学是知识的殿堂，那么图书馆就是殿堂的脊梁。图书馆馆藏丰富，大学生要很好地利用这一资源。图书馆是学校文献信息中心，是为教学和科学研究服务的学术性机构，是学校信息化和社会信息化的重要基地。

大学里最有价值的地方是图书馆。图书馆对求知的学生来说，不亚于第二课堂。课堂上老师讲的只是浓缩了的知识精华，内容只是沧海一粟，更为精深、更为广泛的知识，相关或边缘学科的知识，等等，都需要自己课后获取，图书馆就是寻找答案的最佳去处。不少大学生不能很好地认识图书馆的价值，大学期间很少光顾图书馆，有些同学仅仅把图书馆作为自习的场所，没有真正合理、充分地利用图书馆。大学的学习离不开图书馆，能否很好地利用图书馆，几乎意味着大学学习是否成功。

每所大学都有自己的图书馆，有些大学的院系也拥有本院系专门的图书资料室。不同学科的图书馆主要的藏书内容和馆藏分类会有所不同，但是一般都会有一些常规的阅览室，如报刊阅览室、工具书阅览室、社科类阅览室等。不论是专业知识的查漏补缺还是自身知识积累的丰富提高，不论是思想品德的培养还是身心健康的培养，我们都可以在图书馆里通过阅读图书弥补自己的不足。知识是人类进步的阶梯，书籍集合了人类几千年的文化知识，而图书馆则集合了书籍中的精华，是永不枯竭的知识来源。此外，图书馆还能培养和提高我们的自学能力和学习上的自立精神，古今中外的大家、文豪、思想家、军事家等，在图书馆自学而成就事业的不在少数。

有的大学会在大学新生入学后，举办图书馆使用专题讲座，介绍图书馆学的一些基本知识、图书馆的服务机构、借阅流程等。办理完阅览证、借书证之后，不妨先去学校图书馆大致浏览一番，弄清楚怎样使用电子检索系统找到自己想要的图书，怎样浏览图书馆新进的图书，每个阅览室都有些什么方面的图书，外借书一次可以借阅几本，续借有什么要求，怎样预约图书等问题。可以说，如果一本书是一滴水，那么图书馆就是一个知识的海洋；如果一个知识点是一粒金沙，那么图书馆就是我们身边一座知识的金矿。大学生一定要利用好学术期刊阅览室和图书馆内的各种工具书，为以后的成才打下坚实的基础。倘若在大学四年里，很少去图书馆，就等于白白浪费了一大笔财富；相反，如果能够坚持经常去图书馆看看书、读读报，即使只是随意翻翻，也会获益匪浅。

与其把大好时光浪费在逛街、睡懒觉、玩网游、微信聊天等上面，不妨多去图书馆转转，至少保持每周一次的频率。认认真真地坐在图书馆里读读书，你会发现自己忽然之间拥有了一座取之不尽、用之不竭的宝山。需要注意的是，图书馆是公共场合，去图书馆的时候要注意自己的言行举止，遵守馆内的规章制度，不要着汗衫、背心、拖鞋等去图书馆，在馆内不要大声喧哗、举动轻浮等。

四、学术讲座——提高综合素质的捷径

对大学生来说，听学术讲座是学习的重要组成部分。在大学里，尤其是综合性大学里，为了增强学术气氛和活跃人们的思维，为了扩大学生的知识面和丰富学生的课余生活，经常举办内容丰富的学术讲座。学术讲座的主讲者基本上是专家、教授、知名学者、实干家、社会名流等，这些讲座一般都具有前沿性、创新性、前瞻性，非常有利于提高大学生的综合素质。大学讲座是可贵的思想财富的源泉，身处大学校园，有这样的便利条件，如果能尽量多听讲座，尤其是质量高的讲座，大学生活定会有更多的收获。这些讲座能开阔视野，拓展思想，增进人生阅历。

但是，不少大学生对大学的学术讲座不感兴趣，参与学术报告的积极性不是很高。不要考虑学术讲座是否对口所学专业，专业不对口的讲座也能在思想观念、思维方式和学术精神上使自己受到启发。同时，要拓展知识面，积极关注专业以外的知识，克服“偏食症”，不要以“忙”为借口。只要学术讲座时间不与上课时间冲突，再忙也应该抽时间去听。学术讲座都是主讲人对讲座的主题颇有研究，甚至是终身研究成果的分享，短短的几个小时，能够吸收别人的研究成果，无疑是最有价值的。

对于大学新生来说，如何有效地参加学术讲座大有学问。第一步，要准确、及时地获取学术讲座信息。一般说来，讲座主办人或主办单位会提前发布相关信息，比如在校园内专门的信息公告地发布相关信息。讲座的宣传材料一般会张贴在公告区最醒目的地方或人流量最密集的地段。也可以上网查看学校里有关讲座信息的专门网页，获取近期讲座的详

细资料。一些学术大师的讲座和国内外政界要员的来访演讲等，学校常常会因座位供不应求，对听讲人数做出限制，如果对这些讲座有兴趣，一定要提早行动。

知道了讲座的时间和地点，第二步就是有效地去听。考虑到听讲座的效果，一般需要提前赶往指定地点占座。听讲座的时候，要专心，跟上演讲者的节奏，同时要做好笔记，以备查阅。讲座的笔记与平时的课堂笔记稍有不同，最好能记住主讲人的个人信息，尤其是联系方式；还要简明扼要地记录讲座的理论框架和基本内容，以及令人耳目一新的新概念、新观点、新想法，和自己在听讲座过程中的感悟和想法。这些思想的火花稍纵即逝，所以不管其成熟与否，都要先记录下来。讲座结束之后，主讲人一般会留出一段时间，进行互动交流，如果有某些不明白的或是不赞同的观点和内容，可以自由提出。对于大学生来说，这既是与主讲者面对面交流的机会，又对自己思维的拓展和理论表达能力的提高有很大帮助，所以一定要珍惜这种机会。

五、互联网——平面的世界

信息时代，获取信息的途径除传统的图书、报刊、广播电视之外，又增加了互联网，而且互联网的高效、丰富、即时和交互性是其他传统媒体无法比拟的。在大学里，互联网资源可以说是大学生平时用得最多的资源。通过互联网，我们可以和世界各地的人做朋友，了解这个世界各个角落的风土人情，收看最新的新闻资讯、科技动态等，缤纷的网络世界给我们搭建了一个联络外部世界的桥梁，通过互联网，我们可以方便快捷地获取资讯，鼠标轻轻一点，世界就呈现在我们眼前。网络以免费、快速、信息范围广等优势，给我们的学习带来了很大的帮助。

但是，大学生对互联网使用的现状十分令人担忧。相当多的大学生更多地把互联网作为娱乐工具，淡化了互联网的学习功能。在互联网上，很多学生都是在聊天、玩网络游戏、看电影等，甚至不少学生因“网游”过度而无法完成学业，也有一些学生因“网恋”而上当受骗，还有一些意志薄弱的学生受到非法网站的诱惑而走上犯罪的道路。互联网既可以丰富我们的生活，也可以让我们在网络中迷失自己，互联网是一把“双刃剑”。大学生应做文明的网民、理性的网民，不断增强法制观念、道德感、责任感、自制力、判断力、选择力，不断提高自己的网络素养，把握住自己，做互联网的主人。

大学生要重视互联网的学习功能，突出发挥互联网在个人成长成才中的重要作用。首先，可以通过互联网下载一些学习软件和工具，比如常用的Photoshop，Flash等，帮助我们拓宽知识面。其次，互联网上有很多电子图书，有些专业图书和论文等很难通过正式渠道获得，可以在互联网上查阅电子文档进行阅读。最后，互联网上有大量的英语学习资源。这些快捷免费的资源，在大学里不好好运用，着实浪费。

除此之外，学校里还有很多其他资源，比如丰富多彩的校园文化活动，能开阔大学生的视野，也让大学生更加了解社会。大学生要提前做好准备，充分利用这些资源，让大学生活变得更加丰富多彩、更有收获。

第三章　积极生活，丰富生涯

内容导入

每年秋季新生入学后的一段时间内，学生社团的各种“招新”活动都是高校一道靓丽的风景线。高校里丰富多彩的学生社团对提高学生综合素质、增强学生社会适应能力、促进学生成长与成才发挥了重要的作用。对于大一新生来说，充分了解学生社团的类型和特点，明确学生社团的定位及功能，可以帮助新生选择适合自己的社团，更快地融入大学生活。

第一节　积极参加学生社团活动

一、大学社团组织的类型

新的学期，新的起点。大家进入大学校园，会开始一段全新的生活，会面对新的生活方式、新的学习方式和新的团体。先来了解一下大学团体生活主要包括什么，以及大学有哪些主要的社团组织。

大学社团是大学不可或缺的学生组织，是由兴趣爱好相同的大学生在遵循一定的管理规范下，以共同开展彼此感兴趣的活动、丰富大学生生活、愉悦大学生心性、促进大学生发展为目的，自发结成的学生团体。作为自发结成的团体，具有学生选择层面上的灵活性和主动性，少了许多约束性，学生进出相对容易和随意。这种结构相对松散的组织是大学组织的重要组成部分，对大学生的成长发展有着重要影响。

常见的高校学生社团有4种类型，分别是信仰型、学术型、文娱型、实践型。

信仰型社团，是以成员共同的理想、信念、志向为基础建立起来的社团。如：马克思主义研究会、党章学习小组、习近平新时代中国特色社会主义思想青年学习研究会等。

学术型社团，是以满足成员对知识的需求为基础，以提高学术水平为目的建立起来的社团。如：金融投资协会、发明协会、数学建模协会、航模爱好者协会等。

文娱型社团，是以成员的兴趣、爱好相同为基础而建立的文化、艺术、体育等方面的社团。文娱型社团是高校学生社团的主体，数量大、种类多。如：艺术团、吉他协会、摄影协会、武术协会、飞镖协会、自行车协会、文学诗社、话剧社等。

实践型社团，是以社会实践活动或提供公益志愿服务为主要内容而结成的社团。如：环境保护协会、青年志愿者协会、义务支教协会、法律援助协会等。

二、社团的功能和作用

（一）社团活动能促进大学生学习和掌握知识技能

社团活动促进大学生学习和掌握知识技能，主要体现在两个方面。

第一，社团活动能够促进大学生知识的学习与掌握，完善其知识结构。由于社团类型多样，学科的交叉性可以帮助学生培养广泛的兴趣爱好，拓宽知识领域，完善自身的知识结构。学生社团活动内容比较丰富，涉及学科面大，能使文科学生了解一些自然科学的基本知识，使理工科学生了解一些社科知识，有助于学生文理互通，使知识结构合理化。一些知识性、学术性、科技性的学生社团，有助于学生获得一定的科学文化知识，可以培养学生的科技创新能力，巩固专业知识的学习。

第二，社团活动能促进大学生基本技能的学习和掌握。社团活动的实践性和社团组织的社会性，为大学生学习能力、交往能力、社会实践能力、领导能力的培养创造了更多的条件。学生社团的管理大部分是由学生自主进行的，在社团里，同学们需要自己解决很多问题、筹备很多事情，大学生自发组建社团、组织活动、主动参加活动并在活动中起主导作用。各种体育运动比赛或各种艺术、文学类的比赛，如球赛、辩论赛、晚会、沙龙、舞会，校外或野外活动等，基本上是学生自己参赛、竞赛、拉票，乃至筹备活动都是由自己解决，学生在参与、组织社团活动的过程中，既锻炼了自己的领导能力，也培养了团队协作意识。

2004年在北京举行的第二届中外大学校长论坛中，美国耶鲁大学校长理查德·莱温教授谈道：耶鲁大学特别鼓励学生参加课外活动，在课外活动中培养学生的领导能力。耶鲁大学有200多个课外文化小组活跃在校园中，包括辩论赛小组、撰写新闻小组、音乐小组、社区服务小组及政治团体等。课外活动小组是培养未来领导人素质的实验室，美国前总统小布什当时就曾积极参与社团活动，这对他担任总统起到了很大作用。莱温教授给在校大学生提出了最好的建议：“参加课外活动，在课外活动中培养领导能力。”

薛涌先生也曾在《给大学校长们扫精英教育之盲》一文中说，“培养领袖光上课不行，还要有学生的社团和组织活动、社会活动，以及体育竞技”，“大学课堂的教学，大部分和培养领袖没有直接的关系。有直接关系的是学生的社团组织活动，以及体育竞技”。

（二）社团活动能促进大学生学习和内化社会规范

大学社团活动主要是在大学生之间的交往中展开的，当然也有学生社团指导老师与学生的交往，而群体中的人际交往和人际关系必然形成相应的组织、制度和规范，如学生社团章程、规章制度、日常工作管理细则、管理社团活动审批制度等。除了社团的制度规定以外，还有学生社团的传统、舆论，以及指导教师的举止、言谈、衣着、仪表等，都在传递着社会规范。这些对大学社团成员具有同化力和约束力，使生活在其中的大学生潜移默化地受到影响和熏陶；对于培养大学生的社会态度和社会行为，更好地学习和内化社会规范具有重要作用。

（三）社团活动能促进大学生确立生活目标和人生理想

著名社会学家埃米尔·涂尔干曾说：“我们之所以认为它（社团）是必不可少的，不在于它促进了经济的发展，而在于它对道德所产生的切实影响。”

参加某一类型学生社团的大学生，一般都有着某一方面相似的情感倾向性，或志趣相投，或有着共同的奋斗目标，在参与社团活动和社团管理的过程中，自然地会对人生、世界诸多事物产生相同或相近的看法，并较易形成群体认可、崇尚和追求的观念、价值标准和行为方式。同时，优秀的学生社团组织提倡的独立、民主、平等、团结、协作、奉献等精神也会感召每一名社团成员，尤其是公益服务类社团，如大学生志愿者服务队、法律援助中心、爱心社等社团组织，这些社团通过开展志愿服务活动，使广大同学有更多的机会与社会接触，更加理性地面对社会、认识自己，在为社会服务的同时，树立正确、健康的人生观和价值观。

参加学生社团还是一种发现自己、认识自己的好方式。社会学家库利认为，自我是以群体为背景，在人与人的互动中产生的。大学生在社团活动中，通过成员之间的互动和交流，可以更好地认识和了解自己，形成大学生的自我感知和态度。这种对自我的认识有助于大学生树立正确的生活目标和人生理想。英特尔大中国区原总经理陈朝益曾说：“在学校中要尽量参加社团，社团中有各院系的人，思想逻辑各擅胜场，他们不同的思考模式，往往会增加你对待事物的深度与广度。我的大学时代，在社团中结交不少好朋友，而使我受惠最多的当属社团，我们那群人都是哲学思考型的，有数学系、工程系等，而且我们非常投缘，我们谈论许多事，包含人生的思考，其实人生的思考，在大学是很basic且相当重要的思考。”

从这段话中可以看出大学生社团对陈朝益的成长、人生观的确定有着积极地促进作用。

（四）社团活动能促进大学生学习和适应多种社会角色

大学生在大学阶段需要完成从学生角色到社会角色的转变和适应，社团活动则为大学生的这种角色转变提供了多方面的条件。

大学社团的组织目标、组织规范、社团舆论对社团成员提出了明确的角色期望，大学生在社团活动中的态度、成绩，以及教师和伙伴的相应评价，决定了他们在人际关系中的角色地位。社团活动过程中会员之间的交往，会员与非会员的交往，为大学生提供了多样的教育情景，为大学生积累交往经验、学习变换角色、提高担当角色的能力，提供了锻炼和体验的机会。

三、如何选择社团

面对各色各样的社团组织，该如何选择？有的学生因为自己从小喜欢书法，所以希望加入书法协会；有的学生认为大学与社会接轨，所以想要在大学中提升自己的综合素质，锻炼自己与人交往和处理事情的能力，刚好艺术团可以提供锻炼自己的平台，同时可以继续发展自己的爱好和文艺特长，所以，在一进入大学时，就很坚定地加入了艺术团。这两种想法很有代表性，反映了相当一部分大学生在选择社团时的考量，要么根据自己的兴趣，希望能够培养某种学习之外的兴趣爱好；要么出于提高自身能力的期待来选择，希望能够通过社会活动得到全方位的锻炼。

那么，能否通过大学社团活动达到预期的目的，则需要我们有更多的思考。

（一）常见选择标准之一——兴趣

不少大学生会根据自己的兴趣选择社团，那么，需要了解什么是兴趣及如何激发兴趣、保持兴趣。

很多人觉得喜欢的事物就是兴趣爱好，经常听到有人把“爱电影、爱音乐、爱美食、爱旅行、爱阅读”当成自己的兴趣爱好，但如果并没在这些领域做出任何超出平均水平的成就，那么这个层面的喜欢只会驱使我们去做一些门槛比较低的娱乐活动，以获得欲望的满足，比如吃、娱乐、放松等。还不足以成为我们去做那些真正有挑战、有难度的事情的内驱力，一旦遇到现实的困难，很容易就放弃了。

有人说热爱旅行，却常因行程安排的烦琐、预算的规划而屡屡作罢；有人说对摄影感兴趣，拿着手机拍了几天之后，就厌倦了自己拍出来的照片；有人说对健身有兴趣，但是锻炼的计划执行了两三次以后就再也提不起劲头了。

真正的兴趣是需要投入的，它是一件需要克服困难、需要坚持、需要努力的事情。3分钟的热度不叫兴趣，痴迷于低门槛、低成本的欲望的满足，比如吃喝玩乐，也不能称为兴趣。只有当你做某件事遇到了挑战和困难的时候，首先想到的不是放弃，而是想办法解决、突破，这才叫兴趣。只有这样的兴趣才能刺激我们去学习，而学习又能帮助我们获得新的技能。平时说的“兴趣是最好的老师”就是这个意思。

仅喜欢某件事不足以称为兴趣，还要为之付出努力，投入精力、体力、脑力，这才有可能获得深层次的乐趣和真正的成就感。但是如果不知道自己喜欢做什么，该怎么去“发现”自己的兴趣呢？这可能是不少大学生困惑的问题。在过去的十几年里，大部分大学生忙于考试，没有太多精力投入到其他领域。实际上，如果我们不知道自己的兴趣是什么，那么也“发现”不了它。

兴趣反映的是个体对于环境的偏好。兴趣并非天生存在，而是在不断与周围事件和人的交互过程中引发的，而且只有一部分事件和人激活了奖赏机制，这部分事件和机制作为正向激励，最终形成了兴趣集合。

因此，大学生可以尝试参加各种活动，去了解一切能够激发思想涟漪的新鲜事物，让自己的世界丰富起来，和外部世界尽可能地产生互动。再从中复盘，看哪些事情让人有成就感和意义感。只有不断地去积累成功的经验，将无数的正反馈积累起来，才能培养出兴趣。

但是，如果不开始行动，那么永远是白纸一张。所以，没有兴趣怎么办？如果给出一个简单的答案，那就是“去做，去尝试”。

大学里多种多样的学生社团，正是这样的一片土壤，让大家能够获得各种体验和经历；即便暂时没什么特别喜欢的，如果精力允许，不妨随意选择几个感受一下，多了解、多探索。但是正如前面所说的那样，不要指望它是一个舒舒服服、开开心心就能得到满足的过程，要做好付出努力的准备，才能培养出让自己有成就感、获益终生的兴趣爱好。

（二）常见选择标准之二——锻炼能力

大学生在选择社团时另一个很常见的标准，是希望能够锻炼能力，例如组织协调能力、人际交往能力等，进而提高自己的综合素养。

但是有不少大学生在加入社团之后，经历了一个失望的过程，就是发现在社团里忙于琐事，或者经常开会，好像什么也学不到。这又是怎么一回事呢？

学生进入社团之后，第一个头衔通常是“干事”，而且干事的基本业务全一样，比如贴海报、撕海报、搬桌子、抬椅子、发通知等，刚开始可能有新鲜感，比上课好玩儿。但是，如果一个学期都干这些事，有人就觉得这算什么社团啊。因为看起来似乎没有任何专业性和含金量，但其实也不见得。

如果你接到一个任务：“去找几个人，把活动现场的桌子布置好。”你会想到什么呢？

有的人想到的就是让我干啥就干啥呗，有什么好想的。

有的人就会想，从哪里搬？搬到哪里？搬完之后怎么摆？用完之后怎么收？

搬大量的桌子不可能全是自己搬，需要找人帮忙，叫谁呢？

叫自己协会的？万一人家不愿意来呢？叫自己宿舍的？室友凭什么跟你搬桌子？喊老乡？要不喊搬家公司？

于是，你要寻找合伙人，你要开口说话，你要交际沟通，你要分工协作。

也确实有人因为搬桌子退出了社团，然后将来他还会用过来人的身份“谆谆告诫”学弟学妹，千万不要加入社团，因为进去就是搬桌子。

是的，如果不主动进入社团，可能还真的没有搬桌子的机会。

如果做了社团的负责人，就需要熟悉更多的具体业务，比如策划方案怎么写，工作经费怎么筹划，活动创意如何体现，突发事件怎么应对，当然也包括，桌子是否搬过去了，等等。

这些工作背后其实锤炼的全是个人的能力。社团不像课堂，并没有专门开设教大家提升特定能力的课程，大家需要主动寻找机会、主动思考和总结，在选择和坚持中以求得锻炼。

四、如何平衡学业与社团活动

社团的工作和发展必定会占用学生的一些课余时间，该怎么平衡学业与社团活动之间的关系呢？记住重要的一点：面对学业和社团活动的冲突，不必苛求完美平衡。

学习和社团活动的冲突是一个非常现实的问题。也的确有学生怕耽误学习而中途退出社团，也有学生一心扑在各种社团活动中导致多门课程“挂科”。后面的章节会讲述如何进行时间管理，例如可以用四象限法做一个规划，既提高效率又不偏废。

不论是社团活动，还是课业学习，涉及的一些能力，例如专注力、逻辑思维能力等，是可以互相迁移的；但是想把这两件事情都做好，就需要分别投入大量的精力和时间，从这个角度来讲，这两者可能是没有办法平衡的，我们要做的，是学会取舍。

如果你既想参加社团活动，又想绩点够高拿奖学金，那就要减少玩乐的时间，告别周末的懒觉，放弃参加同学聚会；如果你忙于社团事务，可能就会疏于和室友交流感情，难免大家还会不理解你；如果你一心苦学，把社团视作市侩、庸俗、官僚的代名词，远离公共生活，日后可能会感到遗憾，少了很多珍贵的体验。

所以，哪里有完美的平衡呢？无非是权衡取舍。而取舍的背后，更是合理化期待和自我认识的问题。比如，当我们这么问的时候，其实暗藏了一种期待，那就是我们可以平衡一切，什么事情都能做得很好，能很好地扮演各种社会角色。其实，这是一种对自己不合理的期待，也是心理学上说的“全能感”。执着于全能感，不仅不会让我们更完美，反而会带来更多的挫败感。

伴随着成长，几乎所有人都会面对这样一些事实：即使努力，还是有些事做不到；即使做到了，还是有些人看不到；即使看到了，还是有些人不在意或不喜欢。

这个过程就是一个打破全能感的过程，也就是说，我们要承认自己是不完美的，并非无所不能，得放弃对自己的苛刻要求。

金无足赤，人无完人。能够认识到自己的不足和不完美本身也是一种优秀的品质，看到了自己的不完美，承认自己并非无所不能，这就是一种接纳的姿态。接纳是承认自己的有限性，接纳让我们放松心态，不苛责、不纠结、不拧巴，从而调动全部心智，相信自己能不断拓展限度。

生活中我们每时每刻都在做出取舍，无法兼顾所有。这就要求我们充分认识自己，知道自己想做什么、能做什么，而不是被他人所裹挟、盲目从众。别人说没有社团经验毕业时简历不好看，就参加一大堆社团，心力交瘁还不敢退出；别人说社团活动都是浪费时间，耽误学业，就敬而远之，这显然不是明智的做法。同时要意识到，任何选择都是有代价的，有得就有失，没有完美的选择。

不论是学业还是社团活动，都有其不可取代的价值，每个人能力不同、特点不同、需求不同，要权衡的内容也不同。所以，面临冲突的时候，既不要苛求完美，也不要盲目从众，希望大家都能做出自己最满意的选择。

第二节 主动参与社会实践活动

一、大学生社会实践的重要性

社会实践是实现人全面发展的根本途径。高校要坚持育人为本、牢固树立实践育人的思想，把提高大学生思想政治素质作为首要任务；坚持理论联系实际，提高社会实践的针对性、实效性和吸引力、感染力；坚持课内与课外相结合、集中与分散相结合，确保思想政治教育贯穿社会实践的全过程；坚持“受教育、长才干、作贡献”的原则，保证大学生社会实践长期健康发展；坚持整合资源，调动校内外各方面积极性，努力形成全社会支持大学生社会实践的良好局面。

首先，参加社会实践，有利于大学生更好地运用所学、发挥所长，是将理论转化成实践最好的方式之一，也是检验大学生所学知识真理性的唯一标准。同时，理论联系实际是党的优良传统和作风；教育与生产劳动和社会实践相结合是党的教育方针的重要内容；理论教育和实践教育相结合是大学生思想政治教育的根本原则。

其次，大学生参加社会实践，对于他们走出象牙塔，认识社会、了解国情和民生，培养历史使命感和社会责任感，具有不可替代的作用。

最后，社会实践让大学生以学生的身份走出校园、走进社会，给他们提供了更大的试错和发展平台，拉近了大学生与社会的距离，让他们提前知道什么是该做的、什么是不该做的，对于他们确定正确的人生观和价值观及加强自身独立性也有十分重要的意义。

二、大学生社会实践概述

（一）社会实践的概念

广义的社会实践是指人类认识世界、改造世界的各种活动的总和。狭义的社会实践即假期实习或是校外实习。社会实践对于在校大学生加深对本专业的了解、确认适合的职业、向职场过渡做准备、增强就业竞争优势等多方面具有重要的意义。有些学生选择做义工、支教、支农，既锻炼了能力，又奉献了爱心；有些学生选择留校勤工俭学、做家教、打零工等；有些学生则倾向于选择和专业相关的单位实习。

大学生社会实践调查报告怎么写

（二）志愿服务活动的种类

1. 暑期“三下乡”

“三下乡”是指文化、科技、卫生“三下乡”。“三下乡”实践活动既促进了先进生产力的发展，又帮助和引导大学生按照先进生产力发展要求成长成才；既传播了先进文化，又帮助和引导大学生接受先进文化的哺育；既服务了人民群众的根本利益，又促进了大学生的全面发展。“三下乡”活动把组织活动与机制建设结合起来，既抓住当前效果，又考虑长远利益。各学校建立以学生骨干为主的志愿服务队伍，鼓励学生在实践过程中分工明确、切实参与、积极作为，从而实现自我教育的目的。志愿者在指导老师的带领下，本着用我所学、服务社会的宗旨，带着建设和谐社会、完善自我的满腔热情为社会贡献青春和力量。

2. 走进社区

青年志愿者走进社区，“奉献、友爱、互助、进步”志愿精神蔚然成风，根据结对社区的需求，因地制宜地为社区带来丰富多彩的志愿服务活动。服务内容包括：参与社区治理，积极参与“网格化”社区治理，协助“网格员”开展社区走访，摸清社区情况，服务社区建设；扶弱济困，立足社区居民需求，常态化开展亲情陪伴、儿童关爱、为老服务、阳光助残等志愿服务活动，助力社区和谐发展；政策宣传，结合社区发展实际，开展文化宣传、法制宣传、禁毒防艾、生态环保等志愿服务活动，丰富社区居民精神文化生活。结合大学生专业特长与社区需求，开展专业志愿服务的社会实践，既拓展了社区志愿服务内容，又提升了大学生的社会实践能力。

3. 逐梦计划

“逐梦计划”是一项以在校全日制大学生进党政机关、进企业、进金融机构、进科研院所、进社会服务机构、进农村社区开展岗位实习为主要内容的社会实践活动，旨在为在校大学生提供实践锻炼机会，提升在校大学生岗位认识和实践能力，是一项服务大学生、锻炼大学生成长成才的公益活动。

4. 大型展会志愿服务

学生志愿者为大型展会服务，秉承“奉献、友爱、互助、进步”的志愿精神，让来自五湖四海的嘉宾感受到热情、周到的服务。根据活动主办方要求，学生志愿者主要负责嘉宾引导、论坛会务、后勤协助、项目展示、接待咨询、秩序维护等志愿服务工作，贯彻“文明礼貌、微笑服务”的理念，展现志愿者的良好风采。

5. 马拉松赛事志愿服务

随着马拉松运动在我国蓬勃兴起，各地也频繁举办马拉松赛事。学生志愿者可为参赛选手做好赛前筹备工作、物资补给和医疗救助、咨询服务、应急处理、赛后场地维护等后勤保障工作。学生志愿者以积极、热情的态度，真诚为每个参赛选手服务，为马拉松活动顺利进行提供了可靠的保障。

6. 大学生志愿服务西部计划

自2003年起，根据国务院常务会议精神，团中央与教育部、财政部、人力资源和社会保障部联合组织实施大学生志愿服务西部计划。按照公开招募、自愿报名、组织选拔、集中派遣的方式，该计划每年按照上级组织指标要求，招募一定数量的普通高等学校应届毕业生，到西部贫困县的乡镇，从事为期1～2年的教育、卫生、农技、扶贫，以及青年中心建设和管理等方面的志愿服务工作。大学生志愿服务西部计划突出弘扬和培育志愿服务精神。大学生志愿服务西部计划是一个助力志愿者在实践中坚定理想信念、锤炼意志品格、提高综合素质的平台。

综上所述，志愿服务活动辐射校园、社区、社会。立足校园——志愿公益精神洒满校园每个角落，即志愿公益活动鼓励大学生关心身边的朋友和校园环境，致力于建设和谐校园。辐射社区——营造校园周边和谐环境，即大学生志愿者从校园走进周边社区，开展关心留守儿童、空巢老人等活动，与周边社区形成和谐共处的良好氛围。面向社会——用一流志愿服务回馈社会，即引导大学生利用双休日、寒暑假走进社会进行志愿公益活动，开展“三下乡”活动、关爱弱势群体等公益服务，引领社会形成良好的风气。

三、志愿服务在奉献中闪光

志愿服务活动是大学生参与社会实践活动的重要形式，是大学生思想政治教育的有效活动载体，有利于丰富和发展大学生思想道德素质的内涵，有利于其身心的健康发展。在志愿服务活动中，大学生要秉承“奉献、友爱、互助、进步”的志愿精神，实践以人为本理念，全面、协调、可持续的科学发展观，践行社会主义核心价值体系，为构建社会主义和谐社会作出贡献。

对志愿者个人而言，志愿服务活动具有以下积极意义：一是奉献社会。志愿者通过参与志愿工作，有机会为社会出力，尽一份公民的责任和义务。二是丰富生活体验。志愿者利用闲暇时间，参与一些有意义的工作和活动，既可以扩大自己的生活圈子，又可以加深对社会的认识，这对志愿者自身的成长十分有益。三是提供学习的机会。志愿者在参与志愿工作的过程中，除了可以帮助他人以外，更可以培养自己的组织及领导能力，学习新知识、增强自信心及学会与人相处。

对服务对象而言，志愿服务活动具有以下积极意义：一是接受个人化服务。志愿者服务在提供大量的人力资源的同时，更能发挥服务的个人化、人性化及全面化的功能，从而令服务对象受益。二是服务对象能够更好地融入社会，增强归属感。通过志愿者服务，服务对象能有效地扩大社交圈，增强对人、对社会的信心。同时，志愿者通过亲切的关怀和鼓励，帮助服务对象减轻接受服务时的自卑感和疏远感，从而建立自尊心和自信心。

对社会而言，志愿服务活动具有以下积极意义：一是传递爱心，传播文明。志愿者在把关怀带给社会的同时，也传递了爱心，传播了文明，这种“爱心”和“文明”从一个人身上传递到另一个人身上，最终汇聚成一股强大的社会暖流。二是有助于建立和谐社会。志愿服务工作提供了社交和互相帮助的机会，加强了人与人之间的交往及关怀，减少彼此间的疏远感，促进社会和谐。三是有利于社会进步。社会的进步需要全社会的共同参与和努力。志愿工作正是鼓励越来越多的人参与到服务社会的行列中来，对促进社会进步有一定的积极作用。

志愿服务工作让学生志愿者感觉到自己是快乐的、幸福的，感觉到自己的行动是值得的、付出是有收获的，感觉到梦想离自己很近。志愿者一致的追求是通过众多志愿者长期不懈的志愿服务，服务对象、志愿者本身乃至整个社会取得阶段性进步，即志愿者精神得到普及而实现的。

第三节　注重参与竞赛实践活动

一、大学生学科专业竞赛

高等教育不仅担负着基础理论、基本知识、基本技能、基本方法的教育任务，而且担负着大学生创新能力、协作精神和理论联系实际、动手实践能力的培养任务。学校开展并组织大学生参加各级各类学科专业竞赛活动，以达到提高学生动手能力、培养学生创新精神的目的。

国家级竞赛是指由教育部、工业和信息化部、科技部等国家部委，以及教育部委托各学科国家一级学会主办的各类大学生学科专业竞赛活动，如全国大学生结构设计竞赛、全国大学生机械创新设计大赛、全国大学生工程训练综合能力竞赛、全国大学生电子设计竞赛、全国大学生智能汽车竞赛、全国大学生物流设计大赛、全国大学生数学建模竞赛、全国大学生广告艺术大赛、“挑战杯”中国大学生创业计划竞赛等。

省部级竞赛是指省级教育主管部门和省厅一级单位主办的各类大学生学科专业竞赛活动。

校级竞赛是指由学校教务处、二级学院组织的国家级、省部级学科专业竞赛的校内选拔赛及校级大学生专业素质能力竞赛等。

二、大学生创新创业大赛

（一）大学生参与创新创业大赛的意义

大学生创新创业大赛可以培养大学生的创新意识、创新思维，提高大学生的学术研究能力和综合素质，满足以多层次、复合型、应用型为目标的人才培养要求；培养大学生严谨的科学态度、较强的团队精神和实事求是的工作作风，有效地促进学风建设；提高大学生对理论知识的应用能力，激发大学生自主学习科学文化知识的兴趣和积极性，营造浓厚的学术氛围，为培养高素质人才创造条件。

（二）中国“互联网+”大学生创新创业大赛

为全面落实习近平总书记给第三届中国“互联网+”大学生创新创业大赛“青年红色

筑梦之旅”的大学生的重要回信精神，深入推进“大众创业、万众创新”，引领创新创业教育国际交流合作，加快培养创新创业人才，促进创新驱动创业、创业引领就业，由教育部与有关部委举办的中国“互联网+”大学生创新创业大赛旨在深化高等教育综合改革，激发大学生的创造力，培养造就“大众创业、万众创新”的生力军，推动赛事成果转化，促进“互联网+”新业态形成，促进服务经济提质、增效、升级，以推动高校毕业生更高质量地创业、就业。

以赛促学，培养创新创业生力军。大赛旨在激励广大青年扎根中国大地，了解国情民情，锤炼意志品质，开阔国际视野，在创新创业中增长智慧才干，把激昂的“青春梦”融入伟大的中国梦，努力成长为德才兼备的有为人才。

以赛促教，探索素质教育新途径。大赛采用校级初赛、省级复赛、全国总决赛三级赛制。在校级初赛、省级复赛基础上，组委会按照配额择优遴选项目进入全国决赛。大赛作为深化创新创业、教育改革的重要抓手，能够有效地引导各类学校主动服务国家战略和区域发展，深化人才培养综合改革，全面推进素质教育，切实提高学生的创新精神、创业意识和创新创业能力。

以赛促创，搭建成果转化新平台。大赛可以推动赛事成果转化和产学研用紧密结合，促进“互联网+”新业态形成，服务经济高质量发展，努力形成高校毕业生更高质量创业和就业的新局面。

（三）“创青春”全国大学生创业大赛

“创青春”全国大学生创业大赛是“挑战杯”中国大学生创业计划竞赛的改革提升。2013年11月8日，习近平总书记向2013年全球创业周中国站活动组委会专门致贺信，特别强调了青年学生在创新创业中的重要作用，并指出全社会都应当重视和支持青年创新创业。党的十八届三中全会对“健全促进就业创业体制机制”作出了专门部署，指出了明确方向。为贯彻落实习近平总书记系列重要讲话和党中央有关指示精神，适应大学生创业发展的形势需要，在原有“挑战杯”中国大学生创业计划竞赛的基础上，共青团中央、教育部、人力资源和社会保障部、中国科协、全国学联决定，自2014年起，共同组织开展“创青春”全国大学生创业大赛，每两年举办一次。

第四节　争取入党，做新时代追光者

志不立，天下无可成之事。在纪念五四运动100周年大会上，习近平总书记指出，“当代青年要树立与这个时代主题同心同向的理想信念，勇于担当这个时代赋予的历史责任，励志勤学、刻苦磨炼，在激情奋斗中绽放青春光芒、健康成长进步。”理想指引人生方向，信念决定事业成败。新时代中国青年把树立正确的理想、坚定的信念作为立身之本，努力成长为党、国家和人民所期盼的有志青年。

新时代中国青年刚健自信、胸怀天下、担当有为，衷心拥护党的领导，奋力走在时代前列，展现出前所未有的昂扬风貌：追求远大理想，心中铭刻着对马克思主义的崇高信仰、对共产主义和中国特色社会主义的坚定信念；深植家国情怀，与国家同呼吸、与人民共命运，时刻彰显着鲜明的爱国主义精神气质；传承奋斗担当，先天下之忧而忧、后天下之乐而乐，勇做走在时代前列的奋进者、开拓者、奉献者。

中国共产党是新时代先进青年向往的组织，成为一名中国共产党党员是很多青年大学生的崇高追求。

精品案例

做新时代追光者

刘某某，女，中共预备党员，某学院大数据软件工程专业××级本科4班学生，现为大数据学院分团委学生副书记、学生会执行主席。

她是一名铿锵向前的“追光者”。大一期间，家庭突发的变故没有阻挡她的步伐，她始终保持微笑、自信和善良，从容地向未来走去。她步履坚定，攻坚克难，连续两年综合成绩专业第一，先后获得国家励志奖学金、国家奖学金。

她是担当作为、锐意进取的发光体。从学生会成员一路成长到大数据学院分团委学生副书记兼学生会执行主席，繁忙却不慌乱，始终秉持着“全心全意为同学服务”的宗旨，不骄不躁地完成大大小小数百场活动。作为党史宣讲员，用青年坚定的声音，将党史故事讲给更多的人听。荣获微党课大赛三等奖、思政课公开课三等奖、党史宣讲比赛一等奖。

她是温暖有爱、阔步前行的点灯人。作为资助宣传大使，用青年蓬勃的朝气，将国家政策、学校帮扶，传递给更多有需要的人。投身于各类志愿服务活动中，用温暖的光点亮他人。

她勇敢担当善作为、不负韶华践于行，在专业学习、团学工作、志愿服务、公益实践、理论宣讲等方面积极发挥先锋模范作用。目前，她已获得了国家奖学金、国家励志奖学金、第七届创青春互联网创意营销大赛全国铜奖、××省院校共青团“优秀共青团员”、××学院十佳资助宣传大使等多项荣誉。

来源：https://mp.weixin.qq.com/s?__biz=MzA3MDYxNDY2OA==&mid=2650873413&idx=4&sn=b949482e92f235319813b091ba784ba8&chksm=84cf95a6b3b81cb04117e03b389433a60ae662d481ed9ba4f2dac3e72d1088caa78ea3b90e53&scene=27，略有改动。

一、入党与大学生成才

大学生入党与成才是相辅相成的，互相促进、互相帮助。大学生只有为了献身共产主义事业、更好地为人民服务而要求入党，才是唯一正确的入党动机；只有端正入党动机，才符合党章规定的党员条件，入党以后，才能发挥一名共产党员应有的作用，从而保证党的先进性和纯洁性。

首先，大学生要认真学习马克思主义理论，了解共产党和共产主义事业，进一步提高入党积极分子的思想政治觉悟。其次，大学生要通过实践锻炼，不断端正入党动机，以吃苦在前、享受在后的实际行动，来体现为共产主义不惜牺牲一切的高尚情操；通过学习优秀党员的模范事迹，来增强自己对党的感情，激励自己的行动；从身边的实事中不断总结经验，为日后投身于建设中国特色社会主义伟大事业做好铺垫。再次，大学生要用正确的入党动机克服不正确的思想，主动向党组织靠拢，争取党组织的帮助，通过接受党的教育，发扬积极因素，克服消极因素。最后，大学生要按照党员标准严格要求自己，并且对照党员标准找出自己的差距，要以高度的自觉性正确认识自己，严于剖析自己，明确在哪些方面达到了党员条件，哪些方面还没有达到，找到克服和解决的方法，要有“小我融入大我，青春献给祖国”的思想意识和实际行动，积极为社会贡献青春和力量。

二、入党条件与程序

推荐优秀共青团员作为党的发展对象（以下简称“推优”），是党赋予共青团组织的一项光荣任务。为保持和增强共青团的政治性、先进性、群众性，进一步规范和加强共青团“推优”工作，有效提升青年党员质量，共青团中央根据《中国共产党章程》《中国共产主义青年团章程》和中共中央组织部、共青团中央《关于进一步做好推荐优秀团员作党的发展对象工作的意见》、中共中央组织部《关于进一步加强在青年中发展党员工作的意见》等制定“推优”办法。

加入中国共产党的程序

“推优”工作应在各级党组织的统一领导下进行。团组织既可推荐团员中的入党申请人成为入党积极分子，也可推荐团员中的入党积极分子成为党的发展对象。基层团组织应不断加强自身建设，夯实“推优”工作基础。基层团干部应加强学习，掌握发展党员工作的方针和要求，规范“推优”程序，强化培养过程，提高“推优”能力。

（一）“推优”的具体条件

1. 政治思想上先进

坚持以马克思列宁主义、毛泽东思想、邓小平理论、“三个代表”重要思想、科学发展观、习近平新时代中国特色社会主义思想为指导；坚决维护习近平总书记党中央的核心、全党的核心地位，坚决维护党中央权威和集中统一领导，自觉在思想上政治上行动上同党中央保持高度一致；高扬理想信念旗帜，坚定共产主义远大理想和中国特色社会主义共同理想，坚决拥护党的领导，坚定中国特色社会主义道路自信、理论自信、制度自信、文化自信，坚定对党的政治认同、思想认同、情感认同；热爱祖国、热爱人民、热爱社会主义；旗帜鲜明地反对和抵制违背党中央精神的错误言行，积极弘扬主旋律、传播正能量，坚持传播党的政策主张，主动面向身边青年开展思想引领工作。

2. 道德品行上先进

自觉树立和践行社会主义核心价值观，自觉弘扬爱国主义、集体主义、社会主义精神，积极传承中华优秀传统文化、革命文化、社会主义先进文化，带头倡导良好社会风气；积极锤炼高尚品格，践行和倡导社会公德、职业道德、家庭美德；主动成为注册志愿者，积极参加志愿服务；主动成为网络文明志愿者，积极参与构建清朗网络空间；积极联系青年，热心帮助他人。

3. 发挥作用上先进

励志勤学、敏于求知、增长才干，不断提高与时代发展和事业要求相适应的素质和能力，做到德智体美劳全面发展；爱岗敬业，脚踏实地履职尽责，立足岗位争先创优；勇于到条件艰苦的基层、国家建设的一线、项目攻关的前沿经受锻炼，艰苦奋斗；有探索真知、求真务实的态度，在立足本职的创新创造中不断积累经验、取得成果；积极参加团组织的活动，对团组织交给的工作认真负责，积极为团组织工作出谋划策，在团员青年中起到表率作用。

4. 执行纪律上先进

积极向共产党员标准看齐，自觉遵守国家法律法规，坚决贯彻依法治国基本方略，在尊法、学法、守法、用法中作表率；模范遵守团章团纪，认真执行团的决议，自觉履行团员义务，积极参加团的组织生活和团的活动；带头遵守本单位各项规章制度。

（二）“推优”工作程序

① 基层团组织应根据有关规定，依据党组织年度发展党员工作计划，确定年度“推优”工作计划。

② 团支部提出召开“推优”大会申请，经上级团组织批准同意后，由团支部书记主持召开。上级团组织负责“推优”工作的监督考核，确保“推优”工作标准严格、流程规范。

（三）“推优”大会的流程

① 清点参加“推优”大会的团员人数，半数以上有表决权的团员到会方可进行。

② 团支部委员会介绍符合“推优”条件的候选人情况，候选人的产生应遵循各地开展的积分评议、志愿服务等团员评优机制。

③ 候选人从思想政治、道德品行、作用发挥、执行纪律等方面进行自我评述，重点介绍入党动机和接受培养教育的体会认识。

④ 参会人员通过无记名投票的方式进行民主评议，赞成人数超过应到会有表决权团员的半数以上，候选人方可进入考察环节。

⑤ 团支部委员会对推选出的候选人进行考察，结合平时掌握的情况，提出组织意见，形成书面材料。

第四章　尊重规则，立身为人

内容导入

国有国法，校有校规。大学生作为成年人，属于《中华人民共和国宪法》中规定的“年满十八周岁的公民”，“享有宪法和法律规定的权利，同时必须履行宪法和法律规定的义务”。法规和校纪教育是学生规范管理的重要教育内容，是大学生在校正常学习和生活的重要保障，是大学生把规章制度内化为自觉行动的第一步。

第一节　知校规校纪，做良好学生

普通高等学校学生管理规定

为了维护大学校园的教学工作和生活秩序，使学校的教育管理工作规范化、秩序化，也为了给学生创造一种良好的成长环境，培养大学生良好的行为习惯，促进德智体美劳全面发展，国家先后颁布了《高等学校校园秩序管理若干规定》《普通高等学校学生安全教育及管理暂行规定》《普通高等学校学生管理规定》《高等学校学生行为准则》等一系列规定，这既对大学生的行为提出了总体要求，又是大学生必须遵守的学习、生活、行为等方面的具体规范。根据国家的法规，结合自身的实际情况，各高校又制定了一系列具体的规范。大学生要立志成才，就必须全面培养自己的思想道德素质、业务素质、文化素质和身体素质，而这些素质的培养，除了必须有良好的纪律教育和严格的纪律环境外，最根本的是靠个人自觉的纪律修养。可见，在大学校园里，纪律不是限制大学生成才的锁链，而是促进大学生成才的重要条件和保证。每一名大学生只有把纪律与成才结合起来，自觉地进行纪律修养，才能早日到达成功的彼岸。

一、大学新生学习校规校纪的必要性

对于刚刚踏入高校的大学生来说，规范的校规校纪可以帮助其树立高尚的情操，起到良好的人生引导作用。校规校纪为帮助大学生建立认真、负责的道德观念提供了坚实的基础。加强当今大学生的思想道德教育至关重要。对大学生进行必要的思想道德建设教育不仅有利于其以后的人生发展，更有利于社会未来的总体进步。

校规校纪教育是大学入学教育的重要内容，是学校学生管理制度的总称，也是学校为了维护正常的教育教学秩序和生活、培养守法守纪公民、促进大学生健康成才的重要校园

管理内容。目前，相当一部分大学新生对校规校纪教育存在“事不关己，高高挂起”的漠然心态，理想化地认为可以理智有效地约束自己的言行，不会做出违纪违法或有损自身、他人及学校名誉和利益的事情；还有一部分学生对法纪表现出“无知”和“无畏”，不清楚自己违纪后必须承担的后果，或是抱着“无所谓”的心态，甚至误导身边的同学，使其模糊对与错的评判标准，不敢或不会以正义之举去批判错误。因此，如何使一种观念与形式上显现的外在约束与压力为广大新生所接受、吸收并内化为“教育自觉”，融入大学新生的自我成长与发展中，使学生“明善恶、辨是非、正己身”，是大学新生教育必须面对的问题。

二、校规校纪教育的主要内容

（一）法律法规教育

大学新生法律法规教育的主要内容及基本要求：正确理解社会主义的内涵，了解社会主义法治国家的主要任务；树立社会主义法制观念，养成自觉依法办事的习惯；增强国家安全意识，履行维护国家安全的义务；培养社会主义法律思维方式，努力维护社会主义法律权威。

（二）校规校纪教育

校规校纪一般是由各高校以《中华人民共和国高等教育法》《普通高等学校学生管理规定》《学生伤害事故处理办法》《高等学校学生行为准则》等法律法规为依据，结合各高校实际情况而制定的学校内部的各项规章制度的总称。

校规校纪教育主要通过组织新生学习《普通高等学校学生管理规定》《学籍管理实施细则》《学生违纪处分规定》《学生公寓管理办法》《校内申诉管理办法》等，让大学新生了解入学注册规定、课程考核方式与成绩管理、学制与修业年限，如何申请课程选修、重修、免修或免考、转专业与转学，怎样办理休学和复学，怎样将被学业预警、留级或退学，什么是跟班试读，明确知道什么行为将受到学校纪律处分、受到怎样的处分、处分等级有哪些、对住校学生有哪些方面的规定，等等。通过对这些规定的学习，大学生明确如何才能顺利完成学业，明确自己在大学应该做什么、怎么做，从而激发学习热情，提高自律意识和综合素质，真正实现“自我教育、自我管理、自我服务、自我约束”。

（三）大学生安全教育

大学生安全教育是完善高等教育、培养合格人才应有的内容之一，也是大学生个人必须重视的问题。许多当代大学生缺乏安全知识，自我保护意识薄弱。随着大学办学规模扩大、对外开放程度增加，大学生主动接触社会机会增大，如何有效地防范安全事故发生和掌握避害技巧、了解相关法律法规、增强大学生安全意识和自我防范能力已迫在眉睫、刻不容缓。

为了构建安全、稳定、和谐的校园，维护学校正常的学习、生活秩序，增强大学生自我保护意识和能力，保障大学生人身、财产安全，学校还应开展反邪教教育、禁毒教育、防火、防盗、防骗、防非法传销、反网络诈骗、防自然灾害，以及用电安全、食品卫生安全、运动（军训）保健、紧急疏散等相关知识的学习活动。

三、做文明守纪的大学校园人

中国是一个有着五千多年历史的文明古国，是一个谦恭礼让的文明礼仪之邦。华夏儿女的举手投足、言谈举止，无不体现中华民族的精神。但校园中大学生仍存在一些不好的行为习惯。让我们来反思一下自己吧。吃完饭后，你会轻轻地将餐盘放到指定回收的位置，还是随手一扔？见到老师，你会热情、恭敬地问一声好，还是装作没有看见悄悄地走开？看到校园里的垃圾，你会弯下腰捡起来，还是若无其事地走开？对于校规校纪，你会认真遵守，还是置若罔闻？大学不只是学习知识，更重要的是学习如何做人。大学生要以校规校纪为准绳，严格要求自己，对自己的言行进行约束，提高对养成文明礼貌的良好形象重要性的认识，自觉地规范自己的言行，并逐步养成良好的行为习惯。

为了保持优美的学习环境，遵守校规校纪显得尤为重要。只有用校规校纪来严格地规范自己的行为，才能保持良好的环境，让学习变得更高效。大学阶段是习惯养成的最佳时期，也是提高大学生自身素质的黄金阶段。养成良好的习惯、具备良好的素质，不仅对个人有巨大的现实意义，也是让大学生受益终身的财富。

四、大学生违纪现象与纪律处分警示

（一）大学生违纪现象

为了使大学生有一个良好的学习环境，学校制定了大学生应遵守的规章制度。有的大学生认为，法律是庄严的，违法受到的惩罚也将是严厉的，而违纪则无伤大雅，从而导致校园违纪现象时有发生。大学生违纪主要有以下3种情况。

1. 迟到、旷课

迟到、旷课在大学校园里是常有的现象，旷课的原因也多种多样：有的大学生对所学专业不感兴趣，不去听课；有的大学生是因为基础不够好或者前面的课程没听懂，后面干脆不去听了；有的大学生则是生活散漫，睡懒觉，甚至卧床不起，不去听课；有的大学生因为赴同学或朋友之约外出玩耍。

2. 考试作弊

作弊，被认为是可耻之事，但是，近些年，考试作弊之风在个别大学生之间盛行。有的大学生在课桌上写道“学不在精，作弊就灵；功不在深，会抄就行”；有的大学生将公式、概念写在小纸条上，夹在卷子中，老师难以发现；有的大学生将一些题目答案写在桌子上、凳子上；有的甚至将拍照的电子产品带入考试教室；更有大学生代替同学考试。有的大学生因此背上了警告或严重警告或记过或留校察看或开除学籍的处分，拿不到毕业证书，甚至因为失去了正常的补考机会而离校，留下永远的遗憾。

考试不仅是对大学生知识和技能的测试，还包括对人格和态度的考核。如果大学生在考试中作弊，又何谈职业道德，更谈不上成为德才兼备的复合型人才。大学生应当明白考试作弊一旦被发现，不但达不到预期的目标，还会失去学位和学习机会，而处分一旦被记入档案，将影响一生。

3. 违规用电

大学生宿舍区属于公共住宿场所，涉及公共安全利益。大学生宿舍原则上不允许使用大功率电器。校园火灾大多数是因为大学生在公寓内违章使用电器引起的，比如由于违章使用大功率电器造成线路短路起火，使用电水壶、电吹风等电器时临时离开而造成火灾。然而，这些沉痛的教训没有引起大学生足够的重视。大多数大学生对于在宿舍违章使用电器仍然抱着无所谓的态度，为贪图方便而使用大功率电器，对存在的消防隐患抱着侥幸心理，总觉得火灾离自己十分遥远。殊不知，这样的违纪行为存在极大的火险隐患。

除了上述违纪现象外，大学生违纪行为通常还有小偷小摸、泄私愤、损坏公物等。大学生在校内受到的处分是要被记录在个人档案中的，一旦受到了处分，即使后来表现好，也只能在个人档案上加上被解除的说明。而被处分的记录将会跟随大学生一辈子，留下很大的人生遗憾。因此，每一名大学生都要珍爱自己，做遵纪的模范，不违反纪律，不做影响集体、影响他人、影响自己前途的事情。

（二）纪律处分的种类

（1）警告。

（2）严重警告。

（3）记过。

（4）留校察看。

（5）开除学籍。

《普通高等学校学生管理规定》规定：学生有下列情形之一，学校可以给予开除学籍处分。

① 违反宪法，反对四项基本原则、破坏安定团结、扰乱社会秩序的；

② 触犯国家法律，构成刑事犯罪的；

③ 受到治安管理处罚，情节严重、性质恶劣的；

④ 代替他人或者让他人代替自己参加考试、组织作弊、使用通讯设备或其他器材作弊、向他人出售考试试题或答案牟取利益，以及其他作弊或扰乱考试秩序行为的；

⑤ 学位论文、公开发表的研究成果存在抄袭、篡改、伪造等学术不端行为，情节严重的，或者参与代写论文、买卖论文的；

⑥ 违反本规定和学校规定，严重影响学校教育教学秩序、生活秩序以及公共场所管理秩序的；

⑦ 侵害其他个人、组织合法权益，造成严重后果的；

⑧ 屡次违反学校规定受到纪律处分，经教育不改的。

（三）大学生违纪的原因

1. 缺乏正确的人生理想，遵纪守法意识薄弱

一些大学生认为经过十多年的努力拼搏，考取了大学，是时候好好休息一下、痛痛快快地玩乐了，于是他们浑噩度日，缺乏理想，没有更高的追求。这种错误的认识，导致一些大学生纪律观念淡薄，放松了对自己的要求，行为上自由散漫，对国家的法律法规和学校的校规校纪置若罔闻，对纪律的严肃性缺乏应有的认识，平时不注重课程的学习，致使上课迟到、早退及旷课现象时有发生，考试作弊、惹是生非、寻找刺激，无组织、无纪律、无约束。

2. 学习目标不明确，进取心不强

个别大学生学习目标不明确，无长远规划，只满足现状，对待学习和生活抱无所谓的态度，毫无进取心；不主动学习，生活上随波逐流，没有自己的主见，缺乏思考问题和分析问题的能力；在课余时间的利用上也存在较大的误区，既不参加学校和班级组织的集体活动，也不利用课余时间学习，而是把这部分时间花在打网络游戏、上网聊天等事情上。这样，不仅虚度了年华，而且浪费了大量的时间和财力。正因为如此，迟到、早退和旷课等违纪行为成了这些大学生的家常便饭。

3. 受社会上不正之风的影响，自我约束力差

大学生不是生活在真空里，所学的知识来源于社会实践，又要服务于社会实践，所以大学生的成长离不开社会的大环境。在市场经济条件下，社会经济主体的多元化必然带来价值观念和生活方式等诸多方面的多元化，其中必然包含一些消极的、不良的价值观念和生活方式。大学生长期耳濡目染，可能会受其冲击和影响，特别是在信息时代和网络时代，这种冲击和影响尤其明显。一些意志薄弱的大学生，稍有不慎，就可能不辨是非，栽了跟头。

（四）大学生违纪的不良后果

从大的方面讲，大学生违纪行为损害了国家利益，浪费了国家有限的教育资源。有些大学生认为，上课迟到、早退、旷课、学习成绩好坏是大学生个人的事情，学校不应过多干涉，不应管得太死。其实，培养一名大学生，国家是需要投入一定的费用的，比如学校的图书馆、实训室、教学设备等的投资。大学生不珍惜这难得的大学校园资源，就等于剥夺了其他人接受高等教育的机会，浪费了国家有限的教育资源。

从小的方面讲，大学生违纪行为耽误了自己的青春年华和学业，辜负了父母的期望，造成了家庭经济的损失。《学生违纪处分条例》规定，大学生违反校规校纪，视其情节轻重、造成的后果程度将给予警告、记过、留校察看、开除学籍处分。试想，一个家庭，特别是普通的家庭培养一名大学生，父母要历经多大的艰辛、寄予多大的期望。每到毕业季，总有一些大学生因为拿不到毕业证书或者身背处分而找不到满意的工作，以致影响自己的就业和今后的个人发展。大学新生应该引以为戒，不要步其后尘。

第二节　懂法律法规，当合格公民

大学生在日常学习、工作、生活中，均应对可能或已经发生的各种法律相关风险进行识别、认知，以法律规范自己的行为，以法律手段维护自己的合法权益，规避可能发生或已经存在的各种法律风险，树立一切以法律为准绳的理念。

大学阶段是大学生健全人格与品行培养的关键时期，是形成世界观、人生观与价值观的重要时期，相对于其他阶段来说，大学学习更自主，生活更自由、丰富，但因大学生自身尚未有足够的生活经验及法律知识，思想尚不够成熟，法律意识普遍淡薄，因此在权利受到损害、面临各种风险的时候，往往没有足够的能力与知识去应对和识别。针对上述情况，本节就增强法律意识、了解法律风险责任、大学生违法行为和犯罪案例分析进行阐述。

一、增强法律意识

大学生是祖国的未来，是国家和民族的希望，是我国社会主义和谐社会建设的主力军，当代大学生法律意识的强弱直接影响着我国社会主义法治国家的建设进程。在这样的时代背景下，大学生法律意识的树立和培养，是国家、社会、学校、家庭和个人全方位的责任。但是，从对在校大学生的调查了解来看，许多大学生对法律知识的了解匮乏，生活经验不足，法律意识淡薄，对各种欺诈行为缺乏认识，往往导致自己利益受损。因此大学生在校学习期间，增强法律意识，增加社会经验，成为大学入学学习的一个重要环节。

法律意识的形成是促进大学生身心健康发展的重要因素，是成才的需要，是有效参与社会生活的重要途径。法律素质的高低直接影响着大学生思想素质、政治素质及专业素质，关系着大学生的身心健康发展。大学生拥有较强的法律意识，做到知法、守法、用法，才能适应社会和时代发展的需要。

（一）大学生法律意识的现状

当代大学生的法律意识可谓参差不齐。一些大学生对法律知识一知半解，不能正确行使法律赋予的权利；一些大学生虽然学过若干法学理论，但不会正确运用，以致合法权益受到侵害却不知如何运用法律武器加以保护；还有些大学生法律知识欠缺，法制观念淡漠，从而走上违法犯罪的道路。近年来，大学生违法犯罪的种类和数量有所增多。这反映出普及法律知识，提高大学生法律意识的重要性和紧迫性。

（二）建立大学生全面知识结构的需要

随着我国依法治国、建设社会主义法治国家治国方略的实施，各种法律法规应运而生，法律已渗透到社会生活的各个方面，这要求生活在社会中的每个人都要掌握相关的法律知识，更好地适应社会生活。全面学习法律基础知识，增强法律意识，是法治社会建设的需要，也是建立大学生全面知识结构的重要组成部分，为此，大学生必须提高法律意识。

现代社会发展对大学生的知识有了新的要求，越来越整体化、综合化、多样化，不同学科之间相互交叉，理论学习和社会实践之间相互渗透融合。要想更好地适应现代社会，大学生必须具备高层次、全方位、多元化的知识结构体系，使自己成为跨专业领域的复合型人才，这表明大学生既要有扎实的专业基础知识，还要有丰富的知识、基本的社会经验、健康的心理素质。其中必备的就是法律方面的知识和技能。所以在日益多样化的社会发展中，大学生学习法律知识，增强法律意识是时代发展对大学生建立全面知识结构提出的新需求。

（三）社会主义现代化建设的需要

提高大学生法律意识是建设社会主义法治国家的重要环节。大学生对社会的发展和进步，以及构建社会主义法治社会都起着至关重要的作用。教育引导大学生增强法律意识是依法治国的大前提。依法治国、建设社会主义法治国家已经成为我国当前和今后一段时期重要的治国方略和奋斗目标，正如有的学者指出的，“法治不仅是一种治国方略，从精神层面上讲，它还是一种观念、一种意识，一种视‘法’为最高权威的理念和文化。只有这种观念与意识成为一种普遍的社会信仰，并支配着社会主体的行为时，法治才能实现”。

依法治国必须具备两个方面的条件：一方面是一套完备的法律制度的构建，包括立法、执法、司法；另一方面是法律文化的普及和推广，其中包括公民法律意识的培养。提高全社会的法律意识和法治观念，增强全体公民守法的自觉性是建设法治国家的基本要求。大学生作为国家建设和发展的重要主体，肩负着国家发展的历史重任，增强法律意识能够大力促进建设社会主义法治国家目标的实现。

当代大学生将来会逐渐成为立法机关、行政机关、司法机关中的主体力量，大学生法律意识的高低，会直接影响立法、执法、司法工作的开展。拥有良好的法律意识可以让即将走上工作岗位的大学生积极地维护法律的尊严和权威，以法律为准绳处理各种社会矛盾和关系，从而推进社会主义法治建设的进程。即使大学生毕业之后作为一个普通的公民，良好的法律意识也会引导他做一个遵守法纪、维护法律权威的合格公民，从而为社会主义法治建设提供良好的群众基础。因此，从国家长远发展的角度出发，大学生具备较强的法律意识将会为推进依法治国的进程提供强大的力量。

（四）构建社会主义和谐社会的需要

构建社会主义和谐社会的前提就是民主法治。我们要建设的社会主义和谐社会，应该是民主法治、公平正义、诚信友爱、充满活力、安定有序、人与自然和谐相处的社会。民主法治在社会主义和谐社会六大基本特征中占首要地位，是实现和谐社会其他目标的政治前提。大学生法律意识的培养与和谐社会的建设有着重要关系，这是由大学生群体在国家发展中占据的地位决定的。大学生校园生活总体来说是和谐的，但也不乏一些不和谐的因素，然而，这些矛盾和问题必然会通过各种途径折射到大学生的学习、人际关系、就业、心理等各个方面，造成大学生出现学习、人际关系、就业、心理等方面的不和谐状态。因此，高校要从构建和谐社会的目标出发，引导大学生树立科学的社会主义民主法治观念，用辩证的眼光看待各种矛盾和问题，使大学生能正确认识和处理国家、集体、个人的利益关系，理性应对遇到的各种难题。

二、了解法律风险责任

大学校园并不是远离法律的地方，大学生随时随地都会遇到一些法律问题，只是有时候并没有意识到。发生在大学生身边的法律问题各种各样，涉及大学生违法犯罪、大学生权利被侵犯等各方面，其中的很多问题已经对我国现有的法律法规直接提出了挑战，促使法律法规的修改和制定。当代大学生需要有高智商，还要有高情商，同时要有强烈的法律风险意识，而这种意识最核心的要求就是大学生要具备对身边法律问题的认定，以及如何进行防范的能力。

精品案例

不懂法的危害

2022年，许某为寻找暑期兼职，联系朋友程某（另案处理）帮忙介绍工作，程某介绍许某办理银行卡出售给他人使用，每张卡价格为100元。许某按照程某的要求先自行办理了一张手机卡，后在程某带领下在7家银行各办理了1张银行卡，并将上述7张银行卡和手机卡交给程某，程某向许某转账200元（另有500元尚未实际支付）。交付银行卡后，程某告知许某银行卡系用于为他人转移赃款。许某为了赚钱，未采取补救措施。经查，上述7张银行卡被他人用于实施电信网络诈骗犯罪，被害人转入资金共计22万余元。

分析：

现实中，在校大学生容易被贩卡团伙拉拢、利诱，成为犯罪“工具人”。其中，有的由于不正确的消费观、价值观，为了金钱利益，非法开办、出售“两卡”；有的在寻找实习、社会兼职过程中，由于法治观念淡薄，被犯罪团伙利用，步入犯罪陷阱；有的交友不慎、识人不明，在所谓“朋友”“老乡”的引诱、教唆下出租、出售“两卡”。

办理涉“两卡”案件，对涉案学生要以教育、挽救、惩戒、警示为主，努力实现办案“三个效果”的有机统一。检察机关要加强与教育部门、相关学校的沟通联系，充分了解学生学习情况、在校表现，是否具有帮教条件，综合评判起诉必要性。对于犯罪情节轻微，认罪态度较好的，检察机关可以依法作出不起诉决定，并会同教育部门和相关学校加强教育管理，帮助大学生迷途知返、走上正途。

要坚持预防为先的理念，注重源头治理、综合治理，坚持齐抓共管、群防群治。检察机关和教育部门、相关学校要共同深入推动反电信网络诈骗和防范“两卡”违法犯罪校园宣传活动，发挥案例的教育警示作用，防止在校大学生成为犯罪“工具人”。

来源：https://www.ryxv.cn/184125/，略有改动。

（一）法律责任的概念

法律责任是由特定法律事实所引起的对损害予以补偿、强制履行或接受惩罚的特殊义务，即由于违反第一性义务而引起的第二性义务①。法律责任是法律义务履行的保障机制，法律正是通过法律责任达到对权利的保障和对义务违反的救济目的进而调整社会关系的；通过事前警示和事后强制追究当事人过错、补救被损害权益，以维护社会秩序，保障社会整体利益与个体权益。

（二）法律责任的本质

法律责任是居于统治地位的阶级或社会集团运用法律标准对行为给予的否定性评价。

① 第一性义务指法定及约定的作为或不作为的义务和特殊意义上的义务。第二性义务指由于违反法定义务而引起的特定义务。

这种评价的直接目的在于为法律制裁提供法律上的前提，其根本目的在于消除或减少滥用权利和不履行义务的行为，从而使占统治地位的阶级或社会集团的利益和兴趣在秩序的状态下最大限度地得到实现。

法律责任是自由意志支配下的行为所引起的合乎逻辑的不利法律后果。从法律范畴的逻辑联系上看，典型意义的法律责任（即违法责任和违约责任）总是与行为的内在方面和外在方面联结在一起的。根据“自由意味着责任”这样一条伦理学原则，那些在自由意志支配下的行为，如果其内在方面有过错，其外在方面以作为或不作为的方式对其他个人的和社会的正当利益造成了损害，那么，按照法律的逻辑，行为人就必须对此承担责任。在此意义上，法律责任就是直接由违法行为所引起的不利法律后果。

法律责任的本质是国家对违反法定义务、超越法定权利界限或滥用权利的违法行为所作的法律上的否定性评价和谴责，是国家强制违法者作出一定行为或禁止其作出一定行为，从而补救受到侵害的合法权益，恢复被破坏的法律关系和法律秩序的手段。在这种意义上，法律责任也是一种纠恶或纠错的机制。

法律责任是社会为了维护自身的生存条件而强制性地分配给某些社会成员的一种负担。社会虽然是由个人组成的，但它并不能完全还原为一个个孤立的个人因素。社会作为一个有机的整体，它使一切个人因素都或多或少地具有了某种社会意义。因此，当事人之间的许多关系都不是纯粹的个人私事，任何违法行为，无论是直接针对自然人和法人，还是针对社会或其正式代表——国家，都是对统治阶级根本利益和国家确认、保护和发展的社会关系、社会秩序和社会发展目标的侵犯，是不能容许的。

（三）法律责任的功能

1. 预防功能

预防功能促使社会上少数试图以身试法之人充分考虑自己选择的行为的后果，自觉抑制自己的违法行为企图；对于某些补偿性责任，也会促使人们在生活中充分注意自身行为的法律后果，尽量避免不必要的损失。法律责任的这种事先预防功能，对于绝大多数社会成员来说，都是可以体验到的。法律责任的预防功能是针对一般社会公众，其功能方式主要是促使人们充分考虑法律责任对自己的不利影响，从而在心理上放弃尝试违法行为，在工作和日常生活中高度重视履行自己的法律义务和其他注意义务，避免发生引发法律责任的事实。

2. 惩罚功能

大多数的法律责任形式都具有制裁性，它通过限制责任人的人身自由、强制责任人劳动改造、剥夺责任人的财产权和其他法律资格等方式来惩罚违法行为，通过这种惩罚，使责任人充分地认识和体验到法律的严厉性，认识到违法行为的社会危害性，以便校正自己的法律心理，改正自己的行为习惯。这在刑事责任中表现得尤其明显。刑事责任中的死刑、无期徒刑、有期徒刑、罚金等，对于责任人的已然之罪，有不同程度的惩罚性质。而在民事责任中，相当一部分责任形式，如违约金、赔偿金也都具有财产惩罚的性质。

3. 补偿功能

针对给他人、社会或国家的利益造成损害的行为，对这种社会行为追究法律责任，强制责任人履行一定的行为或交付一定的财产和金钱，可以产生两个方面的补偿功能。一是对受损的社会关系的补偿，使被扰乱的社会关系、社会秩序得以恢复常态。这是对社会的一种补偿。例如刑法责任设置，使正义得到伸张，恢复了人们的安全感和秩序感。法律责任的补偿功能也有精神性的意义，它使人们获得正义感的满足和精神上的慰藉，并使整个社会紊乱的秩序恢复到常态。二是对受到违法行为侵害或因法定事件而受到损害的人，给予财产上、精神上的补偿。如民事责任中的赔偿损失、赔礼道歉、修复、更换和重做等，都体现出法律责任较强的补偿性和救济性。

4. 教育功能

法律责任的教育功能是针对引起责任的违法行为者而言的。通过追究行为人的法律责任，使其深刻地体悟到国家和社会对其行为的否定性评价和谴责，并使其认识到其行为的社会危害性和破坏性，从而在以后的社会生活中能够对自己的行为进行自我约束、自我控制。同时，对于一般的社会成员，他人所承受的法律责任，也可以对他们产生警诫作用，教育他们控制自己的行为，避免招致法律的制裁。

（四）法律责任的种类

1. 民事责任

民事责任又称民事法律责任，是指由于违反民事法律或者合同约定，或者侵害了他人合法权益所应当承担的法律后果。

2. 行政责任

行政责任是指因违反行政法规定或因行政法规定而应承担的法律责任。行政责任的承担主体既可以是行使公权力的行政主体，也可以是处于被管理地位的普通公民或法人。

3. 刑事责任

刑事责任是指行为人因其犯罪行为所必须承受的，由司法机关代表国家所确定的否定性法律后果。刑事责任基本上是一种个人责任，即便在单位犯罪的情况下，除对单位判处罚金外，对直接负责的主管人员和其他直接责任人员还要判处刑罚。

4. 违宪责任

违宪责任是指有关国家机关制定的某种法律和法规、规章，或有关国家机关、社会组织或公民从事了与宪法规定相抵触的活动而产生的法律责任。违宪责任的基本形式有：撤销某种法律、法规使之归于无效；确认某种国家机关的公权力行为及公民的特定宪法活动因违反宪法而无效等。

（五）大学生所涉民事责任

民事责任主要是由三部分内容构成的，包括缔约过失责任、违约责任、侵权责任。《中华人民共和国民法典》第一百七十九条规定：承担民事责任的方式主要有：（一）停止侵害；（二）排除妨碍；（三）消除危险；（四）返还财产；（五）恢复原状；（六）修理、重作、更换；（七）继续履行；（八）赔偿损失；（九）支付违约金；（十）消除影响、恢复名誉；（十一）赔礼道歉。法律规定惩罚性赔偿的，依照其规定。本条规定的承担民事责任的方式，既可以单独适用，也可以合并适用。人民法院审理民事案件，除适用上述规定外，还可予以训诫、责令具结悔过、收缴进行非法活动的财物和非法所得，并可以依照法律规定予以罚款、拘留。

1. 大学生购买商品或服务遭遇欺诈

《中华人民共和国消费者权益保护法》第五十五条规定：经营者提供商品或者服务有

欺诈行为的，应当按照消费者的要求增加赔偿其受到的损失，增加赔偿的金额为消费者购买商品的价款或者接受服务的费用的三倍；增加赔偿的金额不足五百元的，为五百元。法律另有规定的，依照其规定。也即，学生如果在消费过程中遇到欺诈的情况，可以要求商家四倍返还消费金额，但需保留好消费凭证（如购物发票、网购记录等）。消费者和经营者发生消费者权益争议的，可以通过下列途径解决：与经营者协商和解，请求消费者协会调解，向有关行政部门申诉，根据与经营者达成的仲裁协议提请仲裁机构仲裁，向人民法院提起诉讼。

2. 大学生的隐私遭到泄露或受到威胁

大学生在集体生活中，应当加强对个人隐私的保护：注意尽量减少个人重要信息（如个人手机号码、身份证号码、父母手机号码等）泄露，防止有人通过这些信息进行诈骗；同时，对于希望保密的个人书信、照片等隐私，最好采取一定的加密措施。

一旦个人重要隐私泄露或受到公开隐私的威胁，大学生应当立即报案。《中华人民共和国刑法》第二百五十三条之一规定：违反国家有关规定，向他人出售或者提供公民个人信息，情节严重的，处三年以下有期徒刑或者拘役，并处或者单处罚金；情节特别严重的，处三年以上七年以下有期徒刑，并处罚金。

3. 大学生兼职相关问题

大学生兼职应当要求与用人单位或个人签订劳动合同。劳动合同中应当包含劳动内容、劳动时间、劳动报酬及劳动中遭受意外伤害的处理等内容。新入学大学生学习任务繁重，对周边环境不熟悉，不建议兼职。在大学生活后期，可视情况进行兼职，但要审查用工单位的主体资格，一定要签书面合同并仔细审查合同的内容，在需要到外地或要求缴纳各种名目的费用或保证金时，一定要有防范意识。

4. 大学生签订合同相关问题

年满18周岁的大学生，是法律意义上的完全民事行为能力人，已经具备签订合同的主体资格，并且应当对自己的行为负责。签订合同的行为代表一种承诺，即承诺将按照合同中的约定履行义务，如果未能履行，将承担相应的违约责任。

大学生在签订合同时，一定要慎重。要对签订合同的另一方有一定的了解，对合同内容有清醒的认识，并对自己的履约能力有充分的预判。如果发现合同另一方有欺诈行为或违约行为，可以立即停止履行合同并及时寻求法律救济。

5. 大学生在校期间受到人身伤害

《中华人民共和国教育法》第二十九条规定：学校组织实施教育教学活动，对受教育者进行学籍管理。可见，学校与学生之间主要是教育、被教育的关系。

《中华人民共和国教育法》同时规定：学校应当有符合规定标准的教学场所及设施、设备等，受教育者对学校、教师侵犯其人身权、财产权等合法权益，有提出申诉和依法起诉的权利。因此，学校在组织教学活动时，同时负有管理、保护学生的职责。因此，如果学生伤害事故是由学校在管理方面存在过错造成的，应当由学校承担相应的损害赔偿责任。如果学生伤害是由第三人侵权造成的，应当由实施侵权行为的第三人承担赔偿责任。

6. 大学生实习期间劳动相关问题

根据目前的法律分析，大学生实习期间不受《中华人民共和国劳动合同法》的保护。1995年，劳动部印发的《关于贯彻执行〈中华人民共和国劳动法〉若干问题的意见》（劳部发〔1995〕309号）中规定："在校生利用业余时间勤工助学，不视为就业，未建立劳动关系，可以不签订劳动合同。”根据此规定，大学生不具备劳动法律关系上的主体资格。

大学生在实习过程中，出于维护权益的考虑，应当积极要求与用人单位签订书面实习协议，并尽可能详细地商定实习协议内容，一旦发生纠纷，虽然大学生不适用《中华人民共和国劳动合同法》，但所签协议可以作为一般民事合同对待，《中华人民共和国民法典》将成为确定双方权利义务的主要依据。

7. 大学生在就业过程中因性别、生源地或身体条件等受到歧视

《中华人民共和国就业促进法》（以下简称《就业促进法》）第三条规定：“劳动者依法享有平等就业和自主择业的权利。劳动者就业，不因民族、种族、性别、宗教信仰等不同而受歧视。”《就业促进法》第二十七条规定：“国家保障妇女享有与男子平等的劳动权利。用人单位招用人员，除国家规定的不适合妇女的工种或者岗位外，不得以性别为由拒绝录用妇女或者提高对妇女的录用标准。用人单位录用女职工，不得在劳动合同中规定限制女职工结婚、生育的内容。”《就业促进法》第二十九条规定：“国家保障残疾人的劳动权利。各级人民政府应当对残疾人就业统筹规划，为残疾人创造就业条件。用人单位招用人员，不得歧视残疾人。”

大学生在就业过程中，如果由于上述原因遭受用人单位歧视，可以寻求法律救济。

8. 大学生在校期间知识产权的法律问题

（1）知识产权的概念与范围。

知识产权是公民或法人等主体依据法律的规定，对其从事智力创作或创新活动所产生的知识产品所享有的专有权利。知识产权又被称为“智力成果权”“无形财产权”。根据《与贸易有关的知识产权协定》中的规定，知识产权范围主要包括专利权、著作权、商标权、商号权、商业秘密权、植物新品种权、集成电路布图设计权。随着科学技术的发展，知识产权的范围也在不断地扩展。

（2）大学生如何取得专利权和著作权。

专利权是专利权人对发明创造在一定年限内享有的独占权或专用权。专利主要分为发明专利、实用新型专利、外观设计专利。专利权依法申请，由国务院专利行政部门依法授予。

著作权又称版权，是指作者对其创作的文学、艺术和科学技术作品所享有的专有权利。著作权自作品创作完成之日起产生。

（3）大学生在校期间取得的发明创造是否属于职务发明创造。

执行本单位的任务或者主要利用本单位的物质技术条件所完成的发明创造为职务发明创造。

大学生在校期间如果是完成大学的任务或者主要利用大学的物质技术条件所完成的发明创造，是职务发明，其知识产权归大学所有，大学生享有署名权。非在上述情形下，大学生自己创造条件完成的发明创造，知识产权归自己所有。

三、大学生违法行为和犯罪案例分析

（一）区分刑法与刑罚

1. 关于刑法

刑法是规定犯罪、刑事责任和刑罚的法律。它具有以下特征。

① 刑法的强制性最为严厉。这一特点是刑法最根本的特点，它派生了其他特点。法律与道德不同，道德是依靠人的内心信念保障实施，而法律是靠国家强制力保障实施。任何法律都有强制性，任何违法行为都必须承担相应的法律后果。但是，所有这些强制都不及刑法对犯罪分子适用刑罚这种强制方法严厉。因为刑罚不仅可以剥夺犯罪分子的财产，剥夺犯罪分子的政治权利，限制或剥夺犯罪分子的人身自由，而且在最严重的情况下。还可以剥夺犯罪分子的生命。

② 刑法的保障性。刑法的制裁方法最为严厉，这就使得刑法实际上成为其他法律、政策的保障，没有刑法作后盾、保证，其他部门法往往难以得到贯彻实施。刑法是国家其他法律、政策得以实施的保障力量，有的学者将这一特点称为“保障性”，也有人将刑法称为“后盾法”。

③ 刑法所保护的社会关系范围更广泛。刑法作为后盾法的特点又决定了刑法所保护的社会关系的范围广泛。民法、行政法等部门法所保护和调整的只能是某种特定的社会关系，这些部门法所保护和调整的社会关系，也都同时借助刑法的保护和调整。因此，刑法所保护的社会关系相对比较广泛。

④ 刑法的谦抑性、最后手段性。刑罚的严厉性具有双重性，刑罚应该是国家为完成其保护法益与维持法秩序的任务时的“最后手段”。能够不使用刑罚，而以其他手段亦能达到维护社会共同生活秩序及保护社会与个人法益的目的时，则务必放弃刑罚的手段。具体而言，需要保护的合法权益都首先由部门法来保护，如果部门法能充分有效地保护各种合法权益，就不需要刑法保护；反之，只有当一般部门法不能充分保护合法权益时，才需要刑法保护。如果把其他部门法比作“第一道防线”，那么刑法是“第二道防线”。

2. 关于刑罚

刑罚是指依照法律对违法者实行的强制处分，是对犯人的惩罚。刑罚是国家创制的、对犯罪分子适用的特殊制裁方法，是对犯罪分子某种利益的剥夺，表现出国家对犯罪分子及其行为的否定评价，并起到改造罪犯、保护社会和警醒世人的作用。它具有以下特征。

① 严厉性。刑罚是最严厉的一种强制方法，这在它所剥夺的权利与利益上得到充分体现。刑罚可以剥夺犯罪人的权利、财产、人身自由乃至生命。

② 特定性。刑罚只能对触犯刑律构成犯罪的人适用，无罪的人绝对不受刑事追究。

③ 权威性。刑罚只能由人民法院代表国家依照专门的法律程序适用。

（二）犯罪案例及司法解释

1. 盗窃罪

① 基本案情：2018年10月4日晚10时许，某高校接电信学院某同学报案，放在宿舍柜子里的一台笔记本电脑被人盗走，学校公安处立即派民警勘查现场，现场表现出内盗特征，民警立即走访周边同学，很快锁定盗窃嫌疑人就是同宿舍的王某，立即电话通知王某第二天早晨到校公安处说明情况。次日早6时许，报案同学的笔记本电脑被人放到房门前。早8时王某在公安处对盗窃事实供认不讳，还交代了另外两起盗窃案件，涉案价值共计3.8万元，被公安机关刑事拘留。

② 刑法条款，《中华人民共和国刑法》第二百六十四条规定：盗窃公私财物，数额较大的，或者多次盗窃、入户盗窃、携带凶器盗窃、扒窃的，处三年以下有期徒刑、拘役或者管制，并处或者单处罚金；数额巨大或者有其他严重情节的，处三年以上十年以下有期

徒刑，并处罚金；数额特别巨大或者有其他特别严重情节的，处十年以上有期徒刑或者无期徒刑，并处罚金或者没收财产。

③ 预防犯罪：防盗的基本方法是人防、物防和技防。其中，“人防”是预防和制止盗窃犯罪最可靠的方法。不要将大额现金随意放在身边，应就近存入银行，同时办理加密业务；将存折、银行卡、身份证分开存放，最好不将自己的生日、手机号码或家庭电话号码、学号设置为自己的存折或银行卡的密码，防止被他人发现盗取；对贵重物品，如笔记本电脑、手机、照相机等，不用时最好锁起来，以防被盗；不要怕麻烦，随手关窗锁门；相互关照，勤查勤问，对陌生人要多留一个心眼；积极参与安全值班，共同维护集体利益；注意保管好自己的钥匙，不要随便借给别人。

2. 故意伤害罪

① 基本案情：杜某某，女，某学院学生。2013年11月17日23时许，杜某某在阳台上洗头，周某进入寝室后把灯关了。几分钟后，杜某某洗完头从阳台回到寝室问谁把灯关了，周某说是她关的，杜某某问为什么关灯，自己也是交了电费的，周某说是其他人让她关的，杜某某问谁让你关的，周某说为什么告诉你，杜某某走到周某的床边让她下床，杜某某说：“你要用灯时，我什么时候给你关过灯。”周某说了句“无语”后准备睡觉，杜某某顺手拿出不锈钢刀刺入周某右胸，经鉴定为重伤。

② 刑法条款，《中华人民共和国刑法》第二百三十四条规定：故意伤害他人身体的，处三年以下有期徒刑、拘役或者管制。犯前款罪，致人重伤的，处三年以上十年以下有期徒刑；致人死亡或者以特别残忍手段致人重伤造成严重残疾的，处十年以上有期徒刑、无期徒刑或者死刑。本法另有规定的，依照规定。

③ 预防犯罪：大学生在与人相处时，应当严于律己、宽容待人，接受对方的差异，对他人要有宽容之心，切忌斤斤计较、苛刻待人或者得理不饶人；同时须以诚换诚，善于从对方的角度认知对方的思想观念和处事方式，设身处地地体会对方的情感和发现对方处理问题的独特个性方式，从而真正理解对方，找到最恰当的沟通和解决问题的方法。

3. 聚众斗殴罪

① 基本案情：王某、李某某（刚刚从某学院毕业）与罗某在贴吧里发生矛盾，双方约定于2013年5月12日晚到某学院操场见面打架。2013年5月12日晚8时许，王某纠集某学院学生邹某某、边某某、崔某某、迟某、张某某、扈某等人与李某某持臂力棒、橡胶警棍、拖把杆等工具到学校操场，罗某一人持刀至操场，并向上述人员逐个质问谁是李某某，在此过程中，被告人扈某趁机将罗某所持之刀夺走，其他人立即上前对罗某实施殴打，造成罗某头部受轻伤。

② 刑法条款，《中华人民共和国刑法》第二百九十二条规定：聚众斗殴的，对首要分子和其他积极参加的，处三年以下有期徒刑、拘役或者管制；有下列情形之一的，对首要分子和其他积极参加的，处三年以上十年以下有期徒刑：（一）多次聚众斗殴的；（二）聚众斗殴人数多，规模大，社会影响恶劣的；（三）在公共场所或者交通要道聚众斗殴，造成社会秩序严重混乱的；（四）持械聚众斗殴的。

③ 预防犯罪：在日常生活和学习中，要宽容友善地对待他人，避免发生矛盾，学会控制情绪，尽量不要到校外不安全的娱乐场所活动，在此类场所活动时，一定要注意安全，不要与社会人员发生冲突，一旦出现殴打自己或同学等恶性事件，要及时呼救、报警，通过合法途径解决。

4. 信用卡诈骗罪

① 基本案情：2014年8月，某大学学生蒋某持伪造的刘某身份证骗领了刘某的中国银行借记卡。2014年11月18日，蒋某冒用刘某身份在工商银行将刘某名下账户绑定的手机号码修改为自己控制的手机号码，并于19—25日，将刘某名下的工商银行卡绑至其本人控制的×××、×××等第三方支付账号，后将刘某的工商银行卡内的人民币6.7万余元转至上述第三方支付账户中。随后，蒋某将×××账户中的人民币8900余元转至骗领的尾号为4154的中国银行借记卡，并取出人民币8900元。2014年11月19日，蒋某使用刘某的工商银行信用卡为其本人使用的手机号码充值人民币99.25元。

② 刑法条款，《中华人民共和国刑法》第一百九十六条规定：有下列情形之一，进行信用卡诈骗活动，数额较大的，处五年以下有期徒刑或者拘役，并处二万元以上二十万元以下罚金；数额巨大或者有其他严重情节的，处五年以上十年以下有期徒刑，并处五万元以上五十万元以下罚金；数额特别巨大或者有其他特别严重情节的，处十年以上有期徒刑或者无期徒刑，并处五万元以上五十万元以下罚金或者没收财产：（一）使用伪造的信用卡，或者使用以虚假的身份证明骗领的信用卡的；（二）使用作废的信用卡的；（三）冒用他人信用卡的；（四）恶意透支的。前款所称恶意透支，是指持卡人以非法占有为目的，超过规定限额或者规定期限透支，并且经发卡银行催收后仍不归还的行为。

③ 预防犯罪：学校应当对大学生加强信用卡使用的宣传教育，告诫大学生不要参与违法行为和欺诈交易，一旦被查获，将被列入黑名单，给个人信用带来不可挽回的损害，将导致银行一致拒绝一切信贷业务，更严重的还将导致刑事处罚，以此来提高大学生合法使用信用卡的意识，预防相关犯罪发生。

第五章　智慧做人，和谐处世

内容导入

人一出生便生活在各种各样的关系之中，人是社会性动物，不能离开社会而独自生活。每个人都有不同的成长经历，以及在独特的成长环境中所形成的个性特征、行为模式与价值观。大学生处于一个成年而未“成人”的特殊阶段，与少年时期相比，其交往范围和交往深度均有了长足的发展。如果在此阶段人际关系和谐，那么心情便会平静、舒畅，自信心及归属感将得到很好的发展；如果在此阶段交往障碍，不能很好地建立与他人的友谊，归属感与自信心的发展会受到消极的影响，在日常生活中产生紧张、焦虑、孤独等负面情绪。

如何与他人和谐相处是一门大学问，既要保证自身的自由与独立，不成为他人人格和人身双重意义上的附庸，又要维系好复杂的人际关系，好在社会中立足。为人处世，需“德行”与“智慧”并行，它们是年轻人翱翔梦想天空的一对翅膀，是奔向成功巅峰的强而有力的双足。当代大学生一定要有意识地提高自己与人交流的能力。

第一节　个人与家庭

一、原生家庭的影响

家庭在个体发展中起着至关重要的作用，当前“原生家庭”成为一个热词，因为很多性格、人格、心理等方面的问题，往往能追溯到原生家庭。

原生家庭就是我们出生和成长的家庭，在原生家庭中习得的各种观念会伴随并影响我们一生。家庭是一个复杂的系统，家庭成员之间会彼此牵制和影响，任何一个家庭问题都不是某个人的问题，而是整个家庭共同造成的。在原生家庭中得不到解决的问题，就会遗留在新的关系中去解决。

（一）原生家庭的影响，体现在归属感和安全感上

人与人之间亲疏有度，一方面需要“亲近感”，另一方面需要“距离感”。每个人需要有一定的归属感和安全感，希望得到别人的支持和关爱，但同时需要拥有独立自由的权利。对于亲密关系，有的人希望可以常常黏在一起，家中大小事情共同决策，步调必须一致。有的人希望能适当保留自己的空间，重大事情一起商量就可以。前者希望亲密关系中

没有界限，后者觉得有一定的界限比较舒服。大家的需求并不一致，夫妻之间的争吵大多由此而来。前者是追逐者，想把双方都融化在亲密关系里；后者是疏远者，认为没有界限的亲密关系是一种吞噬。因此，在良好的亲密关系中，关系双方有必要根据不同的状况，适当地转化追逐者和疏远者的角色。双方应该及时发现并表达自己对关系亲密或疏远的需要。

父母或者说家庭，是每一个个体成长和探索外部世界最重要的安全基地，单亲家庭、父母感情不和、父母陪伴缺失等会严重影响子女的健康成长，但过度关心和照顾，也会阻碍个体的成长，因为独立与成长必然伴随着与原生家庭的分离及个体化。

（二）原生家庭的影响，体现在能够给予价值感上

价值感由两部分组成。一部分是认为自己有被爱的价值。这就是说，如果在生活中有人喜欢我，有人欢迎我，我是能够欣然接受的。另一部分是我的存在对于别人是有意义的，并且我能够从别人那里感受到自己的价值。获得价值感最重要的渠道就是小时候父母给我们的反馈，即当你做了一件好事，父母就会及时表扬你，你就感受到了真正来自他人的欣赏，这对于孩子价值感的形成是至关重要的。

家校联合
积极应对

在原生家庭中，缺乏正面反馈的孩子，性格会变得比较自卑，别人稍有怠慢，就觉得是自己的错，别人稍有不满意，就会归咎于自己，感到内疚和自责。这种卑微的性格一旦进入婚姻关系，就会演化成新的灾难。

进入大学后，我们跟父母的关系有了变化，带来的挑战是要学会自己照顾自己，但这也带来了培养独立性的机会。很多大学生觉得终于可以摆脱父母和老师的监控，但自控力不够、照顾不好生活；未形成合理的消费观，缺乏基本的财务管理能力；内心敏感自尊心强，平时自觉“天下第一”，遇到困难时又孤独无助，期望他人主动关注、关心自己。

二、青春期的分离与个体化

分离与个体化是每个人成长必经的过程，而大学是完成这一发展任务的关键阶段。根据阿德勒、温尼科特、马勒等心理学家的观点，分离与个体化有两个重要的发展时期：第一次“断乳”在0—3岁，是生理和心理上的断乳，分离的对象是母亲；第二次“断乳”在青春期（12—18岁），是心理上的断乳。大学新生在大一阶段处于第二次“断乳”的关键节点，因为这一阶段是独立性和自我发展情况的“检测验收”，也是发展的重要契机。

这一阶段的主要任务是摆脱对家庭的依赖，重新建构一个独立的自我；构建自我价值观，不再被他人或外界价值观束缚；在家庭以外建立新的亲密关系，包括友情、爱情等。

分离与个体化的过程可用图5-1和图5-2来表示。

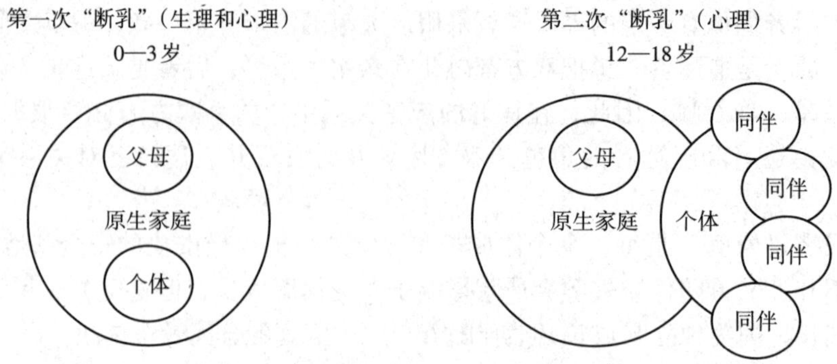

图5-1　分离与个体化的两个重要时期

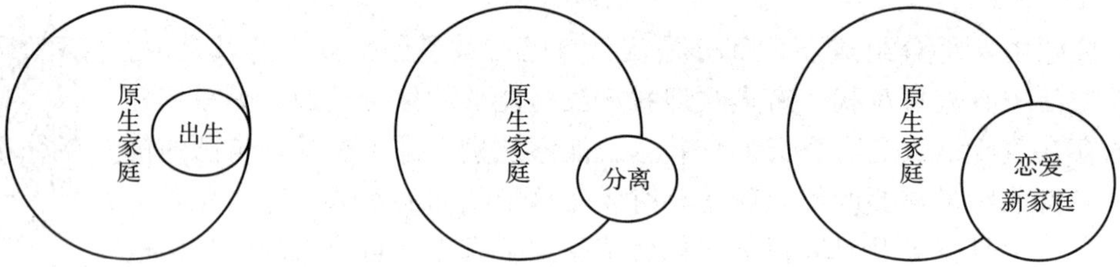

图5-2　分离与个体化过程

青少年若将早期的客体关系重现，回到幼儿期依赖与独立的矛盾中去，一方面要面对失去客体连接的恐惧，希望能够与家庭紧密结合；另一方面又因害怕被控制，失去自主性，而希望和父母保持距离。在这种矛盾中，青少年才能再次确认自我意识，顺利地完成分离的过程。

（一）分离与个体化的不同状态

1. 分化

青少年意识到自己和父母是不同的，他们有自己的想法、空间和秘密。关于这些特征，不同个体出现的时间不同，有早有晚。

2. 实践

在实践阶段，开始建立同伴关系，并采取行动以巩固这种关系，不愿与父母同行；将生活重心转向自己的同伴，以此实现与父母的心理分离，遇到问题更倾向于向同伴寻求解决方法；刻意表现得与父母“唱反调”，以表明自己有独立见解，不断挣脱父母的管教。

3. 期待和解

期待和解是一种矛盾状态：既想独立，又不想与父母分离。在生活中遇到学业、交友、情感等问题，同伴解决不了需要寻求父母帮助的时候，不求助，求助的话似乎就不独立了；在与父母分离后，一旦有所获，就会回头确认父母是否仍在原处，希望可以继续得到父母的爱与认可。

可以说，这个阶段是整个青少年发展过程中最困难的阶段，这种矛盾可能会持续好几年，是亲子关系得以发展的主要动力。有些人义无反顾地去实践，遇到挫折而又没有能力解决；有些人遇到困难后寻找父母帮助，但又全部交给父母、继续依赖父母，这些都不利于个体化发展。

4. 情感客体的恒常

在情感客体的恒常阶段，青少年逐渐建立稳固的个体，开始形成自己的价值观，有自己真善美的判断标准，很多问题可以自己解决。更重要的个体化完成的标志是，可以离开家庭自己生活一段时间，有比较稳定的同伴关系。

（二）父母对个体化的支持方式

大学生个体化的过程中虽然父母不在身边，但父母的影响一直都在，父母的回应和干预对大学生的分离与个体化仍然有较大影响。这种影响对新生最明显，之后随着分离与个体化的完成会逐渐减弱。分离与个体化的过程对父母的要求很高，需要父母给予正确的引导。关于理想的父母角色，安娜·弗洛伊德认为，青少年时期理想的父母角色是时进时退，给孩子最有利的距离和空间；孙世维认为，青少年不是要切断与父母的关系，只是不再将父母作为自尊的唯一来源。

父母自主性支持方式有两种：

第一，鼓励孩子自主地表达、判断和决策，即使别人不喜欢，也要让孩子表明自己的观点。

第二，帮助孩子独立探索他们真正的价值观和兴趣，在不违反原则的前提下，鼓励孩子按照自己的价值观和兴趣活动。孩子有自己的兴趣爱好，是心理健康的表现，这时候如果父母告诉他这是不对的，对孩子的打击是非常大的。

与父母、家庭分离，本身就给青少年带来很大挑战。大学生还要同时完成环境适应、生涯规划、学业就业、人际交往、情感建设等，内外交互无疑带来更大压力。在此过程中必然遇到来自自身内部和外部环境的挫折，会产生自我怀疑、迷茫、焦虑、受挫感等负面情绪，进而出现退缩、自我逃避、自暴自弃等消极行为。

面对分离与个体化过程中遇到的问题，大学生往往会采取非建设性的方法：因为独立与依赖的矛盾，或回避问题、报喜不报忧，或求助受挫后放弃；或者走向另一种极端，即事无巨细，事事请示，父母代办解决。

非建设性的方法不利于问题的解决，应采取建设性的解决方法：正视困难；先尝试自己解决，而不是立即寻求帮助（锻炼自己解决问题的能力）；自己解决不了，寻求同伴的帮助；同伴解决不了，寻求父母的帮助。

面对孩子这种矛盾心态，父母的非建设性回应是：替孩子决定一切，解决一切（孩子以后的人生会非常麻烦）；让孩子必须听自己的，否则就威胁“怎样怎样”；让孩子不要想太多，只学习就行。这些做法无法带来实质性帮助，只会让孩子重新回到被父母控制、依赖父母的“儿童化”状态。

建设性的回应是：尝试让孩子把心里话说出来，理解孩子的困扰；鼓励孩子跟同学、同伴很好地交流、互动；鼓励孩子自己寻求解决问题的方法，给予足够的支持；给出解决问题的不同途径，并告知后果，让孩子自己选择，一步步让孩子学会独立解决问题。

（三）同伴的影响

孩子慢慢长大，父母要把孩子慢慢地往外推，但前提是外面必须有接纳之处。只推出去，外面没人支持会把孩子置于很麻烦的境地。高中或大学阶段，同伴成为支持系统的重要组成部分，如果孩子没有自己真正的朋友，就会有深深的孤独感和无助感，并带来其他问题。

三、错误的家庭关系

（一）父母以爱的名义养出“巨婴”

“巨婴”“啃老族”的背后，往往都站着为孩子包办一切的父母。大多数中国父母持有一种观念，奋斗一辈子都是为了孩子，再苦再累，只要为了孩子，一切都值得，还傻傻地说“别的不用管，你只要学习好就行了”，还以为“孩子长大自然就独立了”。没有一个孩子会一夜长大，父母的过度照顾、过度控制会使孩子缺乏独立生活能力、独立人格、思考能力；当索取成为一种习惯，回报反而变得荒谬，严重者可以说对家庭无责任、对他人无底线、对社会无贡献、对父母无孝心。

个体的身心发展具有如下特征：顺序性，从低到高，从简单到复杂；阶段性，不同的年龄阶段身心发展表现出不同的总体特征和主要矛盾，面临着不同的发展任务；不同程度的不平衡性，一是同一方面的发展速度，在不同的年龄阶段是不平衡的，二是不同方面发展的不平衡。

很多父母以爱的名义，剥夺了孩子锻炼和成长的机会，使他们未能完成每一阶段的发展任务、身心无法得到充分的发展、很多方面停滞在幼稚化阶段，孕育出的不是成熟的灵魂，而是畸形的“巨婴”。可以说，这些父母扼杀了孩子的未来，所有家长替孩子走的路，日后都可能变成他们爬不出的“坑”。

（二）畸形的亲子关系

可以说，不是“巨婴”的存在形成了畸形的亲子关系，而是错误的教养方式、畸形的亲子关系造就了“巨婴”。

强烈的爱不是对孩子恒久的占有，而是一场得体的退出。爱的第一项任务是和孩子亲密，呵护孩子成长；第二项任务是和孩子分离，促进孩子独立。的确，父母既要使孩子感到满满的爱，又要帮助他成为独立的社会人。做父母需要有足够的心胸与智慧，让爱与责任陪伴孩子成长。

根据分离与个体化理论，在每个人还是婴儿的时候，感觉自己与母亲是一体的，即所谓“共生”状态。婴儿的一切都依赖母亲完成，饿了母亲给婴儿吃，困了母亲哄婴儿睡，紧张恐惧了母亲给婴儿拥抱抚慰。婴儿只需哭闹或者哼哼两声，自己所有的需求都会被满足，婴儿感觉自己是全能的。逐渐长大后，孩子开始察觉到原来自己是一个独立的个体，尝试与周围的世界分离，独立进行探索，尝试说“不”。

此时如果父母依然把孩子当作他们的附属品，戴上各种“不听话”“不乖”的帽子，并继续过度照顾、绝对“控制”，这个时候“自我”就无法得到充分发展，长大后仍会不自觉地寻求“共生”的状态，并把这种“依附”看作理所当然。

四、学会与父母良性交流

一个人逐渐长大的过程，也是自主意识和独立性不断增强的过程。大学生已经或接近成年，已经有了自己的思想，希望他人将自己看成大人，特别是渴望父母像对待大人那样对待自己，尊重并支持自己的想法。然而父母已经习惯于把我们当孩子看待，总是给予我们无微不至的呵护，这也不放心，那也不放心，担心我们少不更事、误入歧途，希望以自己的经验为我们建言献策、保驾护航。一方渴求独立自主，一方却欲图继续大包大揽、指点江山。亲子冲突在所难免。

实现亲子之间的良性交流，需要双方明确以下两点：第一，大学生对于新事物、新知识的了解往往相较父母更多，已经具备一定的思考能力和判断能力，具备一定的独立解决问题的能力；第二，父母是我们最爱的人，也是这个世界上最爱我们的人。人们常说：父母吃的盐比孩子吃的饭还多，他们确实有着更为丰富的人生经验。多数时候，父母提出的建议是正确的，我们要认真对待，不可充耳不闻。当然，父母的一些知识和经验可能已经过时，并不适用于当下的情形，但必须牢记，父母提出意见和建议的初衷是为我们好，我们要善于理解和分析父母的意见和建议，感恩父母的关爱。

实现亲子之间的良好交流要掌握以下基本要领：第一，了解是前提。了解父母，交流就有主动权。知道父母怎么想、对我们有什么期望，我们与他们交流就有了预见性和主动权。第二，尊重理解是关键。尊重是与父母交往的基本要求。如果连最爱自己、对自己付出最多的人都不尊重，就失去了最起码的道德。与父母交流时一定要理解父母的心情、讲礼貌、不任性。第三，理解父母的有效方法是换位思考。当我们不理解父母、与父母产生冲突的时候，要学会换位思考，替他们想一想，了解他们是为了什么、有什么想法、有什么道理。这会使我们变得更加冷静和理智。第四，对于交流的结果要求同存异。交流不要走极端，两代人之间毕竟存在差异，难免有不同的观点，不一定非要统一，而要努力做到求同存异。找到“同”，我们就有了共同的语言和行动；暂存“异”，就是对父母的尊重和理解。

另外，我们还要克服闭锁心理，向父母传递有关自己的信息和情况，表达自己的心情，说出自己的意见，让父母了解自己。我们要保持自己的独立性，但不要忽略与父母的沟通和交流。与父母发生矛盾时，要耐心解释，以得到他们的谅解。即使父母不对，也要就事论事，不能迁怒于父母。长辈经历过“疾风骤雨”，以他们几十年的人生经历，看问题要成熟得多。我们在慢慢长大，应该学着独立，但成熟和独立会有一个过程，不是突然的。要经常坐下来，跟父母谈谈在学校的情况，谈谈遇到的烦恼，这样父母也会诚恳地与我们交谈，从中你可以得到很多有益的启示。善于交流本身就是越来越成熟、越来越独立的表现。交流中，父母也会受我们的影响，接受一些年轻人认可的新事物，缩小代沟，增进家庭亲情。父母是爱我们的，只要我们同样以爱的方式对待父母，交流的障碍就会大大减少。

第二节　个人与集体

在个人与集体的关系中，每个学生都应以集体的思想行为准则要求自己，并以此为标准对待他人；对待同学要友好、谦逊、诚恳、礼貌。在新的集体中，大学生不仅要培养自己的协作精神和集体荣誉感，还要勇于展示自己的才能，锻炼和提高自己的能力。

一、大学生与集体的关系

当代大学生与其所在集体之间的关系，是个人与集体共同构成了个人生活、行动的指导思想，总体而言基本上都属于以学生为主要成员的集体。而这种性质的学生集体，又是联结同学情谊的最好的纽带。没有这条纽带的存在，同学情谊往往难以建立。一般来讲，在处理个人与集体之间的相互关系时，每名大学生既要注意关心集体，又要始终热爱集体。

（一）关心集体

毫无疑问，大学生活是不排斥每名学生展现个性、发展所长的。每所大学，只有培养出富有专长与特色的学生，在社会上才会有良好的口碑与立足之地。每名大学生在日常学习与生活中，都必须自觉地关心其所处的集体，并应当在以下三个方面有较为出色的表现。

一是参与集体。大学生对于集体的关心，首先应当以参与集体作为其主要表现。如果大学生与集体保持距离，拒绝参与一切集体活动，对集体的一切事宜不闻不问、漠不关心，是根本谈不上关心集体的。参与集体，在此主要是指大学生对集体活动的参与。在参与集体活动时，大学生一方面应当是积极而主动的，另一方面则应当是不附带任何条件的。只有兼顾了这两个方面，大学生参与集体活动才具有真正意义。

二是支持集体。在任何情况下，大学生都要以本人的实际行动对集体表示支持。支持集体，是关心集体的重要表现。大学生要支持集体，就要主动为其效力，在力所能及的范围内，在精神上、物质上、行动上积极替集体排忧解难；要自觉为集体分忧，严格要求自己，努力完成集体交付的各项任务，不给集体添麻烦，这些都是自觉为集体分忧的表现。

三是服从集体。个人服从集体，在现实生活中是一条广泛适用的行为准则。在参与集体活动时，倘若个人利益与集体利益发生了矛盾，通常要求个人利益服从于集体利益；当个人愿望与集体愿望发生抵触时，一般也要求个人愿望服从于集体愿望。这就是个人服从集体的本质含义。

（二）热爱集体

身为集体的成员之一，每名大学生都要爱护自己所处的集体。大学生对于集体的爱护，具体应当在以下两个要点上有所表现。

一是维护集体。置身于集体之内的每名大学生都有责任、有义务悉心维护集体的利益。大学生要在为集体创造价值、捍卫集体利益的同时，敢于同损害集体利益的一切行为进行坚决的斗争。大学生对其所在集体的维护还应当表现为对集体荣誉的维护。在任何时候，大学生都应努力为自己的集体争光，而不应抹黑集体。

二是为集体作贡献。生活在集体之中的每名大学生，都必须对自己所在的集体具有强烈的责任感，既要努力完成需要自己承担的集体工作，又要努力为集体多作贡献。

二、集体与集体的关系

在校园生活中，大学生参与集体活动还会面对集体与集体之间的关系。集体之间的关系不仅较为复杂，而且牵涉面也十分广泛。处理集体之间的关系时，大学生务必注意以下四点。

（一）互相学习

当大学生代表自己所在的集体与其他集体交往时，不仅要努力维护自己所在集体的声誉，而且还要注意向其他集体虚心学习，实事求是地看待交往双方的具体情况，学习对方集体的长处。这既有利于自己所在集体的成长与进步，也是对自己所在集体最好的爱护。

（二）彼此帮助

集体与集体之间，犹如个人与个人之间，如果想要友好相处，就必须互相帮助。互相帮助，不仅在客观上真实地体现着集体与集体之间相互依存的关系，而且也是集体与集体友好相处的重要基础。任何一个集体，如果拒绝对其他集体提供帮助，或是拒绝来自其他集体的帮助，则必将使自身孤立无援、隔绝于世，从而难以在社会上真正立足。

（三）友好协作

每个正常的社会集体，若希望自身取得成功与发展，就要注意争取、创造机会，与其他社会集体进行友好协作。集体与集体之间进行的友好协作，可以采用一切合法的形式。集体协作的主要优势在于：一是可以调动有关各方的积极性；二是可以集中力量将彼此的事情办好；三是可以促进各方之间相互关系的进一步发展。

（四）公平竞争

集体与集体之间，尤其是同一类型或是面临共同处境的集体之间，难免存在着一定的利益之争。对于集体之间的利益纠纷，重要的并不是加以否认，而是应当采取正确的态度予以对待。一般情况下，处理集体与集体之间存在的利益冲突应当提倡公平竞争。在集体之间提倡公平竞争，下列三点必须注意：一是对于合理竞争要鼓励而不要否定；二是在竞争时必须强调公平，并有规可循；三是集体竞争的最终结果并非两败俱伤、你死我活，而是相互促进、共同进步。集体与集体竞争时，需要事先设定双赢的终极目标。每个集体参与集体竞争时都必须牢牢记住这一目标，并且围绕这一目标不懈努力，必要时要善于妥协和求同存异。

三、尽快适应新的集体

要想尽快适应新的集体，树立良好的自我形象，大学生就应当主动调整和适应。在新的集体中，每个人都要经历不断学习和适应的过程。一个真正的集体，不仅是大学生学习、生活的地方，而且代表对集体意志和集体利益的认同，这对每名大学生都具有很大的影响力。因此，每名大学生都要努力做到以下几点。

① 了解班级、学校的基本情况，如了解本班辅导员、任课教师、同学的姓名、特点，并努力记住，以便接触。

② 主动、大胆地亮相，适当地展露、表现自己，以便同学、老师认识和了解自己。

③ 热心公务、关心他人，带头完成公益劳动任务，塑造良好的自我形象。

④ 大胆交往，主动向老师、同学伸出友谊之手，适当接触、交心、谈心，以便建立正常、友好的师生关系和同学关系。

第三节　大学里的交往和协作

一、人际交往概述

（一）人际交往的含义

人际交往是人们社会生活的重要内容之一，是人与人之间传递信息、沟通思想和交流感情的主渠道。人们各种层次需求的满足都离不开人际交往。

人际交往也称人际关系，是人与人之间心理上的关系。人际交往表现为人与人之间的心理距离，反映人们寻求满足需要的心理状态。从动态讲，人际交往是指人与人之间一切直接或间接的相互作用，但都超不出信息沟通与物质交换的范围；从静态讲，人际交往是指人与人之间通过动态的相互作用形成的情感联系。人际交往是社会发展的必然产物，也是社会发展的基本前提。没有人际交往过程中形成的各种各样的网络关系及人们担当的各种各样的社会角色，社会就不能称为社会，发展也无从谈起。

（二）人际交往的重要性

人是社会性动物，人的本质是一切社会关系的总和。人从出生那天起，就处于一定的社会关系中，就必须与别人交往。一个隔绝于社会的人，是无法单独生存的。正常的人际交往和良好的人际关系是自身心理发展和个性完善的必要前提。

1. 交往是个性发展与人格健全的必经之路

个性发展和人格健全的过程是在一定的文化环境中，个体与其他个体发生联系、相互作用、相互认知的过程，即社会化的过程。通过交往，个体才有可能学习社会知识、技能与文化，才能取得社会生活的资格。通过与他人的比较，认识自己和他人，个体才能调节自己的言行，认识自己与周围环境，形成良好的自我形象，塑造健全的人格，并随着年龄的增长和社会实践而不断自我完善。如果离开社会的交往环境，离开与他人的合作，个体就会经常遭遇挫折，无法成为一个合格的社会人。

2. 交往有益于身心健康

人具有强烈的归属感和交往愿望。交往需求是个体要获得更多他人的理解和支持，通过相互交流，增进彼此间的情感共鸣，在心理上产生安全感和慰藉感，进而促进个体身心健康。个体的心理越健康，与他人的交往就越积极，越符合社会的期望，与他人的关系就越深刻，从而形成良性的循环。在大学校园里，绝大多数大学生发生心理危机与缺乏正常人际交往和良好人际关系成正相关。

3. 交往有助于成长

作为新时代的大学生，若想在人才竞争中脱颖而出，不仅要靠出众的才华，还要靠良好的社会适应能力和人际协调能力。通过彼此间的畅所欲言、思维碰撞、互通有无，大学生的思想在碰撞中产生新的火花，不断弥补由于社会经验的不足、知识的局限在看问题、处理问题时出现的偏差，有助于个人的成长。大学时期是走向成熟的关键时期，面临各种各样的复杂人际关系。大学生在这一段时期的交往经验将会对其今后的成长产生重要影响。良好的人际交往能够产生良好的心理共振。在交往过程中，大学生应该彼此形成共同的心理契约，在行动上产生类化的作用，彼此团结，培养健康的情绪，养成文明的习惯，把精力放在学业上，相互激励，相互促进，共同提高和进步。

二、大学人际关系的特点

进入大学，大学生心理发展日渐走向成熟但又不完全成熟，因此大学阶段的人际关系也日渐趋向成人化的交往模式。大学生作为一个比较特殊的群体，其交往呈多元化与开放化特征。大学生渴望友谊，渴望结交更多的朋友，交流更多的信息，接受更多的新思想，这种心理作用，决定了其人际关系具有如下特点。

1. 交往群体心理的相近性与个性心理的差异性

大学生基本上处于人生同一阶段：年龄相近、学历相近、生活学习环境相近，使彼此之间有许多共性。但大学生来自五湖四海，不同的成长环境让大家的个性、认知能力、成长环境各不相同，这些不同在人际交往中表现出比较大的差异性；而且大学生在校学习状态、效果的差异也会影响到大学生人际交往的热情。

2. 交往领域的扩大性与交往方式的多样性

进入大学，同学之间的交往对象由以前的亲缘、朋辈交往转向更广泛的社会交往群体。同学交往不局限于同班同学，而是发展到同级、同系甚至是同校的可认识的所有同学。在高中阶段，因忙于高考，大家没有机会去丰富自己的交往方式，但进入大学后，丰富的课余生活让大学生的交往方式逐渐发生变化，开始走上多样化发展轨道。随着信息技术的应用和普及，大学生的人际交往方式也发生了根本性的变化。大学生交往方式从最初的面对面交往，逐渐转变为“网友”“驴友”等以共同兴趣爱好为交往基础的人际交往方式，从而增加了大学生人际交往的方式，拓宽了大学生人际交往的渠道。

3. 交往需求的迫切性与交往行为的被动性

大学生年轻活泼、精力充沛，接受新事物的能力较强，刚刚脱离家庭的生活圈，迫切地想认识与熟悉更多的人，结交新朋友。在实际交往中有不少大学生显得比较被动，其原因主要是缺少社会实践经验，不太了解社会，对人际交往的知识了解甚少。当前大学生独生子女较多，其中少数人性格乖僻，唯我独尊，不易与人交往；少数来自偏远农村的学生因学校与家庭反差太大而不适应，不敢与人交往。

4. 交往内容的情感性与交往动机的功利性

大学生因处于求知阶段，交往中涉及的内容主要是学习、思想、生活、集体活动、娱乐等，增进感情和友谊是交往的主要目的。随着社会的发展变化，大学生在社交目的上也趋于“理性化”，选择与什么样的人交朋友，并不纯粹是出于情感和志同道合，交往的动机已变得很复杂。可以说，大学生的人际交往在注重情感交流的同时，越来越注重与自身社会利益相关的务实性，呈现出情感型交往与功利型交往并重的趋势。

三、高中人际关系向大学人际关系的过渡方式

大学生从高中进入大学，面临着很多新的变化和选择，要通过自己的努力适应新的环境；在适应大学生活的过程中，大学生要充分了解大学教育、校园环境的特点，准确地把握大学人际关系的要求，尽快地从高中人际关系模式过渡到大学人际关系模式，适应环境。只有这样，大学生才能获得前进的动力，在竞争中保持良好状态，在奋斗中实现自我价值。

（一）大学生人际关系的类型

进入大学，同学们离开了原来的交际圈，认识新朋友，也将迎接大学校园人际关系的新挑战。根据不同的标准，可以将大学生人际关系划分为多种类型；区分不同的类型，有助于充分描述和正确认识大学生人际关系。常见的大学生人际分类主要有以下几种。

① 血缘型。这是大学生的一种天然的人际关系，如与父母、兄弟等的亲属关系。与大学生关系密切、对大学生个人成长发展具有举足轻重影响的长辈和同辈，这一群体与大学生之间的关系即为亲属关系。相对于发生在大学校园里的人际交往关系来讲，这种关系在空间上距离较远，发生也不那么频繁。

② 地缘型。主要指大学生因地域相同的缘故而结成的人际关系，如同乡关系等。同乡关系指大学生与来自同一生源地或相近生源地的学生之间的关系。由于大学生的人际交往需求，这种关系的发生在大一新生之间、大一新生与高年级学生之间及应届毕业生群体之中更为普遍。

③ 业缘型。指大学生以所学专业为纽带形成的人际关系，包括师生关系、同学关系等。

④ 趣缘型。指大学生以兴趣为主而结成的人际关系，专业兴趣造成的业缘人际关系也属此类，如社团关系。

⑤ 情缘型。指男女大学生为满足爱情的需要，通过与异性交往而建立的人际关系，情缘关系是大学生人际关系中强度较大的一种。爱情是生命中的一部分，恋爱问题一直是大学校园的敏感话题，也是大学生的热门话题。但是恋爱是一门学问，也是一门艺术，对于心理并未完全成熟的大学生而言，并非都能娴熟驾驭爱情方舟、扬起风帆、顺利而浪漫地远航。因此，情缘关系是一种复杂的人际关系，需要慢慢地学习与积累，需要去探索、去挖掘。

（二）大学人际关系的新挑战

大学生常见的人际关系中，交往比较频繁的对象有三个群体：教师、同学与宿舍室友。学生进入大学，将迎来这三种人际关系的新挑战。

1. 与教师关系的新挑战

教师与学生，是大学校园里两大基本群体。教师是学生人际交往的重要对象，师生关系是学生人际关系的重要内容。师生关系如何，直接影响学生在学校的健康学习成长，并在很大程度上决定了学校能不能对学生的身心施加符合社会要求的影响。而在大学校园里，这种关系又可具体分为任课教师与学生的关系和辅导员与学生的关系两种。

① 辅导员。辅导员类似于高中班主任但又有很大的区别，主要从事学生的思想政治教育、学生管理及党团建设等工作，直接涉及学生思想、学习、生活的方方面面。每个辅导员一般管理数个班或一个年级，很多学生在收到录取通知书后，最先接触的人就是辅导员，辅导员向大家介绍学校，告诉大家怎样更快地适应大学生活。大学四年辅导员可能是学生最熟悉的老师，也是最了解学生的老师。辅导员引导大家树立正确的价值观，培养良好的道德品质，帮助学生解决在校期间遇到的困惑、困难，帮助学生化解矛盾冲突，辅导员和学生心灵距离较近，学生也比较信任依赖他们。

辅导员是学生的人生导师。作为大学新人，要多与辅导员交流，增加互相了解的机会；多参加集体活动，展现自我；遇到困惑或问题多与辅导员沟通。

② 任课教师。任课教师主要担任公共课或专业课的知识传授工作，这种师生关系范围比较窄，内容较为简单。大学很多课程是两个或者三个班一起上，课程内容比较多，授课的流动性与课堂的扩展，使师生之间缺乏直接的沟通与必要的情感交流，师生信息的对流与沟通明显不足。

作为大学新人，应该怎样和任课教师相处呢？怎样让任课教师在茫茫人海中记住自己呢？首先，一定要认真听讲，抓住课堂发言机会多与老师交流；其次，课下虚心请教，多与老师探讨专业问题；最后，课外见到老师主动打招呼。

2. 与同学关系的新挑战

在大学里，由于整个班级多是上课时聚在一起，更多的自由时间里大家缺少沟通交流的机会；课外各类活动没有强制性要求，是否参与更取决于学生的兴趣；学生对未来生活的追求不同，缺少共同目标，也减少了大家的交流。因此，班级同学之间的交往缺乏稳定条件，交往对象变动大、流动性较强，同学关系并不密切，这给刚进入大学的学生与同学交往带来了很大的挑战。

同学关系不仅影响着班级的氛围和凝聚性，也影响着个体的健康发展，而个体的个性特征反过来也会影响其同学关系。比如，外倾性的学生一般喜欢社交，关注外界事物，更容易感受到积极的情绪体验；开放性的学生更喜欢接受新事物，因此，他们能更快地融入集体，在班级活动中更积极、主动，在交往中更受欢迎。而性格较内向并具有孤独人格特质的学生，往往更关注于自身内部而不是外界事物，在生活中更多关注自己的内心感受，而不倾向于对外交往。因此，他们在与同学交往中比较被动，很难建立亲密的朋友关系，往往社交技巧、社交能力较差，有更多的社交焦虑。

在这样的情景下，对于和同学相处，更好地融入集体和大家做朋友，有以下几条建议。

一要积极与班里同学交往，善于发现和欣赏他人的优点，克服对他人的认知差，用全面发展的眼光看待他人和处理人际关系。而认识他人最好的方法就是面对面的接触，在与他人互动的关系中了解他人、认识他人；与同学交往时不要妄自菲薄，而应客观认识自我，老子在《道德经》中讲“知人者智，自知者明”，自知是完善自我的前提，会影响我们与人交往的表现。学会接受自己、悦纳他人，客观准确地认识交往双方，有利于形成和谐团结、互相促进的群体环境。

二要勤奋学习，严于律己，遵守班级秩序，善于实施自我管理。

三要积极参加班级集体活动。关系的形成依赖于长期、持久而充分的互动。只有在班级成员间充分交往与了解的基础上，才能形成合理的关系结构，而成员间的充分交流应以丰富多彩的班级活动为载体。因此，多参加班级集体活动，能有效提升同学间互动的频率、扩大互动的范围，有助于我们更快地融入班集体、在活动中增进与同学的感情。

3. 与室友关系的新挑战

进入大学，大学生大部分的课余时间在宿舍度过，宿舍将是学生的第二个家，室友关系将是重要且不可回避的人际关系。和谐的宿舍人际关系能让学生更好地投入到学习中，更有信心取得好的成绩，生活满意度和主观幸福感也更强；不和谐的宿舍人际关系则会降低学生的生活满意度和主观幸福感，出现更多的负面情绪，甚至出现躯体症状。

对于很多刚进入大学的大学生来说，住大学寝室可能是第一次过集体生活，充满了好奇与新鲜感，都有一定的结识欲，往往同一个宿舍的同学最先成为朋友；可由于寝室分配多是按性别、学院、班级随机分配，时间一长，因生活习惯、作息时间、兴趣爱好等的不同和宿舍成员间频繁的人际互动，室友间会产生各种矛盾。

调查显示，40%的大学生在宿舍中有过孤独感和失落感，其中4%的大学生经常感到孤独，32%的大学生想重新选择室友。这些数据反映，并不是每一个学生都会感到宿舍温馨。这样的室友关系让部分大学生觉得宿舍仅仅是生活场所，并不能激发学习和生活的热情，甚至可能成为负面压力的来源。

精品案例

大学生室友间的关系

案例一：司某考取了自己理想的大学，满怀憧憬地踏入了大学校门，但中学时的几个好朋友并没有考到同一所大学，司某性格慢热，不爱参加集体活动，因此总感觉自己游离于群体之外，形单影只，无法交到好朋友。尤其是有一次和一名室友发生争执，其他两名室友也与其一起孤立自己，让她每次回寝室都很压抑，干脆选择在图书馆待到闭馆再回寝室。长此以往，和室友的关系越来越冷漠，甚至于后来再和其他同学交往时，也总害怕和他人发生冲突被人排斥。

案例二：李某习惯早睡早起，有两个室友则相反。晚睡的室友不愿关灯，有时煲“电话粥”也不注意控制音量，或是用电脑时用音箱，或是敲键盘声很大，惹得李某甚是恼怒。每次遇到这种情况，第二天，早起的李某有意无意地提高洗漱声音，故意吵醒还在睡梦中的室友。

案例三：公共卫生总是寝室里最麻烦的事。“都有责任”总会被那么几个人理解成“都没有责任”。作为寝室长的刘某诉说了他的苦衷：“我们寝室有一个同学做得特别差，从不扫地，不注意个人卫生，不仅懒，还常常要享受。作为寝室长，开始想着帮他们多干点事没什么，时间久了，觉得心里特别不平衡，为什么他们那么缺乏起码的集体观念？为什么他们坐享其成？可我一管，不仅起不到根本的作用，反而使矛盾闹得更大。”

分析

以上这些案例都是我们身边的例子，如果寝室氛围不好，那每天心情如何灿烂？室友之间的生活小摩擦有时也可以加深彼此的友谊，但如果不积极处理，则会导致误会及不和睦，有的甚至发展成“冷战”或者爆发激烈的争执。时间久了，不但会导致室友关系冷漠，也会影响学习与生活的状态。

多一点宽容，多一点珍惜，相聚是缘，寝室是大学生求学期间的家，学会处理寝室矛盾也是一门“必修课”。

① 彼此打扰是寝室矛盾的第一导火索，因此尽量协调好作息时间，大家共同商议出一个作息时间表，同步的作息习惯是和谐寝室的秘诀。

② 寝室是大家共同的生活空间，“随心所欲”的时候也要考虑共同生活的其他室友，维护寝室整洁，搞好自己的内务，排个寝室值日表，一人一天，共同维护寝室

整洁。

③ 不要把别人的举手之劳当成理所当然，“给我拿下快递”“帮我带下饭”“帮我递下水”，偶尔几次没有问题，时间久了没人会迁就你，同样，遇上总是使唤别人的人也不必迁就。

④ 珍惜寝室集体活动，一起吃饭、一起“K歌”、一起逛街，不要错过寝室集体活动的机会，多年之后大家回想起来也是不可复制的美好回忆。

⑤ 室友之间发生摩擦十分正常，大多只是小事，发生的争执多是由小事积累的。因此，寝室生活中有事多沟通，不要积压矛盾；有问题先沟通，不要积攒；观念习惯不同，也不要背后议论，更不要乱传“八卦”，让谣言止于智者。

⑥ 注意寝室人身安全，贵重物品不要随意摆放，养成离开寝室随手锁门的好习惯；邀请朋友来玩时，要提前跟室友打好招呼。

⑦ 借用物品主动归还，室友之间借东西很正常，但一定要有借有还；尊重个人隐私，寝室是共享空间，不经别人允许不要乱翻别人的东西，即使关系再好也不行。

室友是同学们一辈子的财富，偶尔一起请假，逃课看似“酷”，但一起奋斗上进更“酷”，这几个闯入你生命里的人，最终会成为生命中最美好的回忆。

四、新媒体对当前大学生人际交往模式的影响

随着社会的发展，网络的逐渐普及，上网成了大学生课余生活的重要组成部分，通过网络游戏、聊天、交友、互助等多种渠道，形成了大学生与其他网络虚拟领域使用者之间的交往关系，网络直接介入大学生人际交往领域。“90后”“00后”是伴随着电视、电脑、手机长大的“网生代”，互联网已成为其生活中必不可少的一部分，借助新媒体的网络人际交往比率日渐高于传统交往方式的比率。

（一）大学生广泛接受并使用新媒体

中国互联网络信息中心（CNNIC）第51次《中国互联网络发展状况统计报告》显示，截至2022年12月，我国网民规模为10.67亿。其中，手机网民规模达10.65亿，占总体的99.8%。其中10—39岁群体占总体网民的48.1%，其中20—29岁的网民占比高达14.2%。由这个数据可以得出以下结论。

第一，大学生已经成为互联网大军的主力。大学生大多拥有并能熟练使用电脑、智能手机等电子设备，紧跟时代潮流，能很好地接受新鲜事物。各类新媒体早就悄然无声地进入大家的日常生活，渐渐成为当代大学生生活中不可或缺的一部分。

第二，大学生张扬个性、乐于表现自我、自我中心意识强、思想开放独立等鲜明特点都与新媒体“互动性”“去权威化”传播方式不谋而合。即使还未入校报到也可有自己的话语权，这便刺激了大学新生自我表达的欲望和张扬个性的追求。

（二）新媒体环境下大学生人际交往模式的新特点

1. 大学生的虚拟交往程度在不断加深

依靠智能手机和移动互联技术，人们开始摆脱旧有的人际交往模式，如大学生不再以

书为友、以同学为伴、以教者为师、以教室和图书馆为主要活动场所。他们借助微博、微信、QQ等媒介，开始了一种更为开放、自由的人际交往，使沟通更加轻松和便捷。在大数据的影响下，学生在网络海量信息中寻找到志同道合的人际交往对象，形成了不同的交际圈；通过社交平台交往，获得精神或者物质支持，既满足了交往需求，也提高了交往热情。而且，网站实名制加强了大学生对朋友和同学的了解、促进了大学生与朋友和同学的沟通，为他们提供了一种全新的表达自我、观点交锋的方式。匿名方式的网络平台保护隐私的特性也有助于大学生更好地交流思想、传递情感，还可成为紧张学习生活的一个泄压阀。

2. 大学生人际交往形式出现新变化

因大学入学各奔东西而导致的高中同学联系锐减的现象将不再出现，因为通过微信、微博、QQ等就能了解世界各地朋友的近况，也可以随时随地在网络上发表自己的所思所想及所经历的事情，分享自己感兴趣或者认同的理念。在新媒体环境下，大学生交往突破了时间和空间的限制，手机随时保持开机状态，在教室、图书馆、食堂等地都可线上交流，交往范围也不局限在校内，与全国各地甚至国外各类人士都可以联系。

3. 大学生人际交往信任出现危机

有研究结果表明，近半数的大学生对父母、社会交往对象、新闻媒体持不信任态度。出现这种现象的原因是网络交往的虚拟性、自由性和低责任感，人们可以隐匿真实信息参与到交往中，不管是否符合道德、法律，而随意地编造言论、表达情感。这导致互联网上的信息良莠不齐，让大学生对网上信息似信非信，不敢轻易相信别人，甚至将这种交往不信任延伸到日常生活中，致使大学生的人际信任出现危机。此外，由于大学生生活阅历不深，长期在充满学术文化氛围的校园生存成长，远离社会、缺乏社会经验，对很多复杂的社会现象和问题缺乏切身的体验与客观的目光，往往看法片面单一，很容易受网上一些错误观点和偏激言论诱导而误入歧途。

4. 大学生现实人际交往减少

网络虚拟人际交往的匿名性、间接性让大学生在网络交往中抛开现实交往时的各种顾虑，扮演各种不同的角色，在网上畅所欲言、直抒胸臆，即使发泄现实生活中的各种不满情绪也不担心被身边人发现。长此以往，很多大学生更加依赖网络交往，越来越缺乏现实交往的动机。同时，虚拟人际交往的撤销重新编辑功能，使大家交往时有充足的时间思考，互动压力小，尤其是大学新生，为了避免面对新人际关系时陌生或紧张带来的交流障碍，往往更愿意选择文字交流，这也是出现网络段子中“寝室四人微信群里聊得飞起，但面对面却无人交谈”的现象的原因。现实人际关系的冷落与疏离进一步降低了大学生在现实生活中与人交往的兴趣，严重者甚至会出现性格孤僻冷漠，交往能力下降，现实中与人交往紧张、胆怯，甚至抵触反感的现象。这种虚拟人际交往的“畅所欲言”和现实人际交往的“谨小慎微”，让一些大学生分不清虚拟与现实，更乐于在网上交流，结果网上交往时间越来越长，现实交往时间越来越短。

（三）正确对待虚拟和现实人际关系

网络是把双刃剑，它在给人们生活带来便利的同时，也衍生出众多社会问题。相较于现实生活中借助语言、动作、表情等直接方式来表达思想、情感、信息、需要的传统人际交往方式，越来越多的在校大学生偏向于用微信、微博等社交平台与好友取得联系。很多人随时随地发朋友圈来记录生活中的点点滴滴，吃饭都要发朋友圈，事无巨细地向别人展示生活中的喜怒哀乐，而在现实生活中与坐对面吃饭的家人朋友只字不语。美国麻省理工学院社会学教授雪莉·特克尔（Sherry Turkle）在《群体性孤独》一书中把这种在网络世界中积极活跃却在现实社会中陷入孤单的现象称作群体性孤独。她在书中提到：我们虽然发邮件，上各种社交网站，从表面形式上人们之间的联系较之以往显得更加轻松、密切，但事实上则是更加焦虑和孤独。人们如此习惯于自欺欺人，逃离真实的交谈，如此习惯于更少更浅的交流，以至于他们几乎希望躲开现实中的朋友。

很多大学生正是在现实生活中感受到孤独和压力但无处排解，转而求助网络，因为技术可以把人们带进一个虚拟、无生存压力的世界。然而，大多数大学生又难以从技术需求中逃脱出来，于是又陷入另一种孤独，从而陷入一种“内心孤独寂寞—向网络寻求慰藉—更加孤独—继续向网络寻求慰藉”的恶性循环中。作为大学新人，可以参照以下几种方法正确对待虚拟和现实的人际关系。

1. 树立正确的网络交往观

理性认识网络社会中的人际交往只不过是现实社会的人际交往在网络技术上的延伸，并且与现实社会中的人际交往存在着转化关系。比如网友，随着互相了解，发现双方同城又志趣相投，慢慢变成经常见面相聚的密友；比如高中的好朋友，因就读不同城市的学校分开，大家的交流就转到线上。不管怎样转换，现实社会中的人际交往内容丰富、形式多样、关系确定等特点是网络社会人际交往无法替代的。网络社会的人际交往具有一定的工具性，不能把网上生活作为生活的全部，以免沉溺其中。面对面的人际交往是大学生适应社会、完善自我发展的基本途径。

2. 线上线下相结合，在现实生活中提高人际交往能力

网络交往是现实社会人际交往的一种延伸和补充。大学生可以多开展线下活动，积极参加校内外各类有意义的集体活动，提高现实人际交往的频率；线上线下相结合，在现实人际交往中锻炼自我表达能力和交际能力，避免出现“线上滔滔不绝，线下支支吾吾”的现象，以全方位提升人际交往能力。

3. 充分认识自我，提高自控能力

相对于有丰富社会阅历的人来说，大学生没有足够强的自制能力和意志，尤其是刚入校的大学新生。和高中相比多出来的大把课余时间，让大学生难以抵抗来自多彩虚拟网络世界的诱惑，甚至沉迷网络、迷失自我。因此，首先应提高自控能力。自我控制是人主动定向地改变自己的心理品质、特征及行为的心理过程，提高自控能力首先要充分认识自我、了解自己的心理特点、认识自己的优劣势，只有认清自己才能更好地管理自己、控制自己。其次，应培养顽强的意志和坚强的性格，锤炼韧性和自制力，能自觉主动地减少虚拟人际交往，增加现实人际交往，并为这一目标努力排除干扰、克服困难。最后，应增强自尊和自信，使自己有提高自控能力的强大动力，激励自己不断努力。

五、增强人际沟通能力

学会了解与沟通，对于大学生建立良好的人际关系很重要。善于交往的人，往往善于发现他人的价值，懂得尊重他人，愿意信任他人，对人宽容，能容忍他人不同的观点和行为，不斤斤计较他人的过失，在可能的范围内帮助他人而不是指责他人。

（一）人际沟通中正确看待自己

在人际沟通中，要正确看待自己。若贬低自己，看不到自己的优点，则不利于个人形象的优化，进而影响人际沟通。

悦纳自己，克服自卑心理。要想协调好人际关系，让别人接纳和喜欢自己，首先要悦纳自己。一个人自卑、缺乏自信往往与对自己没有形成正确的认识和评价有十分紧密的联系。与他人进行比较时，一是要注意比较的标准，不能以己之短比别人之长，这样势必导致比较的误差；二是比较时必须客观，千万不能认为自己某一方面不如他人就什么都不如人。

要善于发现自己的优点和长处，只有这样，才能对自己有一个客观公正、符合实际的认识与评价。当对自己的认识与评价客观合理时，才会增强自己的信心，自信心强才有可能克服不必要的自卑心理。在沟通中，要有交往成功的信心，不要总是被人际交往会失败的心理困扰。在现实中，要主动参与社交活动。

（二）真诚待人、尊重他人是人际沟通的基本原则

人与人交流时，应该讲究方式方法，尤其在表达不满时更要考虑到交往对象的接受程度，以便于交流、优化人际关系、减少人际交往中不必要的冲突和摩擦。

一般情况下，在表达不满时，应该遵循如下两条原则：第一，对事不对人。对事不对人就是在表达不满的时候，只对事件本身发表不同的看法，不攻击对方的人格。第二，对己不对人。对己不对人就是在表达不满的时候，直接表达自己的内心感受，而不轻易地对对方的行为下结论。一般而言，大学生的领悟性都是很强的，在一个人委婉地表达了自己的不满之后，对方是会有所感悟的。

要做到尊重他人，就要做到面带微笑和学会倾听。

平等待人是人际交往的基础。把握平等交往的原则，一方面，要一视同仁、平等待人，不以貌取人、不以势取人、不以才取人、不以物取人、不以家境取人、不以学习成绩取人；另一方面，要平等待己，克服自卑心理，不要自视低人一等。

宽容待人体现了大学生的良好品格。大学生的自尊心是非常强的，不允许别人轻易地冒犯自己，这是可以理解的，但有时也要学会忍耐。大学生个性的多样化，感觉的“过敏”，不可避免地会产生一些矛盾。这就要求大学生在沟通中不斤斤计较，而要谦让大度、克制忍让，不计较对方的态度，不计较对方的言辞，并勇于承担自己的行为责任，做到“宰相肚里能撑船”。只要胸怀宽广，发火的人一定也会自觉无趣。宽容克制并不是软弱、怯懦的表现。相反，它是有涵养的表现，是建立良好人际关系的润滑剂，能“化干戈为玉帛”，赢得更多的朋友。

掌握人际沟通的技巧和语言艺术。语言艺术运用得好，就能优化人际交往。掌握人际沟通的语言艺术的方法有：称呼得体、注意礼貌、适度称赞、避免争论。在沟通中还要注意形体语言（目光、表情、手势、动作、空间距离、衣着打扮等非语言要素）。

（三）正确处理人际矛盾

由于大学生社会交往少、沟通面不大且置身于充满竞争的学校或社会环境中，同学间产生矛盾在所难免。一般来说，同学间的矛盾主要表现在忌妒、背后议论、误会这三方

面。处理不当会对人际关系造成不良影响。所以，正确处理同学间的矛盾是同学间沟通的重要环节。

1. 调整心态，正确对待同学的忌妒及背后的议论

忌妒是面对他人的某种优势而产生的不愉快的情感。由于自己不愿或无力改变现状而对对方表示不满。在现实生活中，当某个同学成绩优异，或获得荣誉，或被委以重任（如当班干部），甚至当他聪明灵活或楚楚动人时，都可能招来忌妒之心。

与忌妒者分享欢乐与荣誉，有助于消除危害人际关系的不良因素。成绩的取得与他人的帮助是分不开的。取得成绩、获得荣誉时，注意不要冷落他人，更不要居功自傲。让大家，包括忌妒者在内都来分享欢乐及荣誉。

面对不公议论，要以平常心对待。怕人背后议论，实质上是一种恐惧性情绪反应。产生这种情绪反应的原因大多是自尊心受挫而一时又找不到摆脱这种挫伤的途径。被人议论，实际上是常发生的事，对正确的议论，要虚心听取，对不正确的议论，可以置之不理。

2. 及时消除同学间的误会

同学间各种各样的误会经常发生。有些误会本是小事一桩，时间一长也就忘记了。可有些误会，若不加以说明，会使人牢记在心，如鲠在喉。对于这类误会，要设法消除。否则，不仅会影响同学间的团结，而且也会对人的身心健康产生不利的影响。

造成同学间误会的原因颇多，如有时是因为把别人一些无特定意义的行为当成寓意深长的行为，有时是因为传统的偏见，有时是因为别人的成见，有时是因为某些同学搬弄闲话，等等。

发生误会后，不妨坦然置之，即进行所谓“冷处理”。反之，如果感到自己受了莫大冤屈便气急败坏地到处辩白，则可能不但得不到同情，反而让大家看笑话。要头脑冷静地分析误会产生的根源，找到症结所在。如果责任在自己一方，不妨“有则改之”；如果不在，那也不必着急，可冷静客观地做出解释。

（四）培养团队协作能力

团队精神的培养取决于组成团队的每个成员。作为团队成员，要培养团队精神，必须注重以下能力和品质的培养。

1. 表达与沟通能力

表达与沟通能力是非常重要的，在人际交往、团队合作等事务中，若缺乏表达与沟通能力，则影响人际关系、目标达成。比如求职面试时，给每个面试者的时间可能也就10分钟，如果不能在有限的时间里好好推销自己，就可能与一个好机会擦肩而过。现代社会是个开放的社会，好想法、好建议要尽快让别人了解，让上级采纳，为团队作贡献。所以要抓住一切机会锻炼表达能力，积极表达自己对各种事物的看法和见解，并掌握与人交流和沟通的艺术。

2. 主动做事的品质

每一个人都有对成功的渴望，但是成功不是等来的，而是靠努力得来的。任何一个单位都不喜欢只知道听从差遣的人，不能被动地等待别人告诉我们应该做什么，而应该主动了解社会需要我们做什么、自己想要做什么，然后进行周密规划，并全力以赴地去完成。

3. 敬业的品质

几乎所有的团队都要求成员具有敬业的品质。有敬业精神，才能把团队的事情当成自己的事情，有责任心，才能发挥自己的聪明才智。个人的命运是与所在的团队、集体连在一起的，要有意识地多参与集体活动，并且想方设法认真完成好个人承担的任务，养成不论学习还是做事都认真对待的好习惯。有才能但不敬业的人，无法真正融入团队之中。

4. 宽容与合作的品质

今天的事业更多的是集体的事业，今天的竞争更多的是集体的竞争，一个人的价值只有在集体中才能得到体现。成功的潜在危机是忽视了与人合作或不会与人合作。有的团队成员动手能力强，思维能力也不错，但当他的想法与别人的不一致时，就固执己见，不知如何求同存异；有的团队成员对同事很挑剔，缺乏客观看待事情的品质；有的团队成员在家里是被照顾、被包容的珍宝，一些家境优越的成员，不容易做到宽容待人和与人合作；有的团队成员对周围的人缺少信任，使人无法与其沟通、合作；有的团队成员在团队中是业务骨干、技术能手，但摆出高高在上的姿态，对其他成员不屑一顾，不懂得尊重和迁就别人。实际上，团队中的每个人各有长处和不足，关键是成员之间以怎样的态度看待问题，要能够在平常之中发现对方的优点，而不是专挑他人的毛病，培养自己求同存异的素质，对培养团队精神尤其重要。这需要在日常生活中，培养良好的与人相处的心态，并在日常生活中运用。这不仅是培养团队精神的需要，而且是获得人生快乐的重要方法。

5. 全局意识、大局观念

团队精神不反对个性张扬，但个性必须与团队的行动一致，要有整体意识、全局观念，考虑团队的需要。团队成员要互相帮助，互相照顾，互相配合，为集体的目标而共同努力。曾经有这样两名大学生，他们共同承担一个项目，但各有分工。其中一人在完成任务的过程中遇到了技术上的难题，此时他只会自己冥思苦想，乱翻书，却不愿向另外一个人请教。而另一名大学生此时不是把他当作荣辱与共的合作伙伴，而是坐在旁边等着看笑话，最后结果可想而知。所以在学习、生活、工作中，有意识地培养全局观念极为重要。比如，要建设一个优秀寝室，每个人就不能只考虑自己的需要而不关注别人的感受；要建设一个优秀班集体，每个人就不能找借口不参与集体组织的活动。否则，团队将会像一盘散沙，优秀集体难以形成，自己也很难从中受益。

六、掌握人际沟通的艺术

俗话说："良言一句三冬暖，恶语伤人六月寒。"在交往中如何让人喜欢、如何让人愿意与你交往，都离不开沟通的技巧。

（一）称呼得体

恰当得体的称呼，能使人获得一种心理满足，并使对方感到亲切，这样交往便有了良好的心理氛围；称呼不得体，往往会引起对方的不快甚至愤怒，使交往受阻或中断。在交往过程中，要根据对方的年龄、身份、职业等具体情况，以及交往的场合、双方关系的亲疏远近来决定对方的称呼。

（二）善于表达

正确运用语言，就是要表达清楚、生动准确、有感染力、逻辑性强。在交往中，切忌口若悬河、滔滔不绝、忽视对方的反应；语音、语调、语速要恰当，要根据谈话的内容和场合，采取相应的语音、语调和语速；谈话态度坦诚；不要急于抢话、急于表现自己，克制插嘴讲话的欲念；不以个人的价值观念评断对方的叙述；在适当的时候可以说一些幽默的话活跃气氛。在几个人一起交谈时，不要把注意力集中在一个人身上，要注意平衡。

（三）给人以真诚的赞美

每个人都渴望得到别人及社会的肯定和认可，我们在付出了必要的劳动和热情之后，都期待别人的赞美。那么，把自己需要的东西先慷慨地奉献给别人，这无疑是在给自己的人际交往添加润滑剂。赞美要选准角度、具体实在、恰如其分。与其夸赞一位相貌平平的女生貌美如花，不如赞美她温柔可爱、才能出众；与其笼统地说“你真漂亮”，不如说“你今天的衣服真漂亮”。

（四）长于倾听

人际沟通是一种双向行为，需要学会倾听和表达。

王老伯：小明，最近学习好认真啊，晚上12点多还在听英语，真要向你学习！
小明得体地回了一句：
回答1：王伯伯，谢谢您夸奖，我会再接再厉的。
回答2：王伯伯，不好意思打扰您休息了！

上面的例子中王老伯的真实意思是什么呢？

正如第2个回答中，王老伯的潜台词是“你打扰我休息了”。

生活中学会倾听，是一种重要的交往艺术，要学会有效地倾听。在沟通时，作为听者要少讲多听，不要打断对方的谈话，最好不要插话，等别人讲完之后再发表自己的见解；要尽量表现出倾听的兴趣，经常与对方目光交流，不停地赞许性地点头、微笑，时不时给予回应，重复一些你认为重要的话表示你在注意倾听，鼓励对方继续讲下去；力求在对方的角色上设身处地地考虑问题，对对方表示关心、理解和同情；不要轻易与对方争论或妄加评论。

（五）善用肢体语言

社会心理学家艾根提出了在别人心目中建立良好第一印象的SOLER模式：S—sitting face to face（面对面坐好），O—openness（心灵开放），L—leaning forward（身体前倾），E—eyes contact（眼神接触），R—relaxation（全身放松）。与人交谈的时候身体微微前倾是在告诉别人我对你说的话很感兴趣，交谈中眼神接触是在告诉对方我在用心听你说，交谈时全身放松是在告诉对方和你交谈很开心……有意识地在社交场合运用SOLER模式，可以帮助我们改变不恰当的沟通习惯，可以有效地增强别人对自己的好感和接纳意愿。

（六）给人以友善微笑

微笑是友好的信使，它可以缩短人与人之间的心理距离，为深入沟通与交往创造温馨和谐的氛围。在与同学的交往中，真诚地微笑往往会给人留下美好而深刻的印象。当你不知道说什么的时候微微一笑，是在向对方传递你的友好。微笑应发自内心，渗透着自己的情感，才会被人接纳。那种皮笑肉不笑、虚假的笑是骗不了人的，只会令人反感。

（七）把握好交往的度

大学生人际交往中把握好“适度”原则，正确地认识自己、自我评价是建立友谊的前提。对他人的期望要适度，因为现实中没有十全十美的人，每个人都有缺点和不足，在交往中应降低期望值，避免失望感的产生。同时，交往的广度要适当，既不能过广，过于分散精力，也不能过窄，形成排他性；交往的深度要适当，对交往对象有的可浅交，有的可深交；交往的频率要适当，即便是好朋友也要保持一定的距离，这样双方才有新鲜感、愉悦感。

第四节　正确对待爱情

爱情是一个古老而又常新的话题，也是大学生宿舍“卧谈会”中的热门内容。正值青春年华的大学生对爱情充满了浪漫的幻想与憧憬，恋爱问题是大学生必须认真面对和正确处理的问题。事实表明，最让大学生心醉与神往的爱情，同时也是大学生最大的“烦恼源”。大学期间，正确地对待爱情，正确地处理爱情与人生、学习、事业的关系，对于大学生的成长及今后的家庭幸福，都有着极其重要的意义。

精品案例

如何正确对待爱情

陈某，女，21岁，艺术设计专业学生。陈某入校前文化课成绩比较突出，专业课成绩一般。入学时比较内向，除了与宿舍同学及个别同学交流外，较少与他人交流；平时遇到不开心的事情均用哭来发泄。大二时，陈某交往了一名男友。陈某对他用情专一且付出很多，后因男友用情不一，最终分手。失恋给陈某带来极大的伤害，为此陈某经常哭泣。同班的同学感觉到了她的变化，几个关系较好的同学开导陈某，但见效不大。陈某不稳定的情绪给室友带来了困扰，室友表示愉快情绪经常因陈某的哭泣而被破坏，为此，陈某与室友的关系有些紧张，成绩也出现滑坡现象。

案例解决方案：

此案例反映的是学生因没有处理好自己的情感问题与学习的关系导致学习成绩下降和人际关系恶化，陈某需要学会树立正确的恋爱观并处理好个人情感与学习和人际交往的问题。

来源：https://doc.docsou.com/b83a4b44497e88359aa28abb1cab0163ac98a6d8b-3.html，略有改动。

一、大学期间该不该谈恋爱

对于情窦初开的大学生来说，爱情就像生活的“诗歌和太阳”。爱情具有巨大的鼓舞力量，它能够振奋人的精神，给大学生奋发向上的动力。而且，多数大学生已满18周岁，已经是法律意义上的成年人，遇到了“怦然心动”的人，谈一场“刻骨铭心”的恋爱，天经地义，合情合法。在当今中国，除了军校外没有哪一所大学是禁止大学生谈恋爱的。大学生谈恋爱自有其利处。

第一，可以增强个人的责任感。恋爱会让人体会到甘愿付出的心理满足，并且学会关怀他人、自愿照顾他人。对于习惯于被父母妥帖照顾的人来说，这标志着他（她）从幼稚走向了成熟。既然爱慕对方，肯定愿意为对方付出，并愿为对方负责任，责任感油然而生。这也能促进家庭责任感、社会责任感的培养和增强。

第二，能形成双方共同理想。恋爱是感情的交融，任何一方都会潜移默化地影响着另一方，志趣上的相互认同可以形成二人的共同理想。要知道，情投意合也意味着气质上的相互吸引和思想理念上的合拍。

第三，能丰富人脉，提升交际能力。很多大学生在恋爱的时候会介绍自己的朋友给对方认识，双方的社交圈由此得以扩大，各自的人脉更加丰富，同时还在无形中促进了大学生的社交能力。

第四，能促进共同进步。大学生在大学里谈恋爱，在学习上可以互相鼓励，彼此督促，还可以资源共享，做到优势互补，甚至可以一起商量考研、出国留学、创业、找工作等人生大事。

综上所述，恋爱并非大学生学业上的绊脚石，相反，理性、负责的恋爱完全可以助推学业进步。

二、树立正确的恋爱观

（一）摆正爱情的位置

大学生要把学业放在首位，让恋爱服从学业，只有正确处理好恋爱与学习的关系，才能使爱情的力量成为促进学习的动力，而学习的成功又会使爱情得到巩固和发展。大学生人生观、价值观尚未完全定型，性格、情绪还不够稳定，对爱情内涵的理解和择偶标准的判断充满了可变性。尤其是在双方都还不明确自己的未来时，随着时间的推移，双方在事业发展、社会地位和经济实力上必然会形成很大的差异性，这种差异性往往就是校园爱情悲剧的源头，如经常看到很好的一对情侣在大学毕业时分手。大学生正处于人生发展的关键时期，应该珍惜这难得的宝贵青春，努力积累，增强能力，为自己的将来打下坚实的基础。同时，大学生也要处理好恋爱与集体的关系。恋爱中的大学生不应把自己禁锢在两个人的世界中，如果总是两个人出双入对、脱离集体，就会限制自己交往的范围，慢慢与周围的环境脱节，妨碍自身的发展进步，不利于个性优化及社会适应能力的提高。

（二）坚持正确的恋爱标准

大学生要树立以志同道合、平等互爱为基础的择偶观，选择恋爱对象必须考虑是否有共同的生活追求和为人之道。只有这样，大学生恋爱双方才能建立情投意合的思想基础，才能在漫长的共同历程中经受住各种考验和意外挫折。大学生选择恋人时，应该把人品放在第一位，破除金钱、门第观念。恋爱过程就是双方共同了解、相互选择的过程，在这个过程中，人人都有选择的权利和自由，把自我意志强加于人、不允许别人选择的做法是不道德的。

（三）对爱情要专一

爱情是在互相了解、志同道合的基础上建立起来的，所以爱情必须是专一的。专一的爱情是有道德的爱情。专一的爱情必须克服见异思迁的思想，绝对不能朝秦暮楚，搞三角恋爱和多角恋爱。有的大学生随着自己所处的环境、地位的变化抛弃原来的恋人另寻新欢。这种对爱情不专一的做法不仅会受到舆论的谴责，而且可能会造成非常严重的社会后果。

（四）恋爱双方要互敬互信

恋爱双方要相互尊重、信任、忠诚，不断培养自己的爱情道德观和责任感，自尊、自重、自爱；恋爱过程中要真诚相待，忠诚地履行相应的责任和义务。

（五）恋爱行为要文明得体

大学生恋爱过程中难免会有一些亲密行为，这倒也正常。但凡事要有度，做事更要讲场合，我们倡导大学生文明恋爱，维护大学生应有的素质和形象，在公众场合应充分考虑和顾及别人的观感，这既是对别人的尊重，也是自尊、自重、自爱及敬重所爱之人的表现。

（六）表达爱情的方式要合情合理

所谓方式合情合理，就是要根据自身与对方的年龄、心理、身份、地位等因素综合考虑，不要为了虚荣、面子等一些无关紧要的因素而付出沉重代价。每个人都有不同的适合自己的示爱方式，要选择恰当的方式表达爱情，不能超出自己的认知与能力。

正确对待
大学恋爱

（七）自我认识与自身的爱情定位

认识自我，了解自我，给自己一个客观的、恰当的自我评价，不仅是心理健康的标志，而且有助于给自己一个恰当的爱情定位。很多时候大学生的爱情烦恼来自不切实际的爱情幻想，来自在不恰当的时候爱了一个不该爱的人，而这些都源于对自己没有一个恰当的自我评价和爱情定位。因此，大学生要正确认识自我，认识自己的相貌、身高、学识、家庭、性格、优点、缺点等，知道自己适合什么样的人。这不仅有助于爱情的成功，减少爱情的盲目性，而且有助于自我认识、自我完善、能力和自身素质的提高，从而使对爱情的向往和追求的动力成为自我成长的动力。

（八）直面恋爱中的挫折与失败

失恋是爱情生活中的挫折。对于失恋的不幸，当事人应理智地分析原因、自我反省、自我调适。大学生失恋不能失德，不能失志，不要萎靡不振，不要轻生，而要以坦荡的胸怀尽早从个人感情的圈子里走出来，重新扬起生活的风帆，坚定地走自己的路。

失恋引起的主要情绪反应是痛苦与烦恼，以下几种方法对于排除这些负面情绪有一定的效果。一是宣泄，比如可以通过向自己的好朋友倾诉来排解自己的痛苦。二是告诉自己接受失恋的事实，着眼于长远，学会放手。每个人都希望恋爱完美，但是失恋的事实是不得不接受的，要自我开导，逐渐接受失恋的事实，无须勉强，善待自己。三是坦然面对。不要害怕失恋的事情尽人皆知，也不需要挖空心思用各种理由搪塞他人，更不需要假装自己仍处于热恋之中。失恋并非难以见光之事，坦然面对有助于及时放下，走出过去，更好地面对未来的生活。总之，失恋不能失态，要相信任何经历都是人生的财富，要学会坚强地面对未来的人生。

（九）勇于拒绝不愿接受的爱

对于自己不愿接受的爱，应有勇气以恰当方式拒绝。拒绝爱要注意两个方面：一是在不希望得到的爱情到来时，果断勇敢地说“不”，因为爱情来不得半点勉强和将就。优柔寡断或屈服于对方的穷追不舍，对双方都是不利的。二是采取恰当的拒绝方式，虽然每个人都有拒绝爱的权利，但是珍重每一份真挚的感情是对他人的尊重，也是一种自珍，同时是一个人道德情操的体现。不讲方式方法，不顾情面，处理方法简单轻率，甚至恶语相加，容易使对方的感情和自尊心受到伤害，这种做法是很不妥当的。

第六章　呵护身心，康健阳光

内容导入

健康是生活质量的基础，是生命存在的最佳状态，是人类最宝贵的财富。党的二十大报告提出："推进健康中国建设。人民健康是民族昌盛和国家强盛的重要标志。把保障人民健康放在优先发展的战略位置，完善人民健康促进政策。优化人口发展战略，建立生育支持政策体系，降低生育、养育、教育成本。实施积极应对人口老龄化国家战略，发展养老事业和养老产业，优化孤寡老人服务，推动实现全体老年人享有基本养老服务。深化医药卫生体制改革，促进医保、医疗、医药协同发展和治理。促进优质医疗资源扩容和区域均衡布局，坚持预防为主，加强重大慢性病健康管理，提高基层防病治病和健康管理能力。深化以公益性为导向的公立医院改革，规范民营医院发展。发展壮大医疗卫生队伍，把工作重点放在农村和社区。重视心理健康和精神卫生。促进中医药传承创新发展。创新医防协同、医防融合机制，健全公共卫生体系，提高重大疫情早发现能力，加强重大疫情防控救治体系和应急能力建设，有效遏制重大传染性疾病传播。"大学生的健康素养水平对"健康中国"战略的顺利实施及中国梦的实现具有重要作用。加强健康教育体系建设，提高大学生健康能力，构建健康生态环境，是大学生健康素养教育的重要途径。

健康包括身体健康、心理健康和良好的社会适应能力三个方面。遗传因素、环境因素、个人生活方式和医疗卫生服务是影响健康的主要因素。每个人是自己健康的第一责任人，应主动学习健康知识，养成健康生活方式，自觉维护和促进自身健康，理解生老病死的自然规律，了解医疗技术的局限性，尊重医学和医务人员，积极应对健康问题。

第一节　坚持体育锻炼，保障身体健康

身体是革命的本钱。健康的体魄对于人生和事业具有决定性意义，而强健的体魄来源于科学有效的体育锻炼。此外，大学生也应该了解一些基本的健康常识，养成良好的饮食习惯和个人卫生习惯，保障自身健康。

一、健康的重要性

（一）拥有健康才能拥有幸福人生

人生是否幸福，或许有很多的衡量标准，而健康永远被列在第一位。失去了健康，没

有了健全的体魄与饱满的精神，生命就会黯然失色。要创造人生辉煌、享受生活乐趣，就必须珍惜健康，学会健康生活。拥有健康身心的人，更容易保持乐观，而乐观正是培养积极生活态度不可缺少的条件。一个人的生活经历越丰富，就越懂得健康之道，把维护健康看作生命的崇高责任。一个不爱惜自己生命的人又怎么能体验幸福的滋味呢？叔本华曾说："在一切幸福中'人的健康'甚于其他幸福。一个健康的平民要比疾病缠身的国王幸福得多。"日本有个景区，设有三个水池供人选择，分别是健康、财富、爱情，98%的游人选择健康。可见，健康是人生存的第一愿望，是伴随我们一生的主题。

（二）健康是事业成功的保障

健康是人们成就事业的本钱。身体健康与心理健康两者是相辅相成、互相影响的，且制约着人际关系和谐与否，尤其是信心和勇气两种心理状态，直接关系到事业的成败。一个身体不健康的人，常常是思想消极、悲观、缺乏信心和勇气的，难以产生创造性的思维。人生不是一帆风顺的，具有健康的体魄才能经受住各种挑战和挫折，成就自身事业。

（三）健康是家庭幸福之源

现代生活节奏快、压力大，很多家庭忽视了对家人健康的经营。其实，我们需要将健康列为家庭的头等大事来维护，无论贫困或富裕，健康才是幸福的基础。很多人在疾病缠身时才幡然醒悟：能给家人带来最大安全感和幸福感的从来不是资产，而是家人的健康。失去健康，从前的顶梁柱可能变成家人的拖累，正所谓"一人重病，全家遭殃"。健康是一个家庭最大的底牌，在健康面前，其他的一切都只是点缀。

总之，没有了健康，人生追求、事业、财富、爱情，都将失去依附。只有不断地为健康进行储蓄，个人和家庭的财富才能不断积累，否则，一切都是梦幻泡影。

二、健康的标准

（1）世界卫生组织提出的人体健康的十条标准如下。

① 精力充沛，能从容不迫地应付日常生活和工作的压力而不感到过分紧张。

② 处事乐观，态度积极，乐于承担责任，不挑剔。

③ 善于休息，睡眠良好。

④ 应变能力强，能适应环境的各种变化。

⑤ 能够抵抗一般感冒和传染病。

⑥ 体重适当，身材匀称，站立时头、臂、臀位置协调。

⑦ 眼睛明亮，反应敏捷，眼睑不发炎。

⑧ 牙齿清洁、无空洞、无疼痛，齿龈颜色正常、无出血。

⑨ 头发有光泽，无头屑。

⑩ 肌肉、皮肤富有弹性，走路轻松有力。

（2）教育部《国家学生体质健康标准（2014年修订版）》（以下简称《标准》）则从身体形态、身体机能和身体素质等方面综合评定学生的体质健康水平。大学阶段的测试项目和评价指标见表6-1。

表6-1　大学生体质健康的个体评价标准

测试项目	分值	及格标准		单位
		男	女	
i_{bm}	15	17.9 ~ 23.9	17.2 ~ 23.9	千克/米^2
肺活量	15	3100 ~ 5140	2000 ~ 3450	毫升
50米跑	20	6.6 ~ 9.1	7.4 ~ 10.3	秒
坐位体前屈	10	3.7 ~ 25.1	6.0 ~ 26.3	厘米
立定跳远	10	208 ~ 275	151 ~ 208	厘米
引体向上	10	10 ~ 20	—	次
仰卧起坐	10	—	26 ~ 57	次
1000米跑	20	3分15秒—4分32秒	—	
800米跑	20	—	3分16秒—4分34秒	

注：i_{bm} = 体重/身高的平方。标准分由各单项指标得分与权重乘积之和组成，满分为100分。附加分根据实测成绩确定，即对成绩超过100分的加分指标进行加分，满分为20分；大学生的加分指标为男生引体向上和1000米跑，女生1分钟仰卧起坐和800米跑，各指标加分幅度均为10分。

三、影响健康的因素

影响人体健康的因素是多方面的，既有遗传、环境、卫生因素，又有心理、生活习惯等相关因素，可以概括为以下几个方面。

① 环境因素。环境是影响人体健康的重要因素，包括自然环境和社会环境。自然环境是人类生存的物质基础，良好的自然环境对人体健康有促进作用；社会环境是指由政治、经济、文化、教育等因素构成的社会系统。

② 生物因素。生物因素主要指影响人体健康的先天遗传因素和后天获得的各种致病因素，如各种病原微生物、寄生虫等。遗传是指亲代的特征通过遗传物质传递给后代的过程。DNA是遗传的物质基础，遗传基因决定了人体各种遗传性状。目前已发现5000多种遗传病。随着科学技术的发展，一旦明确各基因功能，解密其基因组编码，未来有望治愈人体的遗传性疾病。

③ 心理因素。人的心理因素与健康长寿有着密切的关系，积极的心理因素是健康长寿的一个重要因素。人在愉快时，由于脑内内啡肽分泌增多，脑细胞活力得以保持，大脑功能得以改善，从而增强了免疫功能，提高了机体防病和治病的能力；如果闷闷不乐，常常处于忧虑、紧张和压抑的精神状态中，便容易引起疾病，而疾病又容易导致不良情绪，如此反复，形成恶性循环。

④ 行为和生活方式因素。行为和生活方式对人体的影响具有潜袭性、累积性、经常性、广泛性和持久性等特点。不良的行为和生活方式范围广泛，如不合理饮食、吸烟、酗酒、缺乏体育锻炼、药物成瘾等。改变引起疾病的不良行为和生活方式，养成健康的行为

和生活习惯，是保证身心健康、预防现代疾病的重要因素。

⑤ 卫生服务因素。卫生服务主要是向个人和社区提供范围广泛的促进健康、预防疾病的医疗与康复服务，以保护和改善人体健康。健全的医疗卫生机构、完备的服务网络、一定的卫生投入及合理的卫生资源配置可以促进健康。

四、大学生健康文明的生活方式

“健康来自健康的生活方式”，健康文明的生活方式是现代人应有的素质。所谓健康的生活方式，简单地说就是能很好地满足人们的合理需要，保证生理和心理健康发展的生活方式。大学生是祖国的未来，是国家宝贵的财富，因此，在大学期间养成健康文明的生活方式具有重要意义。

（一）合理安排膳食

怎样安排好一日三餐？这对当代大学生来说，似乎是一个再简单不过的问题，但要真正做到合理膳食，却又不是那么容易的。当前在校大学生，年龄一般处在20岁左右，身体还处于发育的旺盛阶段，一方面要求有合理的充分的营养满足生理的需要；另一方面，要消耗大量的脑力劳动，以适应大学的紧张学习。因此，大学生合理安排饮食，应注意以下几个方面。

1. 食物搭配多样化

尽可能选择多样化的菜肴和主食，以确保各种营养的充分供给。众所周知的六大营养素是蛋白质、脂肪、碳水化合物、无机盐、维生素、水。大学生就餐时，应不断变换品种，保证饮食多样化。可两三个同学买上几份不同的菜肴，共同就餐。最好的方法是食堂根据食物的营养给菜肴以合理的搭配，搞好营养膳食，使学生能够吃到营养全面的饭菜。

2. 三餐热量摄入均衡化

适当安排好三餐热量摄入的比例。“早餐要吃好，午餐要吃饱，晚餐要吃少”。目前大学生的热量供应基本达标，但三餐之间热量的分配并非尽善尽美，早餐要吃得好，也要吃得饱，现在不少学生早餐吃得少，且质量差，而不少大学上午的课程安排得很满，如果吃不饱、吃不好，很难坚持到中午餐，同时也影响上课的效果。除此以外，晚上也要吃饱，否则会影响晚自习的学习。三餐热量的摄入以早餐30%，午、晚餐各占35%的比例为好。

人体不可缺少的微量元素还包括铁、氟、锌、铜、钼、钴、铬、锰、镍、硅、碘、硒、锡、钒等。医学把它们称作人体必需的微量元素。为了增强体质，怎样从“盘中餐”获得理想的元素呢？

一是常吃“粗食”。谷物的许多营养元素，集中在谷皮里。如出粉率72%的精制白面，仅能保留原小麦五分之一的镁和七分之一的铬。精制的白糖，只含有粗糖1%的镁，7%的铬，无机盐是粗糖中的三十一分之一。一些专家认为，缺铬会导致动脉粥状硬化；相反，镉少铬多且铅积累少的健康人，有可能活到90—100岁。

二是不可“偏食”。品种多样、合理搭配的饮食，是摄取多种营养的保证。“偏食”的人，把三餐中的一部分营养元素拒之体外，时间久了，自然而然就发生营养缺乏症。

三是“吃菜喝菜汤”。有些人吃菜、吃馅常“挤”掉菜汤。殊不知，菜汤里富含植物细胞内宝贵的钾，菜本身反而成为“低钾菜”。缺钾对心脏、血压都十分不利。所以，“原汤化原食”即吃菜又喝汤，是科学合理的吃法。

四是避免“以药代食”。自然食品的营养是均衡的。如果“以药代食”，过量地摄入某种元素——包括必需的微量元素，该种元素就会变得具有“毒性”，健康可能因此而受到影响。例如，大量服用铜剂，能引起难以医治的威尔逊症。所以，我们还是应从“盘中餐”里索取营养，不可滥用营养药物。

五是远离“污秽饮食”。众所周知，重金属的污染，比农药等有机物的污染还要严重。因为农药等化合物在自然界中尚可缓慢分解，净化为“无毒”物质。而重金属中的有毒元素无法分解，进入人体后会引起不良后果。因此，被有毒元素污染过的食物，要避免入口。

3. 蛋白质供应优质化

增加蛋白质的摄入量。蛋白质是生命活动的基础，在体内不能储存，每天都必须摄入，因而必须保证蛋白质的供给。从调查结果看，目前大学生的蛋白质供应量普遍不足，组成上以植物性蛋白质居多，动物性蛋白质比例很少，且质量较差。因而在膳食中应增加富含蛋白质的食物，像瘦猪肉、鸡鸭肉、蛋类、奶类及豆制品等。早餐喝些豆浆、牛奶更好。可多吃些豆制品，对补充蛋白质大有裨益。蛋白质的摄入量每天应达到70克的供给量标准，其中动物性、豆类的蛋白质最好占三分之一以上。

4. 脂肪摄入标准化

在日常饮食中应适当增加脂肪的摄入量。脂肪包括中性脂肪和类脂质，是人体重要的热能营养素。此外，脂肪中含有的磷脂固醇对增进大脑神经的功能有一定的作用；还有一部分脂溶性维生素，是供给维生素A、维生素D、维生素E、维生素K的主要途径。因此，摄入的脂肪量应满足机体的需要。目前，有部分学生受“节食风”的影响，过分节制脂肪的摄入，谈“脂”色变，这是不可取的。况且现在学生脂肪的摄入量很少达到每天50克的标准。所以要通过多吃些动物性菜肴或用植物油烹制的菜肴增加脂肪的摄入量。

5. 维生素吸收丰富化

多吃一些富含维生素的食物。维生素包括脂溶性和水溶性两种，它们是调节体内生理功能必不可少的物质。动物的肝脏、一些海产品、植物油等是脂溶性维生素的主要来源，而蔬菜水果则是水溶性维生素的主要来源。学生在选择菜肴时，应以富含维生素的瓜果蔬菜及肝脏等为主。有些维生素，在烹调过程中极易受到破坏。可采取一些补救措施，如平时多吃些（生食）含维生素多的水果蔬菜（如西红柿、黄瓜、青椒、红心萝卜等）。

6. 饮食安排合理化

应注意根据季节变化合理安排饮食。食物属性不同，食用时间有所不同。性平的食物四季都可以食用；性温的食物除夏季适当少食用外，其他季节都可食用；性凉的食物夏季可常食用，其他季节须配性温的食物一起吃；性寒的食物尽量少吃，如食用最好加花椒、生姜、辣椒等一起吃。对于大学生，特别是一些女同学更应注意，冬天可多吃些以烧、炖、焖方法烹制的羊肉、猪肉等；而夏天则宜吃些以凉拌、清炒等方法烹制的清淡食物，但要注意冬不可极温，夏不可极凉。此外，应限制刺激性食物的摄入，除长期的饮食习惯外，辛辣酸性食物不宜过食，否则会引起亢奋，易使神经系统失去平衡，从而导致精神及情绪的极大波动，特别是禁止吸烟和喝酒，对浓茶和咖啡也以少食为宜。

（二）适当进行有氧运动

“生命在于运动”这个道理很多人都知道，但是并非所有的运动都有益于健康。

有氧运动才是科学的健身方法。有氧运动是美国著名心脏病学家兼健身专家肯尼斯·库珀博士首先提出的。所谓有氧运动是指人体在充分供氧的情况下进行的运动。这种运动强度较低、持续时间较长，主要由有氧代谢提供能量。长距离散步、慢跑、跳舞、骑自行车、游泳及滑冰等均属于有氧运动。

有氧运动对身体有很多好处：可提高大脑、心血管和肺等重要脏器的功能，延缓机体衰老。有氧运动可以改善心、脑等器官的血液供应，增加营养，促进代谢，从而降低心脑血管疾病的发生。有氧运动还可增加骨骼密度，防治骨质疏松。持久的有氧运动还有利于降低血压、血脂及血糖。它还是对人体无伤害的减肥运动之一。如配合控制饮食，常收到理想的减肥效果。与无氧运动相比，有氧运动还会带来身心的愉悦，从而提高机体的免疫力。

大学生适当地进行有氧运动，有利于身体健康。

（三）学习健康知识

大学生是否具备健康的身心、强健的体魄、勃勃的生机，关系祖国与民族的未来，但在校园内已发现乙肝、艾滋病、结核病等传染病，严重威胁大学生的身心健康，危及祖国未来的希望。大学生必须树立强烈的健康意识，不断更新更加科学的健康知识。

建立健康的生活方式需要懂得健康知识，知识是不断调整自身行为的指南针。在当今新知识层出不穷的时代，健康知识也在不断更新，只有注意不断学习新的健康知识，抵制迷信和各种错误信息的影响，才能使自己的生活方式更健康。

五、坚持科学体育锻炼的意义和必要性

在大学生活中足够的体育运动有助于塑造青年人的人格品行，还能帮助大学生锻炼强健的体魄，更益于在未来的生活工作中发挥自身的才能。反之，长期缺乏体育运动，则容易导致体质不佳、免疫力降低，并伴有食欲不振、身体乏力、精神不济等不良症状。

毋庸置疑，大学生积极进行体育锻炼是非常必要的，也是很有意义的。

第一，体育锻炼能够促进身体健康。健康是最宝贵的财富，金钱买不来健康。我们要力争健康工作四十年，然后愉快享受二三十年，要实现这个目标，大学期间就要重视体育锻炼，趁着年轻，打好身体基础。

第二，体育锻炼能够提高心理素质，增强心理承受能力，提高意志品质。体育锻炼不断克服客观困难（气候条件的变化、动作的难度或外部障碍等）和主观困难（如胆怯和畏惧心理、疲劳和运动损伤等），才能取得成功。体育锻炼的参与者努力克服主、客观方面的困难，培养良好的意志品质，任务越困难，对个体的意志锻炼的作用越大，而良好的意志品质对于人的活动（尤其是体育锻炼）效果具有重要的意义。

第三，体育锻炼能够促进智育发展。健康的身体是攀登科学高峰的基础。毛泽东同志在《体育之研究》一文中说过：“德智皆寄于体，无体是无德智也！”有运动经历的同学都知道，踢足球、打篮球并非纯粹的体力运动，也是要动脑子的。许多高水平的教练经常强

调，小到技术动作，大到战术配合，都要做到“合理”，比赛的胜利是由若干具体环节的“合理性”积累的结果，而所谓“合理性”则当然是动脑筋的结果。

第四，体育锻炼有助于获得良好的情绪体验。在大学生活中，学生难免遇到学业上、生活上、经济上、情感上的难题，并因此产生紧张、压抑、焦虑等不良情绪反应。这时候，一场酣畅淋漓的奔跑，或者简单地做几组俯卧撑，让身体陷入短暂疲累，就能停止无意义的精神内耗，把自己从失控的边缘拽回来，避免因为情绪过于激烈而做出错误的决策。体育锻炼可以使个体从烦恼和痛苦中摆脱出来，降低应激水平，使处理应激情境的能力增强。体育锻炼之所以能够调节情绪，是因为体育锻炼的参与者能体验到运动带来的愉悦感觉。心理学家认为，适度负荷的体育锻炼能够促进人体释放一种多肽物质——内啡肽，它能使人们获得愉快、兴奋的情绪体验。另外，体育锻炼有助于大学生自我情绪管理的加强。青少年情绪相对不够稳定，对外界因素更加敏感，受到刺激时更容易情绪失控。通过体育锻炼可以使大学生学会调节和控制情绪，保持良好的情绪状态。

第五，体育锻炼有助于“自我意识”的发展。通过体育锻炼，可以让我们认识到自身的运动特长、不足及极限之所在。同时，在体育锻炼过程中产生的失落感、成就感、荣辱感等直观情绪，能让我们更加了解自身的内在品质，并意识到自己运动水平、素质修养、人格是否独立等平常不易察觉的特质。

第六，体育有助于“团队意识”的增强，大学生通常接触的体育锻炼，如篮球、足球等，这类体育运动均为集体活动，可以在运动中培养大学生的团队协作能力和集体意识。可以让一个人在集体中体现出自身价值的同时也认识到我们每一个小单位在大组织中的重要性，培养出团队意识更能够让我们在未来的工作生活中如鱼得水。可以在团队的胜利中分享到自身贡献的那一份喜悦。

第七，体育锻炼能够提高竞争意识，参与足球、篮球、排球等团队体育项目可以培养和提高团队精神和协作能力。

第八，体育锻炼能够增强人际交往能力，特别是通过团队项目，可以认识许多不同领域的新朋友，大家有共同的爱好，更容易建立深厚的友谊。

既然参加体育锻炼是很有意义的，那么大学生应该如何进行体育锻炼呢？以下几条建议，供大家参考。

第一，要培养自己的运动兴趣，至少发现并发展一项自己喜爱的运动项目。在对体育锻炼没有兴趣的情况下，硬逼着自己去坚持，这是一件很痛苦的事情，也很难长期坚持下去。其实多数人是能够找到自己喜欢的运动项目的。一方面，可以多去尝试各种项目，不试不知道，一尝试可能就喜欢上了；另一方面，还要去了解有关运动项目的比赛规则，很多时候没兴趣是因为不了解比赛规则，看不出什么门道，自然也就很难喜欢上某项运动。

第二，参加体育锻炼要有一定的计划安排，主要是恰当安排运动时间和运动量，如果某一天因为各种原因没有时间执行预定的体育锻炼计划，也可以用慢跑去上课或快步上下楼梯的方式来代替。另外，还要注意处理好参加体育运动和学习的关系，如有的同学因为有篮球运动特长而入选了学生篮球队，经常训练，这就需要个人尽量协调好训练和学习的关系。

第三，体育锻炼的注意事项。①要注意充分热身，以抻拉为主，配合小运动量慢跑，一般15～30分钟，有稍稍出汗的感觉为佳。②参加体育锻炼前1小时不要吃东西，特别是不要在正餐后立刻进行体育运动，运动中如果感觉饥饿可以适当吃点巧克力补充能量。最好运动完毕30分钟后再进食，但不宜暴饮暴食。③ 及时补充水分。运动过程中身体会因流汗而迅速丧失大量水分，如果不适时补充水分，可能会造成身体脱水，所以不要等渴了再喝，当感觉到渴的时候说明身体已经严重缺水了。另外一定不要狂饮，锻炼后大量饮水，会给血液循环系统、消化系统，特别是心脏增加负担。还要注意不要喝凉水。④ 凡事有度，体育锻炼也要适量。应根据自己的情况选择合适的运动量，要遵循循序渐进的原则，切勿突然增加运动负荷，每天都锻炼到肌肉酸痛的程度对人体是没有好处的。⑤ 注意坚持。体育锻炼要经常化，不能“三天打鱼两天晒网”。虽然短时间的锻炼也能对身体机能产生一定的影响，但一旦停止体育锻炼，这种良好的影响作用会很快消失。⑥ 注意运动后的放松，如同身体需要预热一样，运动后身体也需要“冷却”。可以缓缓地放慢动作，直到心跳还原至每分钟60～100次。

第二节 学会自我调适，培养健康心理

大学生在追求知识的过程中，要时刻记得比知识和能力更重要的是积极的心态、健全的人格，让青春与快乐结伴、与幸福同行，成长为一名阳光、快乐的大学生。有一部分同学在步入大学后迟迟不能顺利完成角色的转变，由此产生种种不适应和困惑，这种不适应和困惑如果得不到及时的缓解和疏导，可能会出现各种心理问题，对大学生今后的学习和人生道路产生不良影响。

一、大学新生适应期可能出现的心理困惑

（一）环境不适应产生的失落心理

1. 现实与理想的差距导致的失落感

中学生想象中的大学是神秘、浪漫和完美的，他们往往在入学之前心里就有了关于大学生活的憧憬：春风得意的大学生、满腹学问的老教授、宽敞明亮的大教室、风景如画的校园环境、丰富多彩的文化生活、深厚的同学情谊等。然而，这种美好的期望会在他们进入大学后逐渐淡化——原来大学生活并非想象中那么诗情画意，不过是教室、宿舍、食堂“三点一线”的枯燥生活，现实与理想的差距太大了。还有人会抱怨说：“真没想到大学有的教学设备甚至不如中学，图书资料贫乏，师资水平也不过如此。”也有人后悔自己高考成绩不理想，或是填报志愿时受教师、家长的左右，填报的大学并非自己所愿，所学专业自己也并不感兴趣。面对这种情况，大多数新生会积极调整，主动适应大学的新环境；而有的新生则情绪低落，感到前途渺茫，从而形成失落心理，甚至产生退学的念头。

2. 角色转换的不适应产生的失落感

社会是个“舞台”，每个人都扮演着一个“角色”。人的社会角色会不时转换，由中学生变成大学生便是一种角色转换。进入大学后，在高手如林的新生集体里，面对新一轮的排列组合，有些新生从高中时的“鹤立鸡群”变成大学里的“平庸之辈”，昔日的优越感荡然无存，如同河流汇入大海一样变得不再起眼。他们不再是教师、同学经常关注的对象，有的人可能会觉得自己事事不如别人，越想越沮丧，以致心灰意冷，再也找不到原来

的自信，于是在心理上产生了一种失落感和强烈的自卑感。

高考前，学习成绩的好坏是衡量一个学生能力和素质的主要指标，而进入大学后，学习成绩不再是衡量一个人能力和素质的唯一标准，取而代之的是对学生全面素质和综合能力的考评，表现在眼界学识、文体特长、组织才干、人际关系等方面。在这种情况下，新生要么奋起直追、迎头赶上，要么停滞不前、自卑自责。

（二）学习不适应导致的茫然心理

学习问题是大学新生关心的首要问题。进入大学后，大多数新生对学习表现出浓厚的兴趣，学习积极性也较高，但由于对教学方式、竞争方式不适应，学习的盲目性也较大，渴望求知与盲目学习并存，表现出一定的不适应。

1. 教学方式不适应

有些大学新生在课堂学习时仍寄希望于教师的知识灌输和安排，不会自己支配时间，听课抓不住重点、做不好笔记，不会科学地、充分地利用图书馆和互联网学习。由于学习方法不对而导致学习兴趣减退；再加上大学上课的课时数明显减少，自习的时间大大增加，不少新生对如何合理安排大量的空闲时间感到困惑。在高校心理咨询中，就有大学新生自述他们上课听不懂，作业不会做，学习成绩总上不去，而在读高中时，他们总能控制、掌握自己的学习，通过努力，学习成绩总能赶上去。他们承袭了过去在高中阶段的学习方法，却较难获得满意的效果，这在大学新生中已经是相当普遍的现象。

2. 学习目标不明确

有些大学新生形容中学阶段的生活“就像在黎明前漆黑一片的隧道中赛跑”，高考就是前方那一盏明亮的灯，同学们你追我赶地向着这一目标奔跑，虽身心疲惫但目标十分明确，有强大的动力做支撑，因而生活紧张却又充实。进入大学之后，天已大亮，高考这盏明灯也熄灭了，有些大学新生一时不知目标和动力何在，感到茫然。

许多大学新生认为，进入大学就等于进入了“保险箱”，可以潇洒轻松、痛痛快快地玩了，加上大学不像中学管得那么严格，自由度较大，自我支配的时间也较多，一些自觉性较差的大学生在不知不觉中便失去了明确的奋斗目标，失去了前进的动力，变得无所适从，放松了对自己的要求。这部分大学生不再把分数看得那么重要，学习不再认真，只是沉迷于网络游戏和手机游戏，丧失了年轻人蓬勃向上的健康心态。

3. 竞争方式不适应

大学的学习氛围是外松内紧的，竞争是潜在的、全方位的。和中学相比，大学里很少有人监督，也很少有人主动指导。虽没有人制订具体的学习目标，但绝不代表大学里没有竞争：每个人都在独立地面对学业；每个人都该有自己设定的目标；每个人都在和自己的昨天比、和自己的潜能比，也在暗暗地与别人比。在大学的竞争中，考试分数不再是衡量学生的唯一指标，人们更看重提高综合能力和全面素质。

为了在激烈的高考竞争中取胜，中学生几乎是全身心地投入学习，导致许多方面发展得不够好，如学习技能欠缺、知识面狭窄等。加上家长和教师的过度保护，许多学生缺乏应有的挫折承受能力，因而面对大学高强度、高难度的学习，面对其他同学在学习上的进步，一些学生往往忧心忡忡。

（三）生活不适应导致的焦虑心理

大学新生进入大学后，远离了父母和家庭，需要适应集体生活方式，学会自己料理生活。有的大学新生因缺乏独立生活的能力，一时生活上不能自理；有的新生开支无计划，时常出现“经济危机”；有的大学新生每天循环往复于“三点一线”，面对丰富多彩、目不暇接的校园文化生活无所适从；有的大学新生因缺少集体生活的经历，总希望得到他人的照顾和帮助，不知道也不会关心他人；还有的大学新生不适应学校的饮食、气候、语言环境及作息时间的变化等。大学新生在遇到这些问题时，常常束手无策、郁郁寡欢，有的新生甚至出现了烦躁、痛苦、紧张不安等焦虑的情绪和疲倦、失眠、注意力不集中等症状。

（四）人际关系不适应导致的孤独心理

大学新生离开了父母、亲人和朋友，虽渴望与人交流沟通，但又害怕敞开心扉、袒露真情。与中学时代相比，在进入大学后，大学新生人际交往的范围变大，且人际交往逐渐倾向于社会化和复杂化。有研究结果显示，约有20%的大学新生表示入学后最大的困扰是人际关系。

大学生的很多时间都是在宿舍度过的，因此与同宿舍同学的相处非常重要。大学生们来自五湖四海，初来乍到，彼此陌生，且有不同的生活背景、不同的方言、不同的性格，因此同学之间的磨合是个新问题。一方面，同学之间生活习惯、家庭背景等客观因素的差异，造成了人际交往的困难；另一方面，个体的不良性格特征也会阻碍人际交往，如自卑、怯懦、鲁莽和孤僻等也会造成人际交往的困难。所以，许多大学新生虽渴望与他人交流沟通，但在人际交往上却屡屡失败，这使他们日益感到压抑和郁闷，从而越来越不愿意同其他同学交流。于是，有些大学新生逐渐迷恋网络，希望在虚拟世界里觅到知音和良友，从而愈发冷漠地对待现实世界。

大学新生出现以上种种心理问题时，绝大多数只是心理失衡，而且这种现象很大程度上是环境的变化引起的。这种心理失衡经过入学教育、教师的辅导、环境的熟悉、认知的改变和自我的调适，随着时间的推移会慢慢消失，所以，大学新生遇到这种心理现象时不要过于着急，应当换一个角度思考，把它看作青年学生成长的必由之路，是每个人都会遇到、都要经历的一种心理现象，只不过有时间长短、反应轻重的差别。同时，它还与个人的心理素质、情绪释放、调适能力等有关，心理素质好、调适能力强的人恢复得快，否则恢复得慢。

二、大学生培养健康心理素质的途径和策略

大学阶段是一个人一生中的黄金岁月。这个时期大学生既保留着青少年的稚气和冲动，又开始表现出成年人的稳重和成熟，同时又处于“心理断乳期”——大学生将逐步摆脱对父母、师长的心理依赖，转而独立地适应社会群体的生活。因此，大学生必须注重培养自己健康的心理。

精品案例

如何自我调适、培养健康心理

贾某，男，某高校测绘工程专业大一新生，来自江西省抚州市城区，父母均为下岗工人，靠父亲打零工维持家用，家庭条件比较贫困。该生目前主要问题表现在以下三个方面。

① 在生活中，他从入学后经常独来独往，同学普遍认为他性格较为孤僻，他在与老师交谈时称无法与寝室同学、同班同学正常交流和生活，甚至在寝室生活会有呕吐的感觉。② 在学习上，他厌学，学习目的极不明确，对各类学习科目缺乏兴趣和求知欲，上课时总一个人坐最后一排，经常听课精力不集中，甚至上课时会有心慌的感觉。③ 在思想方面，该生思想较为端正，但进入大学新环境后学习目的不明确导致思想上缺乏进取心，对自己放任自流。种种迹象表明，他对大学生活失去了兴趣，无法适应大学生活，甚至产生了自暴自弃的消极心态。

分析

通过多方面、深入了解该生的情况，结合心理学的专业知识判定，该生目前属于心理学中的人际关系障碍。导致他出现这一状况的主要原因有以下两个方面。

① 自身内在因素。该生学习和接受教学的能力并不弱，但从高中到大学，学习方式的极大转变导致了其学习动力不足和学习态度不端，进取心缺乏，对学习也逐渐失去了兴趣，和其他同学间的差距越来越大，进而产生了独来独往的习惯。

② 外部环境因素。该生之前从未离开过家庭，新进大学环境，学习方式由高中时期的灌输式转变为大学主导的自学形式，种种外部原因导致他孤僻、自卑、消极。

来源：https://www.docin.com/p-2290030999.html，略有改动。

（一）大学生心理健康的标准

心理健康标准随着时代变迁、文化背景的变化而变化。大学生的年龄一般为18—25岁，从心理学的观点来看，大学生正处于青年中期，其心理具有青年中期的许多特点。但作为一个特殊群体，大学生又不能完全等同于社会上的青年。根据我国大学生的实际情况，评判大学生的心理健康水平应着重从以下8个标准来考虑。

1. 智力正常

衡量大学生的智力是否正常，关键在于其是否正常、充分地发挥了自我效能。自我效能即有强烈的求知欲，乐于学习，能够积极参与学习活动，学习目标明确，学习热情高，精力旺盛，孜孜不倦，朝气蓬勃，不畏艰难，在学习中能体验到快乐与满足，学习成绩优良而稳定。

2. 情绪健康

情绪对人的健康影响很大。心理健康的大学生能经常保持愉快、豁达、自信、满足的心境，对生活和未来充满希望；对于喜、怒、哀、乐等情绪能主动进行调节，并能适度地表达和控制情绪，保持良好的心态；能战胜自己的疲倦、抑郁、沮丧等消极情绪。

3. 意志健全

意志健全的大学生在各种活动中都有自觉的目的性，能适时地做出决定并运用切实有效的方式解决遇到的问题，在困难和挫折面前能采取合理的反应方式，能在行动中控制情绪并言而有信，而不是行动盲目、畏惧困难、顽固执拗。

4. 人格完整

人格完整的具体体现是心胸开阔、真诚待人、言行一致、表里如一，热爱生活、善于生活，勇于面对困难，善于发挥自己的潜能和调控自己的行为，有耐挫能力。

5. 自我评价正确

大学生自我评价时应做到自知：能恰如其分地认识自己，摆正自己的位置，既不因自己在某些方面优于别人而自傲，也不因自己在某些方面差于别人而自卑；面对挫折与困境，能够自我悦纳，喜欢、接受自己，适度自尊、自强、自制、自爱，正视现实，积极进取。

6. 人际关系和谐

心理健康的大学生乐于和他人交往，在交往中能够保持独立而完整的人格，有自知之明，不卑不亢；待人处事比较得体，能尊重、信任、宽容、理解他人，能与他人和谐共事，有团队精神，有知心朋友；能客观评价他人和自己，善于取人之长、补己之短，宽以待人，乐于助人，积极的交往态度多于消极的交往态度，交往动机端正。

7. 适应社会正常

心理健康的大学生能在环境改变时正确面对现实，对环境做出客观、正确的判断，使个人行为符合新环境的要求，既不怨天尤人，又能尽快地适应新环境；能与社会保持良好的接触，对社会现状有清晰的认识，能及时修正自己的需要和愿望，使自己的思想、行为与社会协调一致。

8. 心理行为符合大学生的年龄特征

大学生是处于特定年龄阶段的特殊群体，应具有与年龄、角色相适应的心理行为特征。心理健康的大学生情感、言行、举止等方面的特征都符合所处的年龄段，表现为精力充沛、处事独立、勤学好问、思维敏捷、学习刻苦、好学上进。

（二）培养健康心理的途径

心理素质是一个人比较重要的素质，几乎所有成功人士都有良好的心理素质。对大学生来说，从以下5个方面着手，将有助于提高自己的心理素质。

1. 培养广泛的兴趣

人的兴趣是在一定的生活条件下形成和发展起来的，虽然具有一定的稳定性，但也不是固定不变的，更不是先天的，而是随着生活条件和教育条件的变化而发展变化的。大学生应该如何广泛培养自己的兴趣呢？

（1）参加丰富多彩的课外活动。

在课外活动中，大学生可以把课堂上学到的知识加以具体运用，以加深对所学知识的理解，同时还可以进一步充实新的知识。因此，参加课外活动是形成多方面学习兴趣的好机会。

（2）把兴趣的广泛与专一统一起来。

青年人的爱好和兴趣常常是广泛的，而且是不断变化的，这当然不是什么坏事。但想要精通一门学问、成就一番事业，不能不分主次地同时发展多方面的兴趣，或者经常改变自己的爱好。想想凸透镜，你也许就能找到正确的答案。有一位青年曾向法国昆虫学家法布尔请教怎样才能解除心中的苦恼，因为他把自己的全部精力都放在他爱好的各种学科上面了，结果却没有什么成效。法布尔从口袋里掏出一个放大镜，回答他说："把你的精力集中到一个焦点上试试，就像这个凸透镜一样。"

（3）将兴趣与行动结合起来。

古人说："锲而不舍，金石可镂。"有兴趣还要有行动，并且要持之以恒。我国古代著名地理学家徐霞客将他十分热爱的地理专业作为终生奋斗的目标。他长年跋涉于奇山秀水之间，在考察途中，同去的3个同伴有2个半途而废，还有1个病逝了，而他自己也受了伤。在"西望有山生死共，东瞻无侣去来难"的绝境中，他没有气馁，没有退缩，而是坚持继续前进，最终创作出《徐霞客游记》。

（4）要"好奇"不要"猎奇"。

好奇表现出求知的渴望，目的是探索事物的奥秘和创新。伟大的发明家爱迪生说过："我的人生哲学是工作，我要揭示大自然的奥秘，并以此为人类造福。我们在世的短暂一生中，我不知道还有什么比这种服务更好的了。"我们活在世上，在享受他人的发明给我们带来的巨大方便的同时，也要乐于用自己的发明为他人服务。好奇正是求知、创新、发明的起点。好奇有明确的目的性，而猎奇却与此相反，它仅是为了找寻奇异的事物而费尽心思，不是为了探索事物的奥秘，更不是为了创新。对于大学生而言应该有"好奇"，"猎奇"则不可取。

2. 培养高尚的情操

培养高尚的情操需要做到以下6个方面。

（1）加强学习，提高认识水平。

情感的倾向性、深度、稳固性、效能离不开人对生活的基本态度，离不开人的理想和信仰。只有树立了生活理想，确定了奋斗目标，人的情感才会有明确的方向，才会有可靠的精神支柱。理想的树立、人生观的形成都是以认识为基础的，所以，大学生应当通过学习提高认识水平，以科学知识为指导，培养健康向上的积极情感。

（2）积极参加校内外的实践活动。

情感并不是无端产生的，由"感"而生"情"，生活中的各种实践都是人的情感来源。大学生应当自觉、积极地与同学交往和合作，在相互的学习、接触和生活中共同体验幸福与欢乐，分担痛苦和忧愁。在社会交往和集体生活中，大学生要学会并体会怎样更好地与他人互相关心、互相友爱、互相激励，从而更加热爱生活、热爱人民、热爱社会。因此，大学生应该在学习、生活中表现出极大的热情和参与意识，从而使自己的情感世界丰富而健康。

（3）欣赏文学艺术作品。

文学艺术作品能引起人的想象和联想，从而激发人的丰富情感。大千世界如此广阔，对于大学生而言，是不可能事事都亲身经历的，而古今中外的文学作品却能带领大学生走遍上下几千年，纵横数万里，极大地补充和完善大学生的情感世界。优秀的小说能深深打动读者的心，令读者随之欣喜或叹息；音乐欣赏对人的情感有独特的陶冶功能，它以流动的音符直接作用于人的耳鼓，能引起人的情绪反应，以更加直接、真切、生动的形式激发人的多种情感。总之，文学、绘画、音乐等艺术对人的作用是潜移默化的，其影响力持久而深远。大学生应当有意识地多接触优秀的文艺作品，例如读小说、诵诗歌、看画展、听音乐等，从中接受有益的感染和熏陶。

（4）通过接触大自然进行情感调节。

常常领略、观赏大自然的美景，感受大自然中起伏的山峦、奔腾的河流、辽阔的天空、深沉的大海、苍翠的树林、碧绿的原野，感受日月星辰、花鸟虫鱼的生命律动，会令人更加热爱生活，使人易于调整那些不利于自身发展的消极情感，并能以饱满的热情和信心重新投入学习与生活之中。

（5）学会体察。

学会体察负面情绪，然后再用正面的方法调整心态，这样就会生出并保持良好的状态。

内心浮躁妄动的时候，我们会感觉到性情不安静、不安逸，随着心念妄动的逐渐增大，精神就会变得愈来愈困顿萎靡，这说明内在负面的情绪已经产生了，再不想办法修正，痛苦就会令人无法自拔。发现情绪有这样的波动后，应该马上采取方法调整，使心性沉静下来。随着心灵趋向宁静，心情就会安逸、悠闲，逐渐摆脱压力和痛苦，感受到平静的安乐。

想要保有心灵的宁静和安逸，一定要知道让心不宁静和不安逸的原因，这样才能真正懂得修正内心。例如，一心追逐外物，意志就会被改变、转移，由于不懂得放手，执着就会使我们感受到痛苦。发现这个问题后，只需守住做人的善性，心志就能够被充满，意志就不会被转移、改变了。那么，在心保有善性的当下，心灵的宁静和安逸就会持续下去。

（6）寻求适当的心理咨询。

心理咨询有助于人调整和控制情感。大学生可通过阅读有关心理调节与指导方面的图书，或与教师、家长、同学交流切磋，学习一些心理调节的方法或接受定期的心理咨询，使自己的情感积极、健康地发展。

3. 培养良好的情绪

培养良好情绪的途径有很多，每个大学生都可以通过自己的努力实现。

（1）树立正确的人生观。

一个人如果能够树立正确的人生观，就会对人生充满信心，并能保持乐观精神，情绪也会变得积极而稳定。那么，无论遇到什么困难和挫折，都能以积极、乐观的心态勇敢面对，对生活和前途充满信心和希望。

（2）开阔胸怀。

一个人胸怀宽广、顾全大局、体谅大家，就不会因为一些小事而陷入无穷的尴尬和莫名的痛苦中。如果再加强学习和修养，就会“心底无私天地宽”，不会为不良情绪所左右。

（3）热爱生活。

对生活缺乏兴趣的人，生活上往往缺乏寄托，容易朝三暮四，这样的人也很容易陷入自卑、失落等不良的情绪状态，生活的天地也会越走越狭隘。相反，如果对生活充满兴趣，情绪自然是健康而稳定的。因此，大学生在学习过程中，应不断培养自己的直接兴趣与间接兴趣，如果把学习当成一件有趣的事，就不会因为学习中遇到挫折而感到烦闷。大学生要多参加课外活动，增加生活的色彩，使自己的生活充满积极和愉快的情绪，有时间就和朋友多联系，使自己愉快的同时也能培养和朋友之间的感情。

（4）建立良好的人际关系。

良好的人际关系能满足人对安全感和归属感的需要，能使人情绪稳定、精神愉悦，有利于身心健康；反之，人际关系紧张则会引发不愉快的情绪反应，造成悲观、失意。协调的人际关系会营造一个和谐、融洽的气氛，这种气氛反过来会促进人情绪的稳定。

（5）积极锻炼身体。

合理安排课余时间和作息时间，保持适当的睡眠，有利于培养良好的情绪。

总之，保持良好、健康、积极而稳定的情绪最关键的是靠自己：不要患得患失，不要想入非非，不要有过高的奢望；要容忍、体谅，要认识到世界上没有十全十美的人和事；要直率、坦诚、畅所欲言，从而消除心理压力；不要过分自责，不要自伤、自怜。

4. 培养良好的个性

大学生要培养良好的个性，应当注意做到以下5点。

① 对生活充满信心，努力保持乐观的态度，微笑面对生活，心态积极向上。

② 培养广泛的兴趣爱好，在兴趣爱好中陶冶性情，提高修养，养成温和、不骄不躁的性情。

③ 与人和谐相处，善于与人交往，在交往中严格要求自我，努力做到互相尊敬、互相体谅，做到平易近人。

④ 不断地读书学习。虽然人的性格是无法改变的，但是通过学习、读书，大学生可以使自己的性格更加完善。

⑤ 树立远大理想，从小事做起。大学生要有理想，但不能只是空想，还要脚踏实地从小事做起，在小事中渐渐积累能力，最终实现理想。

5. 培养坚强的意志

大学生要培养坚强的意志，应该从以下6个方面入手。

① 约束自己去做自己不愿意做的事。先做自己不愿意做的事，才有更大的可能性去做自己愿意做的事，这就像小时候父母对我们的规定：吃完饭以后才能去看电视，没吃完饭就看电视是不行的。

② 尽量把每一件小事做好。只有习惯于做好小事，才可能把大事做好、做完美。比如，扫地就要把桌子底下、窗底下也打扫得干干净净。

③ 每天坚持读一篇有意义的文章。这里说的文章不是所谓“鸡汤文”，而是有意义的、有丰富知识的文章。它或许无法给人带来一时的快乐，但却能培养人的意志力。比如，每天读一篇英文文章，那么英语成绩就会有所提高。

④ 每天坚持体育锻炼。可以跑步，也可以爬楼梯，但必须有一个标准且每天必须完成。坚持下来，一定会心情好、精神佳、身体棒。

⑤ 每天坚持主动同他人打招呼并微笑。这个培养意志力的方法很简单，也很有效果。主动打招呼会提高自己的亲切感，也是提高自信心的一种有效方法，微笑也是如此。

⑥ 控制情绪和欲望。在经过以上几个方面的培养后，相信你会成为一个小有意志力的大学生。接下来，你应该去培养最难的一项——控制情绪和欲望，这很难，但对自己的帮助也很大。

（三）培养健康心理的策略

1. 保持平常心态，量力而行，确定适合自己的奋斗目标

大学生要保持平常心态，对自己的能力做出客观的评价，确定适合自己的奋斗目标并付诸实践，最终实现自己设定的目标。正如许多成功人士在接受记者采访时所说，因为自己是一个普通人，所以仍要保持“平常心态”，这样就不会被胜利和鲜花冲昏头脑，才能够继续苦练，再创佳绩。保持平常心态对于大学生保护自己少受挫折及充分发挥才能是有益的。在获得成功的过程中，不但个人的需求得以满足，个人的价值得以体现，而且个人的信心也得到巩固和加强，这使大学生的心理机制处于良好的竞技状态，更使其能力得到了锻炼和提高，从而为追求下一个奋斗目标奠定了坚实的基础。相反，如果大学生仅凭良好的愿望和热情，盲目、过高地确定自己的奋斗目标，那么目标不但不能实现，而且会使自己的心理遭受打击，增加挫折体验，结果不但白白耗费精力和时间，而且也给自己的自信心造成了不良影响，影响今后健康心理的发展。所以，大学生在确立奋斗目标时，一定要量力而行，目标一定要在自己力所能及的范围内。

2. 不盲目竞争，避免过度紧张

每一个心理正常的人，几乎都有自尊心和荣誉感，都渴望自己在集体中有一席之地，受人尊重甚至被人仰慕。但由于每个人的优势、劣势不同，能力又有限，盲目、过多地和他人竞争往往容易给自己造成挫折和打击，在心理上承受过大的压力和过度的紧张，从而给身心健康带来不良影响。所以，在和他人竞争时，大学生一定要有选择地侧重于参与那些有意义、对自己有帮助的竞争，要注意发挥自己的优势，千万别做无谓的竞争。

3. 融入集体，参加社会活动，扩大人际交往范围

大学生要融入集体。在集体中，大学生既能和同学们一起进行思想的沟通和情感的交流，从中得到启发、疏导和帮助，又可以通过积极的社会活动扩大人际交往范围，建立良好的人际关系，使自己感受到充分的安全感、被信任感和激励感，最大限度地减少心理危机感，这也是维护和保持心理健康最基本、最重要的因素之一。一个离群索居、孤芳自赏、生活在社会群体之外的人，几乎是不可能心理健康的。

大学生的兴趣除专业学习以外，还主要表现在参加各类学生社团活动、参加各类体育运动、读书、听音乐、旅游、交友、欣赏影视作品、绘画、收藏等方面。大学生参加这些活动有助于放松身心，消除疲劳，保持健康；有助于陶冶情操，净化心灵；有助于开拓眼界，锻炼能力；有助于拓展知识，提高效率；有助于发展个性，完善人格。

4. 调控情绪，保持心理平衡

大学生在困难面前要有意识、自觉地控制自己，要有矢志不渝的顽强意志，要有面对挫折的勇气、决心和毅力，只有这样，才能克服困难、渡过难关。要做到这一点，其中一个重要的方法就是培养愉快、知足、振奋、开朗的“正性情绪”。在学习和生活中，遇到不愉快或烦闷的事情，情绪出现波动或不稳时，大学生应运用心理学知识，寻找方法调控自己的情绪，保持心理平衡。大学生要学会自我调节，转换心情，有效宣泄；要学会求助他人，向他人倾诉。

第三节 走出心灵孤岛，塑造健全人格

人格是个体心理特征的核心部分，对大学生身心健康有很大的影响。大学阶段是人格发展和完善的重要时期，在这一时期，大学生关注自己的人格发展，表现出强烈的自尊心，自我意识强，重视维护自己的人格尊严。然而，大学生对如何塑造健全的人格存在许多困惑甚至误区。例如，有些大学生认为的体现个性就是要与众不同、无拘无束，表现得

自由散漫；有些大学生则认为体现个性就是追求时髦，穿奇装异服，不加区分地抛弃传统等。因此，校园里有不少很有“个性”的大学生“以自我为中心”，对学校的规章制度非常抵触，疏离集体，与同学、班级关系也不协调，这不仅影响人格的健全发展，还会影响自身的身心健康。

一、健全人格的特征

要塑造健全的人格，首先必须了解什么是人格。

（一）人格的含义

人格是个相当宽泛的概念，广泛运用于社会学、法学、伦理学、心理学等众多学科，但各学科中“人格”的含义各不相同。这里所讲的人格是从心理学角度来说的，与“个性”的含义相同，指的是一个人在漫长的人生历程中逐渐形成、表现稳定、持续的心理特点，包括需要、气质、性格、能力等。也就是说，人格是由现实生活中独特的个人因社会化获得的具有内在统一性和相对稳定的个人特质结构，是人的思想和行为的综合。对此，可以从以下5个方面加以理解。

1. 人格具有全面性

人格不是对人的某一方面的描述，而是对人整体的描述，反映了人的整体性。其既包含人的内在品质，又包含人的外在行为实践，具有表里一致性。

2. 人格具有相对稳定性

人格的内在品质和行为具有相对稳定性。

3. 人格具有鲜明的特色

人格是个人的独特结构，具有复杂的内部组织，其赋予人的言行特色，使一个人成为有别于他人的独特个体。

4. 人格具有内部动力性

人格结构不只是一个素质结构，更是一个动力结构。它具有能量，决定人的动机和行为，是人行为实践的推动力量，也是人在行为实践中遭受挫折、产生疾病的内在原因。

5. 人格是社会化的结果

人格是人在社会生活中不断吸收社会思想和行为规范的结果。人格的形成和变化过程就是人的社会化过程。

（二）人格在人生发展中的作用

健全的人格对个人发展及社会发展都具有积极的意义，主要表现在以下3个方面。

1. 人格决定人生命运

人格对个人发展具有决定性影响。一个人选择什么样的人格模式，将会决定他的命运。同样，大学生如果选择了正确的人格模式，就容易走向成功。在文化多元化和社会急剧变革的今天，大学生只有选择了适应时代需要的人格模式，才更容易获得美好的现在和光明的未来。

2. 人格影响身心健康

人格是人的心理行为的基础，人的心理行为是人格与环境相互作用的结果。人对客观世界的不同反应都打上了人格的烙印。人格在很大程度上决定了人如何对外界的刺激做出反应及反应的方向、程度、效果，因而人格会影响一个人的身心健康及对外界的适应状况。

医学研究发现，许多身心疾病都有相应的人格特征模式，这种人格特征在疾病的发生、发展过程中起到了生成、促进、催化的作用。

讲究人格心理卫生并不仅仅是为了预防疾病，更重要的是要发挥积极人格的作用，增强人的社会适应能力，促进人格的健全和完善，进而促进社会的文明和发展。现实生活中，一个开朗、热情、善于交际、为人诚恳的人，往往较容易得到团体和他人的接纳、欢迎与帮助，容易创造一个和谐的环境，从而有利于自己的心情愉悦，有利于施展才华。大学新生入学后的适应状况及大学毕业后的社会适应状况，往往是一个人人格综合素质的反映。

3. 病态人格害人害己

病态人格又称变态心理，是一种人格发展的内在不协调或偏离正常人格的现象。病态人格的人外表与正常人并无两样，完全能够处理生活和工作，但在情绪和行为活动方面存在明显障碍，比如情绪极不稳定，对人感情淡漠甚至冷酷无情，行为极易受到偶然动机或本能欲望的支配，缺乏自制力和理智，行为表现过分幼稚或过分冲动。病态人格的人在现实社会中极为少见，他们中的某些人会给他人和社会造成无法估量的危害。

（三）人格的特征

人格具有独特性、稳定性、综合性和功能性的特征。

1. 独特性

每个人都有自己的独特性，即使是同卵双生子甚至连体婴儿，也同样有自己个性的独特性。个体的人格是在遗传、环境、教育等先天和后天环境的交互作用下形成的。不同的基因、教育及环境，形成了人各自不同的心理特点，人们经常所说的“人心不同，各如其面”就是这个意思。有的人开放自然，有的人顽固保守，有的人沉默寡言，有的人豪爽，有的人谨慎……环境会使某一人格品质在不同的人身上表现出不同的含义。例如，独立性这一人格特质，对于在缺乏父母爱护的家庭中成长的孩子，独立带有靠自己努力的含义；而对于在一个民主型家庭中成长的孩子，独立则是健全人格培养的重要部分。

2. 稳定性

人格的稳定性是指那些经常表现出来的特点，是人一贯的行为方式的总和。一旦形成某种个性，这种个性包括它的组成部分，都具有相对的稳定性，正如人们所说的“江山易改，本性难移”。一个人的某种人格特质一旦稳定下来，要改变是很困难的。这种稳定性还表现为不同时空的一致性。例如，一个性格外向的大学生，他不仅在家庭中非常活跃，在班级活动中也表现出积极、主动的一面，在教师面前照样也能坦然地表现自己；不仅大学期间如此，即使毕业若干年后，这个特质一般情况下也依旧不变。

3. 综合性

人是极其复杂的，人的行为表现出多元性、多层次的特点，各种人格结构的组合千变万化，因而使人格表现得异彩纷呈。在每个人的人格世界里，各种人格特征是依据一定的内容、秩序与规则有机组合起来的动力系统。人格的有机结构具有内在一致性，受自我意识的调控。当一个人的人格结构的各方面彼此和谐一致时，就会呈现出健全的人格特征，否则就会出现各种心理冲突，导致“人格分裂”。

4. 功能性

“性格决定命运”，人格决定了一个人的生活方式，甚至一个人的命运。人们经常使用人格特征来解释人的言行及事件发生的原因：面对挫折与失败，有的人会认真总结经验教训，在失败之后重建人生的辉煌；有的人则一蹶不振，失去了奋斗的目标。当人格功能发挥正常时，它支配人的生活，使人表现为健康有力；当人格功能发挥失调时，人可能就会表现出懦弱、无力与失控。

（四）健全的人格

综上所述，健全的人格包括以下12点。

健全人格者的特征

① 具有积极健康的主体意识，能自我尊重，且有能力。

② 正确了解、认识、评价自己，并能自我承认和接受这种评价。

③ 具有较强的自主性、独立性、能动性和创造性。

④ 具有较强的开放性，能充分接受大量的信息。

⑤ 具备较强的适应能力与应变能力。

⑥ 具备较强的交往能力和良好的人际关系。

⑦ 在关注自我的同时，关注社会生活、自然和他人，有较强的爱心和同情心，对人类怀有一种很深的认同、同情和爱。

⑧ 不迷信自我，不迷信权威，有较强的判断能力和鉴别能力，能较理智地分析问题；不感情用事，能接受不同的观点，能接受科学、客观、正确的意见和建议。

⑨ 探寻精神生活，不过分看重物质利益。在世界越来越市场化的21世纪，人们追求经济效益，追求物质享受和感官刺激，对物质的膜拜造成了某些人个人追求的表层化和浅层化。越是在这样的时代，越要探寻精神生活，不过分沉溺于物质。

⑩ 思路开阔，关注的空间、地域、范围扩大，不局限于个人、集团、家国，而是扩大到整个社会生活、自然世界，把地球当作人类共同的家园加以关爱。这个特征同第七个特征相结合，进一步拓宽了人们的视野，使人心胸更加开阔。

⑪ 初步掌握成人应具备的较广的知识面和较大的信息量，掌握有关的工作技能，并且有承担义务的责任心和对工作的奉献精神。

⑫ 以一往无前的态度面向未来，能有所侧重地看待过去、现在与未来。健全的人格使人承继过去，看重现实，放眼未来，能明确地意识到生活是不断前进的，人生追求的方向应该适宜未来的目标和任务，并用未来的希望激励和引导现实生活。

二、大学生常见的人格缺陷

这里所说的人格缺陷是介于健全人格与病态人格之间的一种人格状态，表现为人格发展的不良倾向。在大学生心理咨询中，发现有相当一部分学生存在不同程度的人格缺陷，常见的人格缺陷有自卑、怯懦、懒惰、拖拉、粗心、鲁莽、急躁、悲观、孤僻、多疑、抑郁、狭隘、冷漠、被动、骄傲、虚荣、焦虑、无聊、害羞、以自我为中心、敌对、冲动、脆弱等。在此，简要分析部分人格缺陷及其调整方法。

（一）自卑

自卑是对自己不满、鄙视、否定的情感。进入大学后，有些大学生发现“山外有山，人外有人”，尤其是当自己在学习、社交、文体等方面显示出某些不足时，就会陷入怀疑、否定之中，从而产生自卑心理。因此，自卑往往是自尊心受挫的结果，过度的自卑往往又通过过度的自尊表现出来。有些大学生敏感、脆弱、经不起批评，原因就在于此。

如何才能走出自卑的阴影呢？对于大学生来说，首先要正确地认识自己，悦纳自己，要知道“寸有所长，尺有所短”，不要因为自己的短处而自卑；其次，大学生要进行自信心的磨炼，将目标定得切合实际，多积累成功的愉悦体验；最后，大学生要确立合理的评价参照体系和立足点，选择适合自己的评价标准。理性的比较方式是多与自己做纵向比较，而不是一味地与别人做横向比较，只要有了足够的自信心，自卑感就会悄然而退。

（二）怯懦

怯懦主要表现为缺乏勇气和信心，害怕可能面临的困难和挫折，在挫折、困难面前常常表现为知难而退、不战而败。有些大学生以往的经历一帆风顺，因而特别害怕失败，“只能成功，不能失败”的非理性意念是造成一些大学生怯懦的认知因素。

有些大学生由于怯懦，不敢与人讲话，不敢露面，也不敢表明自己的态度，甚至不敢向教师提问题；有些大学生由于软弱，不敢承担风险，不敢承担责任，不敢同坏人坏事作斗争，不敢坚持自己的正确观点。

怯懦会让人失去很多成功的机会，积极迎接挑战、争做生活的强者才是明智的选择。改变怯懦的最好办法就是要敢于抓住机遇，积极锻炼，不怕失败，不怕丢面子，不怕担子重，多给自己一些鼓励，渐渐把“不敢”从自己的字典中永久删除。

（三）懒惰

大学生本应是充满朝气、开拓进取的群体，但事实并不总是如此。懒惰是一些大学生为之苦恼并难以克服的一种人格发展缺陷，是意志活动无力的表现，也是影响大学生积极进取、张扬青春活力的天敌。

处于懒惰状态的大学生常因此感到内疚、自责、后悔，但又无法自拔，心有余而力不足，这往往是大学生眼高手低、缺乏毅力所致。大学生应该充分认识到懒惰的危害性，自己对自己负责，振奋精神“起而行之”，从日常小事做起，不给自己找借口，不原谅自己的偷懒行为，力争今日事今日毕，多与人交往，多关注外部世界，多参加有益身心健康的活动。

（四）狭隘

凡事斤斤计较、耿耿于怀、好嫉妒、好挑剔、容不得他人等都是心胸狭隘的表现，也就是人们常说的“气量小”。心胸狭隘往往影响人际关系，伤害他人感情，还常常会给自己带来忧愁、烦恼，影响自己的情绪和在他人心目中的形象，于人于己有百害而无一利。狭隘人格多见于内向型学生。

克服狭隘，一要心胸坦荡，一切向前看；二要开阔视野，一个人的视野越开阔，就越不会陷入狭隘之中；三要学会宽容，宽以待人。

（五）拖拉

拖拉是一些大学生的通病。拖拉是指对可以及时完成的事不及时完成，今天推明天，明天推后天。导致拖拉的心理原因，一是逃避困难，二是目标不明确，三是惰性。拖拉一方面耽误学习、工作，另一方面并没有使人因此轻松，反而会导致心理压力，引起焦虑，贻误时机。

要想改变拖拉，大学生首先要充分认识其危害性，找到拖拉的原因，下定决心改变；其次，要科学安排时间，凡事有轻重缓急，要一件一件地完成，还要讲究科学的学习和工作方法；再次，要敢于做难事，完成必须完成的事后会有一种如释重负的感觉，会产生欣喜感、满足感、成就感。

（六）虚荣

人普遍存在一定的虚荣心，这是正常的，但是虚荣心一旦过度，就会有害无益。

虚荣心往往同自尊心和自卑感联系在一起，没有自尊心，就没有虚荣心，而没有自卑感，也就不需要用虚荣心表现自尊心，所以说虚荣心是自尊心和自卑感的混合体。虚荣心强的大学生一般性格内向、情感脆弱、多愁善感，虽然自惭形秽，却又害怕别人伤害自己的尊严，过分在意别人的评论与批评，与人交往时总有一种防御心理，常千方百计地提高自己的形象来捍卫脆弱、虚假的自我，却无暇丰富和壮大真实的自我。

要防止或改变过强的虚荣心，大学生首先要对其危害有清醒的认识，并有勇气、有信心改变自己；其次，应当努力认识自己，了解自己的长处与短处，扬长避短；再次，要树立自信和健康的荣誉心，正确表现自己，不卑不亢；最后，不为外界的议论左右，正确对待个人得失。

（七）无聊

无聊的主要特点是空虚、幻想、被动，感觉不到自我存在的价值和人生的意义，其核心在于没有确立合适的人生目标。空虚是因为没有目标或目标太低，人一旦失去目标的牵引，生活就没有了动力。幻想是目标定位不明或者目标太多而导致的心理负担，其实质是对责任的恐惧。被动是由于目标不是自己内心的渴望，没有获得内心的认同，只是为学习而学习，为考试而考试，疲于应付，学习、生活中缺乏主动性和创造性。想要克服无聊心态，根本的方法是树立恰当的人生目标，并在人生目标的指引下实现自己的人生价值。

（八）以自我为中心

随着自我意识的发展，大学生越来越关注自我，尤其是那些有较强自尊心、自信心、优越感、独立感的学生，他们更容易出现以自我为中心的倾向。当这种倾向与一些不健康的思想意识（如个人主义、自私自利思想）和心理特征（如过强的自尊心、“唯我独尊”思想等）结合时，就会表现出过分的、扭曲的自我中心思想，以自我为中心想问题、做事情，不能设身处地进行客观思考，不允许别人批评。这类人往往见好事就上，见困难就让，有错误就推，总认为自己是对的，别人是错的，因此很难赢得别人的好感，人际关系常常不和谐。

想要克服以自我为中心，大学生应该注意以下几个方面：第一，树立健康的人生观，自觉地将自己和他人、集体结合起来，跨出自己的小天地；第二，正确、客观地评价自己，既不低估自己，也不高估自己，不妄自菲薄或自高自大；第三，尊重他人，赢得友谊；第四，将心比心，关爱他人，学会换位思考，尽量做到“我爱人人，人人爱我”。

（九）害羞

害羞在大学生中并不少见。比如有的大学生不敢在公众场合发表意见，害怕与陌生人打交道，路上见到异性同学会手足无措，见到教师会难为情，当众说话感到紧张等。

害羞之心人皆有之，但过分的害羞是一个人自我防御心理过强的结果，过分害羞的人常常过于胆小被动，过于谨小慎微，过于关注自己，自信心不足。他们特别注意自己在别人心目中的形象，总觉得自己时时处在众目睽睽之下，于是敏感拘束，做一件事总要左思右想，为此搞得神经紧张，坐立不安，常会出现压抑、孤独、焦虑等不良的心理状态，此时需要通过有意识的调节改变。

1. 增强自信心

许多害羞者在知识才能和仪表方面并不比别人差。美国心理学家可奇和利布曼的一项研究结果表明，一些害羞的女大学生自以为长得不美，但不相识的男生凭照片都认为她们与那些社交活跃的女生一样美丽动人。因此，大学生要正确地评价自己，多看到自己的长处。

2. 放下思想包袱

不要过于计较别人的议论，每个人都会说错话、做错事，这并没有什么大不了的，因为没有完美的人和事。放下思想包袱会使自己变得更洒脱。

3. 有意识地锻炼自己

胆量和能力都是锻炼的结果，要敢于说第一句话，敢于迈出第一步。上课、开会时尽量坐在前排；走路时抬头挺胸，把速度提高1/4；主动大胆地和别人交流，与人说话时正视对方的眼睛；高兴时开怀大笑；等等。

（十）抑郁

抑郁是大学生常见的情绪困扰，是一种因感到无力应付外界压力而产生的消极情绪，常伴有厌恶、痛苦、羞愧、自卑等情绪体验。抑郁人皆有之，对于大多数人来说，抑郁只是偶尔出现，且很快消失；但那些性格内向、多疑多虑、不爱交际、生活中有遭遇意外挫折经历的人更容易长期处于抑郁状态，甚至患上抑郁症。

大学生抑郁的主要表现是，情绪低落、思维迟缓、兴趣丧失、缺乏活力、干什么都打不起精神。抑郁在低年级大学生中更为普遍，所谓“周末综合征”在很大程度上就是抑郁。

要避免抑郁或尽快从抑郁中解脱出来，大学生就需要正确地评价自己，看清自己的长处，建立自尊心，增强自信心；调整认知方式，建立理性认知，不用非黑即白的思维看待事物；扩大人际交往范围，多与人沟通，多交朋友。如果抑郁情绪较严重，大学生应寻求外界帮助。

三、大学生塑造健全人格的途径

当代大学生应以人格健全为基础，努力寻找塑造健全人格之路，不断提升自己的人格素质，培养健全的人格。

（一）认识自我，优化人格整合

认识自我是改变自我的开始。为了有效地进行人格塑造，大学生应该充分地认识自己的人格状况，深刻理解、明确人格塑造的内容、途径和方法。人格整合的基本含义是，随着个体心理的成熟，人格的各个方面逐渐由最初的各不相关，发展到和谐一致状态的过程。优化人格整合，一要择优，二要汰劣。择优即选择优良的人格特征（如自信、勇敢、勤奋、坚毅、善良、正直等）作为自己努力的目标；汰劣就是针对自己人格上的缺点、弱点（如自卑、胆怯、抑郁、冷漠、懒惰、任性、以自我为中心等）予以纠正。

（二）努力学习科学文化知识

瑞士心理学家荣格有句名言：“文化的最后成果是人格。”培根也有句名言：“知识就是力量。”学习科学文化知识、增长智慧的过程也是优化人格整合的过程，人格缺陷大多数是始于无知，无知容易使人自卑、粗鲁，而丰富的知识使人坚强、自信、理智。

各学科的全面发展是人格健全发展的智力基础，有了这个智力基础，人格的发展速度和质量才会得到保证。大学生理应做到科学与人文并重。

（三）积极参加实践活动，从小事做起

实践是人格发展的必由之路。无论是知识的获取、能力的形成还是毅力的磨炼，都离不开实践。一个人的勤奋、坚韧、乐观、细致等健全的人格特征是长期实践锻炼的结果，大学生应积极参加青年志愿者服务等各种有益身心健康的实践活动。

一个人的一言一行往往是人格的外化，而日常言行积淀成为习惯后就形成人格，比如，个人刷牙、洗衣服等习惯就反映了其“清洁”这一特质。因此，大学生应从眼前的小事做起，将无数良好的小事“聚沙成塔”，最终构建成优良的人格大厦。

（四）融入集体，发展良好的人际关系

人格发展、塑造的过程是个体实现社会化的过程。集体是人格塑造的土壤，通过与集体的交往，能够实现人格建构的择优汰劣。人格是在行为中表现出来的，健全的人格只有在与人的交往中才能体现出来。塑造健全人格，必须发展良好的人际关系，如尊重社会习俗、关心他人的需要、真诚地赞美他人、不做无建设性的批评、多与他人沟通意见、保持自尊和独立等。

（五）锻炼身体，强健体魄

人格发展的过程是体质、智力因素与心理因素协同作用、相互促进的过程，健康的体质是人格健康发展的物质基础。拖拉、懒惰、急躁、怯懦等人格缺陷与不坚持体育锻炼明显相关。

（六）防止“过犹不及”

人格塑造应把握好辩证法，掌握好“度”，否则就会“过犹不及”，适得其反。大学生应该做到自信而不自负，自谦而不自卑，勇敢而不鲁莽，果断而不冒失，稳重而不犹豫，谨慎而不怯懦，豪放而不粗俗，好强而不逞强，活泼而不轻浮，机敏而不多疑，忠厚而不愚昧，干练而不世故，等等。此外，不同的人格特质要协调发展、刚柔相济，让人格更有韧性。

（七）乐观向上的生活态度

积极的人生态度是人类在社会实践中获得本质力量的表现。乐观的人常常能看到生活的光明面，对前途充满希望和信心，对自己从事的工作或学习的知识抱有浓厚的兴趣，并在其中发挥自身的智慧和能力，即使遇到困难和挫折，也能不畏艰险、勇于拼搏。

第七章　自我管理，有序从容

内容导入

我们常常会发现这样的问题：同在一所大学、同学一个专业、同在一个教室上课，有的同学成绩非常好，有的同学的成绩却非常差。这是为什么呢？经过对多所高校的学生进行调查和现场观察发现，绝大多数学习成绩差的大学生都缺乏自我管理。那么什么是自我管理？大学生应该如何进行自我管理呢？

自我管理又称为自我控制，是指利用个人内在力量改变行为的策略，普遍运用在减少不良行为与增加好的行为方面。自我管理注重的是一个人的自我教导及约束的力量，即行为的制约是通过内控的力量（自己），而非传统的外控力量（教师、家长）。

对于不同的人，自我管理的范围和内容有所不同。大学生自我管理能力不仅包括严格要求自己、遵守学校的规章制度、按时上下课、认真听讲、及时完成作业，还包括对自己的大学生活和学习进行规划，制订长远的奋斗目标、充分调动自身的主观能动性与卓有成效地利用和整合自身的资源（时间、信息、身体、价值观等）而开展的自我认识、自我计划、自我激励、自我约束、自我控制，以促进自我发展的一系列管理过程。

大学生自我管理的方法，按照自我管理的约束程度，可分为强制性管理和缓和性管理，过多的强制易使学生失去兴趣、挫伤创造力，缓和性管理易使学生自由散漫，因而需两者结合。

第一节　时间管理

所谓时间管理，是指在同样的时间消耗情况下，为提高时间的利用率和有效率而对时间进行的合理计划与控制、安排与应用的自我管理，从而实现个人或组织的既定目标的过程。时间管理并不是把所有的事情做完，而是如何减少时间浪费；时间管理的对象不是时间，而是面对时间如何进行自我管理。

一、时间管理概述

时间管理

大学生的时间管理行为是一个包含想法、行动和控制的整合过程。时间管理意识是指大学生对时间的敏感性，以及主动管理时间、安排生活的自觉性。时间管理规划是时间管理的核心内容，包括大学生设置目标、计划时间的优先次序及时间分配等行为。时间管理行为控制是指大学生对自身的控制，如对内外干扰的控制、对习惯的控制、对坚持性的控制及对条理性的控制。

二、大学生时间管理的不足

大学，是青春绽放的地方，我们一生中最美的时光都交付给了它。在精彩的大学生活里，合理的时间管理有着不可忽视的作用。合理的时间管理可以助我们成长、成功，而那些不会时间管理的学生则会在毕业后感叹自己什么也没有学到。

中国高等教育有一个特征，那就是严进宽出，这种方法原则上比较合理，能够给予大学生更多的自我空间。但是中学阶段的强压式教育，使他们几乎没有自我管理的机会，加之家庭教育的局限，大学生一旦拥有绝对的自主权，不免产生各类问题。大学生时间管理中存在的不足，具体表现在以下几个方面。

（一）时间价值感的深度不足

大学生时间价值感是其对成长价值的稳定认识、态度和观念，直接影响时间监控度和效能。大部分大学生有一定的时间价值感，知道时间与自身发展的关系，也能意识到时间的有限，但能够做到深入思考的人却很少，多数局限在教条式的认识，在提高思维水平、知识储备及自我实现等方面缺少必要的实践。

（二）时间监控度弱

大学生时间监控度主要体现在目标的设置、计划的拟订、优先级别的安排、时间的利用等外在行为上，无法系统有序地执行子项目，造成个体时间监控上的薄弱。

1. 思考缺乏理性与主动性

脱离了父母的严格管束，没有了老师的具体要求，大学生对自身的时间具有较高的掌控力，合理安排时间，主动进行规划，成为大学生的必然需要。然而调查结果发现，真正能习惯性做时间计划和安排的大学生不到两成，而对时间规划缺乏理性思考的大学生近四成。尤其在时间监控的目标设定上，大学生存在根本性的认识不足和行动的缺乏。

2. 时间的分配利用不合理

时间分配上，许多大学生在学习与娱乐活动的平衡上有所偏差。

首先，大学生忽视课堂学习时间，不当行为普遍存在，睡觉、玩手机发生率高，个别学生存在逃课现象。

其次，课外学习时间不足，并且功利化。与基础教育阶段相比，大学阶段课堂讲授的内容增多、讲解减少，自修时间增加。大学生需利用课外学习消化和补充，同时发展个人兴趣、挖掘潜能。然而，目前认为应将个人时间多花在学习上的学生并不多，更多的学生认为课外学习只能占一小部分，从而导致课外学习时间明显偏少。

最后，生理时间分配缺乏规律。个体睡眠不足或无规律，会出现注意力不集中，处理问题的灵活性、敏感性下降的现象，久而久之，会出现记忆力减退、生理免疫功能降低，甚至滋生心理疾病。学习是一项高强度的脑力劳动，对于大学生来说更是如此，充实而规律的休息是必要的，然而实际上大学生休闲时间挤占休息时间的情况较普遍，看电视剧、玩游戏、上网是晚睡的主要原因。生理时间管理不善，对大学生的学习过程产生了较大的影响，那些在课堂上打瞌睡的学生基本上都是因为睡眠不足，长此以往，会出现记忆力减退等神经衰弱现象。

3. 大学生时间效能低

大学生时间效能是制约时间监控的一个重要因素。虽然多数大学生都觉得能够管理好时间，但是实际执行中却事与愿违，仅少数学生能严格按照计划执行。对于无法按计划行事的原因，多数学生不会主动检讨、总结，而是忙于找各种理由，仅仅口头重视，具体实际行动严重滞后、缺乏落实，直接导致时间管理效能的降低。

三、有效管理时间的意义

时间管理大致应遵循以下三个原则。

第一，积极能动原则，即主动选择和确立自己的人生价值。

第二，计划控制原则，即根据个人或组织的目标和使命合理分配时间。

第三，实践发展原则，即人们不断学习新的时间管理方法和技术，并在实践中加以运用、创造和完善。

无论哪个年级的学生，无论现在学习成绩如何，有一种资源是做任何事情都需要的，那就是时间。作为大学生，要积极重视时间管理的作用，这种积极的心态将影响你的大学生活。找到适合自己的个性化的时间管理方法需要一定的时间，而正确的观念、积极的践行是加速这个过程的必备基础。

时间管理受到许多因素的影响，比如性别、年龄、专业、学校氛围、社会环境、家庭教养方式、个人心理状况、人格特质、身份认同情况等，因此，对特定的事情或者某个人而言，能够发挥作用的时间管理方法各有不同。

四、科学管理时间的有效方法

（一）对自己的习惯做出准确评价

大学生可以通过时间日志了解自己的情况。时间日志要准确地记录每天做的事情，至少连续记录一周。记录的人通常会惊讶地发现，自己在某些活动上花费的时间比原来认为得要多，而某些重要事情占据的时间却比预想得要少。通过记录和评价，大学生能够了解自己的时间利用情况，这将帮助其明确下一步努力的方向。

（二）认真制订并执行计划

“凡事预则立，不预则废。”（《礼记·中庸》）因此，大学生应认真制订并执行书面计划，将自己要做的事情列出清单，并且一定要列书面计划。这个计划可以是日计划、周计划、月计划等。计划就是每天花一些时间规划自己的活动，哪怕仅仅是一张工作流水记录单。计划大致包括六方面内容：写下任务、估计做事的时间、留些缓冲时间给未预见的事情、确定优先顺序、简化及授权、追踪与检讨。

每个人利用时间的方法不同，产生的效果也不同。如何利用好时间，最要紧的就是计划。

①长期计划：以一个学期为单位，规划出各个月要做什么事，也可以以一学年甚至

大学四年（三年）为单位，规划出各个阶段要做什么事。

② 中期计划：以月为单位，规划出每个星期要做哪些事。

③ 短期计划：以日为单位，规划出每个阶段的作息。这一点最重要，因为每天的时间没有规划好，便不会有中期、长期的累积效果。规划每天的作息时间，要将上课、运动、自习、休息及娱乐时间一并考虑，最好能做成一张“作息表”，并按表作息，充分运用每一段时间。或许一时不适应，但久了就会形成规律，成为一种习惯。若有临时发生的“杂事”，扰乱正常作息，这时就要根据实际需要做调整。

④ “块状时间”（指较长而且完整的时间）较好规划与利用；“点状时间”（零碎时间）则容易浪费，建议用来处理生活杂务（如洗衣服、上网）。

时间若被妥善规划与利用，你会发现，一天之中做了很多事情，读了不少书，生活也因此而有充实感。若天天如此，几年下来，必有丰富的收获，而最重要的是，学会规划与利用时间，日后必受益无穷。

（三）确定适合自己的时间管理系统

大学生要全面、仔细地想清楚自己需要的是哪一种时间管理系统，并试用一段时间，验证系统的效果。时间管理系统包括需要什么、何种日志、留多大空白做记录等。有的大学生靠日志、笔记本等就可以把计划完成。大学生可以根据自己的情况量身定制适合自己的时间管理系统。

（四）找出最佳效率时间

① 高效率期。智力性工作。这个阶段适合大学生做决定、解决问题、进行团队管理等。

② 中效率期。思考型和创造性工作。这个阶段适合大学生处理备忘录中的事情，做细致规划、写作等。

③ 低效率期。常规性工作。这个阶段适合大学生做常规性的基础工作、事务性工作等。

④ 要巧干不要久干。对于大学生来说，时间是有限的，一天只有24小时，所以提高效率尤为重要。

大学生除了学习，还有其他活动，如果在课外活动上投入的时间太多，就会影响学习。大量研究结果表明，人的体力和脑力有一个由低潮到高潮、再由高潮到低潮的周期变化，如果长时间从事一种活动，会造成大脑疲劳，效率会随之下降。所以，大学生要注意提高时间效率，分配好时间，在适合的时间里做适合的事情。在连续做某事一段时间后，大学生可以换换学习或工作内容，让身心处于休息和轮流活动中，这样可以延长高效工作的时间。

⑤ 掌握关键管理策略。大学生做事情要有优先顺序，决定哪些事情必须先做，哪些事情可以延缓处理，要明确任务的等级。大学生在面对若干件事情的时候，可以根据任务的重要程度分为A类任务——非常重要的事情、B类任务——重要的事情、C类任务——不太重要的事情、D类任务——不重要的事情。根据任务类型，采取不同的解决态度。

人的精力和注意力是有限的，把重要的任务挑选出来，专心致志地完成，把时间用在更有意义的事情上。

⑥ 设置任务完成的最终期限。在学习和完成某项任务时，大学生一定要时刻谨记这项任务应在什么时间内完成，以便于做好时间规划，有适当的紧迫感。

⑦ 用好零碎时间。用零碎时间的最佳方式就是做些本来就决定在零碎时间完成的工作。比如“购买本月畅销书”“寄出同学会邀请函”等没必要归档或只发生一次的事。

第二节　情绪管理

情绪作为一种心理活动，是每个人都有的体验。情绪的长期压抑会对身心健康造成很大的影响，学会控制、调节情绪是一个人成熟的重要标志之一，也是大学生素质的重要体现。

一、认识情绪

（一）什么是情绪?

我们在每天的生活中体会着不同的情绪，情绪是一个多维度、多形态、多功能的复合体，虽然看不见摸不着，但是可以从主观体验、生理反应、外在行为三个方面来定义。

① 主观体验，是所有心理活动中最具个性的知觉和意识，是大脑的一种感受体验。个体对同一件物品或同一件事情喜爱或嫌恶的感受可能天差地别，“甲之砒霜，乙之蜜糖”。这也是情绪体验中的主观性所在，常常体现在人际交往过程中。对于同一件事或物，不同的人会产生巨大的观念差异甚至激烈的矛盾冲突，并且因为个人感受的内隐性，主观体验通常难以直观地识别和表达。

② 生理反应。情绪的产生来自大脑神经系统的反馈反应，它的产生与大脑的丘脑、海马、边缘系统密切相关，当人们主观感受到某种情绪后，又会继续增加身体内部的其他生理变化，人体的血液流动、心跳速度、肾上腺素、新陈代谢等方面会发生显著变化。在恐惧、忧伤等情绪状态中更多的是唤起人体交感神经系统，驱动人们“战斗或逃跑”；而在幸福、愉悦等情绪状态中更多地会唤起副交感神经带来平和满足的“放松反应”。

③ 外在行为。虽然大脑中神经细胞的运行看不见、摸不着，但并不代表情绪不能被捕捉，因为生活中情绪会通过个体面部表情、肢体动作、语言语调等外在行为传递出来。如迪士尼动画电影《头脑特工队》里的乐乐、忧忧、怕怕、怒怒等不同情绪漫画角色。正是这些显性与隐形的情绪信号构成了每个人丰富的心理活动、情绪感受；不同的人群聚集，汇集的情感又构成了丰富多彩的社会文化。

想象一个画面，一条巨型犬迎面扑来，你肯定感到很害怕，害怕就是你的主观感受；当你跑的时候肯定会心跳加速，上气不接下气，这是心脏和呼吸系统的生理反应，而狂奔的脚步就是具体的行动。所以情绪通常来自刺激情境所带来的系列主观感受，同时伴随心跳、血液、呼吸、肾上腺素等各种看不见的生理反应，以及面部表情、语言表达、肢体动作等各种看得见的行为反应。

（二）踢猫效应：情绪的传染性

在情绪的人际传递中，存在一种常见的“踢猫效应”。它指的是，对弱于自己或者等级低于自己的对象发泄不满情绪，而产生的连锁反应。通俗地说，一个公司的老板压力大，心情烦躁，在公司骂了员工小李。小李觉得很生气，回家跟妻子吵了一架。妻子也觉得窝火，正好儿子回家晚了，于是不分青红皂白给了儿子一耳光。儿子很委屈，就踢了自家的猫。猫冲到马路上，正好街上开来一辆车，司机为了避让猫，把旁边的小孩撞倒了。

情绪是可以传染的，甚至可能恶性循环。我们每天都不可避免地存在于不同的人际关系网络里，要有意识地觉察情绪互动中不同情绪的扰动，尤其是在情绪冲动时，需要控制情绪强度，避免升级成“暴力沟通”，甚至暴力行为；但也不应过度压抑自己，把坏情绪延伸给其他人，因为在情绪的“踢猫效应”故事中，车撞倒的最弱势的小孩，可能就是随意发泄情绪的源头——“老板本人”。

实际上，情绪的传染与人类大脑中的镜像神经元息息相关，人类会在通过镜像神经元理解他人感情的过程中，直接体验他人的情绪感受，因为镜像机制会使观察者产生同样的情绪状态。当人经历某种情绪或者看到别人表现出这种情绪时，脑岛中的镜像神经元也会活跃起来。观察者与被观察者经历同样的神经生理反应，从而启动了一种直接的体验式理解方式。例如生活中，当人们看到其他人打哈欠时，自己也会被感染，而当看到他人哈哈大笑的视频时，自己也会不由自主露出笑脸甚至发出笑声。在网络环境、社交媒体中，愤怒最容易传染，并持续引发一连串负面情绪，于是“键盘侠”很自然地对着电脑屏幕发泄各种不满和愤怒。

（三）情绪的力量

1. 情绪与进化

在人类大脑漫长的进化过程中，脑干是大脑最原始的部分，也是情绪中枢的起源。最早的哺乳动物出现后，脑干被新的神经元层包围，被称为“边缘系统”，边缘系统随后进化出人类两个强有力的工具：学习与记忆，最终又发展出最高级的大脑皮层完成计划、理解、制定决策等功能。可见，在人类进化过程中，情绪的脑进化最为久远。丰富而多变的情绪增强了人类的感受力，如很多诗人、画家、作家、音乐家艺术创作中的巨大冲击力和丰富表现力，就是源自他们内心丰富而深刻的情绪感受。

2. 情绪与行为

所有的情绪本质上都是某种行为的驱动力，是进化过程赋予人类处理各种状况的即时反应。在人类的喜、怒、哀、惧四种基本情绪中，除了神清气爽、兴高采烈等正面情绪能显著提升创造力、行动效率，实际上，焦虑恐惧等负面情绪也有正能量。人们生活中的负面情绪，常常在人们的抗拒、排斥中默默发生着潜移默化的作用。

忧伤：是一种能促进人们深层思考的情绪，能使人在独处的时间里冷静，能让人更好地从失去中获得经验，从而更珍惜拥有的一切。

愤怒：令人产生一鼓作气的力量，冲破平日受束缚的框框，从而能够克服那些原本不可逾越的障碍和困难，带来意想不到的效果。

恐惧：提高神经系统的灵敏度，可以令个人的危机意识增强，提高对生活潜在问题的警觉性，防微杜渐。

3. 情绪与健康

情绪分为积极情绪和消极情绪两大类。积极情绪对健康有益，消极情绪会影响身心健康。我国古代医书《黄帝内经》中就有喜伤心、怒伤肝、思伤脾、忧伤肺、恐伤肾之说，可见自古代起，我国医学就非常重视人的情绪与健康的关系。当人情绪变化时，往往伴随着身体的生理变化。例如，人在恐怖时，会出现瞳孔变大、口渴、出汗、脸色发白等一系列变化。这些生理变化在正常的情况下具有积极的作用，可以使身体各部分积极地动员起来，以适应外界环境变化的需要。积极的情绪能提高大脑和整个神经系统的活力，保持肌体内分泌的平衡，使体内各个器官系统的活动协调一致，有助于充分发挥整个机体的潜在能力，从而让个体精力充沛、身心健康。但过度的消极情绪，如长期的不愉快、恐惧、失望、愤怒等会使肾上腺素、皮质类固醇等内分泌激素增加，从而使人的心率加快，血管收缩、血压升高、呼吸加深、胃肠蠕动减慢等。这些不良情绪如果持续时间过长，或者长期被压抑得不到宣泄，就会使人的整个身心状态失去平衡，身体各个机能运转不协调、不畅通，久而久之，就会带来心血管系统、消化系统、内分泌系统等方面的疾病，还会引起抑郁、焦虑等方面的精神疾病。

自2020年新型冠状病毒肺炎疫情发生以来，在全国开通的多条心理热线志愿服务中，出现了许多因身体不适而困扰的来电者，比如胸闷心悸、连续多天失眠或者噩梦、胃肠紊乱、头疼等。甚至有人出现轻度发热到医院检查排除了新型冠状病毒肺炎的可能后，又开始纠结、怀疑测试是否准确。在疫情逐渐得到控制后，很多医院专科门诊中出现了大量怀疑自己肝脏或脾胃有严重问题而没有被检测出来的患者，以致医生们会建议：是否考虑去看看心理医生，排查下身心关系带来的影响。在疫情下，很多不接纳自己身体症状的人甚至自问：怎么别人都挺好，是不是自己太过软弱了？实际上，在漫长的疫情期，任何人都会不可避免地产生压力，危及生命的病毒也会带来每个人面临威胁时的各种负面情绪，体内的交感神经系统被激活，就会产生身体各个部位不适的连锁反应。这些是人类面对危险时正常的应激反应；但是，需要警惕这些应激反应存在的时间和强度，如果反应时间过长甚至越来越强烈，就会给身心健康带来严重危害，需要及时寻求针对性的诊治。

二、认识不良情绪及其危害

所谓不良情绪是指两种情形：一为过于强烈的情绪反应，二为持久性的消极情绪。二者对人的健康和社会适应都是有害的。

（一）过于强烈的情绪反应

人的情绪虽然主要受皮层下中枢支配，但是当这一部分活动过强时，大脑皮层的高级心智活动，如推理、辨别等将受到抑制，使认知范围缩小，不能正确评价自己行动的意义及后果，自制力降低；引起正常行为的瓦解，并使工作和学习效率降低。国外有人做过这样一个实验：让几个大学生分别进入实验室，该实验室有四个门，其中三个门是锁住的，只有一个门可以打开，实际上只要按顺序将各门试一下，便能很快找到出路。但当实验者用冷水、电击、强光、大声等强烈刺激同时加之于受试者，使之趋于紧张状态，好几个被试者呈现出慌乱状态，不知道按顺序找出路，四面乱跑，已经试过是被锁住的门，会重复地去尝试，显然是被弄糊涂了。像这一类因情绪激动而失去理智的现象，在日常生活中屡见不鲜。好多学生平时成绩不错，考试时，由于过分紧张，成绩反而下降。有些运动员在重大比赛中，也常常因紧张而临场发挥不好。过度的精神紧张，还可能引起超限抑制，一个人吓得呆住或气得说不出话来就是这种表现。在盛怒之下引起心脏病猝发而突然死亡的事例，在临床上也时有所见。高兴的情绪也需要适度，“乐极生悲”并不是耸人听闻。心肌梗死患者大笑时容易发生意外，重症高血压病人过度兴奋可能诱发脑出血。《儒林外史》中屡试不第的书生范进，在突然听到自己中了举人的消息后，喜极发疯，患了癫狂病。

（二）持久性的消极情绪

另一种不利的情形是情绪的持久性反应。当人在焦虑、忧愁、悲伤、惊恐、愤怒、痛苦时，会发生一系列生理变化，这是正常现象，当情绪反应终了时，生理方面又将恢复平静。通常此类变化为时短暂，没有什么不良的影响，但若情绪作用的时间延续下去，生理方面的变化也将延长。久而久之，就会通过神经机制和化学机制引起心血管系统、消化系统、泌尿生殖系统、呼吸系统、内分泌系统等各种躯体疾病。

有学者曾对500人进行调查分析，结果表明，人们在经历一系列紧张事件后，各种疾病发生的概率都有所增加。据美国耶鲁大学医学院门诊部统计，在求诊的病人中，因情绪紧张而患病的占76%。这些病人因为长期陷于某种不良情绪状态，对紧张心情已经习以为常，所以往往把注意力集中到身体的症状上，而不觉得它和情绪有关。

三、正确看待“坏”情绪

（一）我只是心情不好≠我有问题

1. 负面情绪去标签化

学会给自己的情绪命名，但是警惕在负面情绪的状态中给自己贴上负面标签。我的心情不好不等于我有问题，更不等于我一无是处很糟糕。接纳生活中产生的负面情绪是一切情绪管理的基本前提，如酸甜苦辣、喜怒哀乐都是千姿百味的生活的一部分，应接纳它们作为某一阶段生活中的一部分，不应过度抗拒不盲目逃避，因为负面情绪也能激发人们挖掘出生活的意义和方向。

2. 落实行动是根本

心情不好的时候，人们常被挫败或高压的无能为力感笼罩，似乎未知的生活很难看到希望。但负面的情绪也可以让生活中简单的美好显得更美好，天黑透了星星才越显明亮。在《奇葩说》节目中，主持人马东说过，心里很苦的人，只要一丝甜就能填满。实际上，所有负面情绪的正能量，都是建立在不断积极行动的基础上；没有落实行动的过程，所有正能量都只是给自己“灌鸡汤”的“昙花一现”，就会出现“晚上想想千条路，早上起来走原路”。泰戈尔曾说：“如果你因失去了太阳而流泪，那么你也将失去群星。”如果你还渴望下一站的群星，那就先带着失去太阳的不悦，行动起来。

（二）我只是心情不好≠好不了

1. 情绪本身能流动

心情不好不等于好不了，每个人在负面情绪中很容易陷入悲观痛苦，总感觉坏心情甩不掉。当回忆童年，或者观察一个儿童的生活，每个孩子都会在跟同伴抢玩具、向父母任性发脾气号啕大哭时，很快被其他事物吸引甚至瞬间破涕为笑。所以在人类的情绪大脑中，情绪感受原本就可以如水般流动出来，只是在后天的生活环境中，被压抑、固着、纠缠，经过适当的疏通、调整，情绪就能流通。在情绪的流动中，还有常常被忽视的时间变量。保证良好的饮食与作息，维持身体机能的正常运转，继续生活中的人际联结互动，情绪会随着时间的洪流被新的人、事、物冲淡、覆盖。

2. 坏心情，不要独自死磕到底

尼采在《善恶的彼岸》中写道："与恶龙缠斗过久，自身亦成为恶龙。凝视深渊过久，深渊将回以凝视。"所以，不好的心情如恶龙、深渊，独自死磕到底，只会占据原本将要到来的好心情的心理空间和精神资源。即便是严重到无法遏制的情绪障碍，也可以通过倾诉、体育锻炼、心理咨询、药物治疗等方式得到控制和缓解，而在独自死磕到底的过程中，很容易陷入认知的自动化灾难思维而不自知，在负面情绪和生活事件中盘旋，因为看不见的焦虑和担忧而把极小的问题与最坏的结果关联，而难以找到解决问题的真正突破口。

3. 灾难，不等于灾难化思维

自人类共同抗击新型冠状病毒肺炎疫情以来，每个人都曾感受到巨大的焦虑和恐惧，因为当生命面临最原始的生存危机时，会瞬间激活人类脑中掌管情绪的杏仁核；新型冠状病毒肺炎传播有太多的不确定，每个个体都可能像海草一样在社会浪潮中无力地挣扎摇摆。在个体和人类社会共同面临的这场突如其来的灾难中，会激发出各种应激反应：高频度、长时间的情绪波动，如焦虑和恐惧，担心自己已经被感染，甚至担心自己传染给家人；而长时间居家隔离不能外出、生活作息被打乱也可能带来抱怨、愤怒情绪，或出现乏力、情绪低落等，甚至引发机体紊乱，身体可能出现无明显原因的疼痛（头部、肩颈、腰背疼痛等）。另外，神经系统和内分泌系统的问题（胸闷、多汗、发冷、颤抖、肌肉抽搐等）、饮食问题（无食欲或食欲升高）和睡眠问题（入睡难、易惊醒、早醒、嗜睡等）也可能出现。但是，灾难带来的不只有无限恶性循环的灾难化思维，人类在漫长的进化史中进化出的高级思维功能与生存本能，在病毒带来的问题面前不会坐以待毙。如我们会从控制好日常饮食、睡眠，稳定生活作息开始找回生活的控制感，学会对外部海量的信息做出主动的筛选，并且在复杂的生命体验里链接自己内在的身体感受，学会与各种情绪和谐相处，让亢奋的"情绪总管"——杏仁核平息下来，从而让人类更高级的大脑新皮层上岗复工，逐渐恢复理性思考的功能。这时灾难可能会带来令人绝望的灾难化思维，也可能带来如下新的思维模式。

"这个年过得很憋屈"——"这个年我真正有了与家人好好相伴的机会。"

"宅在家里好郁闷"——"我终于有时间待在家里做自己喜欢的事情。"

"病毒好恐怖，生命太脆弱"——"人类并没有轻易被病毒打败，大家为战胜疫情所做的努力可歌可泣，我需要想想我活着的意义。"

"我会不会也染上病毒?"——"我开始正视提高免疫力和搞好个人卫生的问题，我发现对抗病毒的疫苗研发进展迅速。"

（三）我只是心情不好≠不能更好

情绪是身体内执着而勤快的"送信人"，孜孜不倦地为我们传递重要的信号，在情绪的漩涡中学会深入了解情绪背后的认知观念、内心渴求，情绪就能带领我们寻找到新的方向，变得更好。

美国心理学家埃利斯的情绪ABC理论（见图7-1）认为，诱发事件A只是引发情绪和行为后果C的间接原因，而引起C的直接原因则是个体对诱发事件A认知评价产生的信念B。

所以，人的消极情绪和行为结果（C2），不是由某一诱发事件（A）直接引发的，而是由经受这一事件的个体，对它产生的某种认知和评价产生的某种特定信念（B）直接引起的。通过对消极结果（C2）背后的非理性信念重新辩驳调整（D），那么经过大脑重新正性加工后也能带来新的积极结果（C1）。

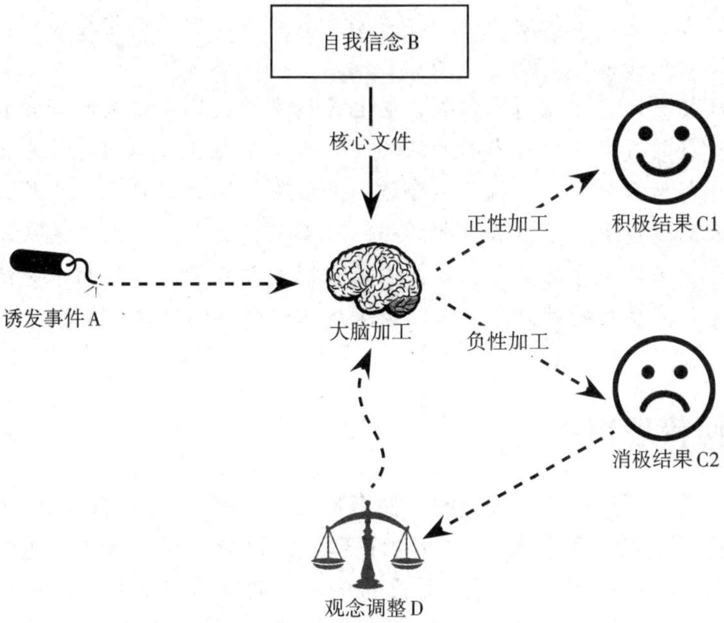

图7-1　情绪ABC理论示意图

常见的不合理信念通常有三种：① 绝对化。这是一种非黑即白的理念，习惯用“必须”“应该”“绝对”等词汇要求自己或他人。② 概括化。这是一种以偏概全的理念，习惯用“都不好”“总是”要求或评判他人，例如“事情进展都不好”“他总是这样”。③ 灾难化。这是一种灾难化的理念，一旦出问题就觉得彻底失败，永远无可挽回，并且认为在时间上会影响到未来，在空间上会无限拓展到生活的方方面面。

透过负面情绪，我们能反思不合理的自我信念，拓展固有认知。改善不合理、不合时宜的信念，在提升认知能力后，能摆脱负面情绪的困扰，提升自我，变得更好。

精品案例

学会调整自我情绪

大学生刘某与男朋友分手后，心情低落痛苦，已持续约一个月。最近学业也出现问题，上学期两科不及格；作为班干部，由于情绪不稳，班级事务管理上也经常不能服众；和宿舍室友之间也常因为生活琐事吵架争执。她自认为如果不是失恋导致心情不畅，学习肯定不成问题，而且自己现在一无是处，不如从前那样充满自信。她想只有马上找一个认可、喜欢自己的新男朋友，才能让自己从失恋的阴影中走出来，一切才会好起来。

案例分析

在这个大学常见的恋爱故事里，失恋可能有很多原因，但是刘某失恋后的一蹶不振，体现的是她对失恋的不合理信念。首先，她认为失恋影响到自己的生活，自己一无是处。失恋后的自我否定是常见的心理反应，但是给自己贴上一无是处的标签无疑会增强自己的无力感，带来学业、人际关系上更多不良后果的恶性循环。其次，在失恋过程中，因为失去依恋的情感，必然会带来分离的孤独和不适。刘某认为需要新的恋情补偿自我的否定，才能增强信心，这也是她逃避失恋后自我的探索和成长，认为亲密关系中外界的肯定能填补内心的缺失。如果刘某能在失恋的过程中坚定自我肯定的信念，相信与恋人分开，是彼此不合适，并没有绝对的好坏之分，那么她才可能看清在这段失败的爱情里，矛盾和差异的根源在哪里；这也将帮助刘某认识在恋爱关系里矛盾的磨合、亲密关系的边界，以及自己在恋爱关系中的心理需求和情绪状态。最后，失恋不是美好生活的结束，也可以是深度认识自己的机会，是蜕变新生的开始。

四、如何管理情绪

情绪管理，就是用正确的方式方法，探索自己的情绪，调整自己的情绪，理解自己的情绪，放松自己的情绪。简单来说，“情绪管理”即以最恰当的方式表达情绪。如同亚里士多德所言：“任何人都会生气，这没什么难的，但要能适时适所，以适当方式对适当的对象恰如其分地生气，可就难上加难。”据此，情绪管理指的是要适时适所，对适当对象恰如其分表达情绪。

情绪管理不是去除或压制情绪，而是在觉察情绪后，调整情绪的表达方式。有心理学家认为，情绪调节是个体管理和改变自己或他人情绪的过程。在这个过程中，通过一定的策略和机制，使情绪在生理活动、主观体验、表情行为等方面发生一定的变化。情绪固然有正负面，但关键不在于情绪本身，而是情绪的表达方式。以适当的方式在适当的情境表达适当的情绪，就是健康的情绪管理之道。

情绪管理最基本的形态有四种：拒绝、压抑、替代和升华。

① 拒绝。拒绝接受某些事实的存在。拒绝不是说不记得了，而是坚持某些事不是真实的，尽管所有证据表明是真实的。例如，一名深爱丈夫的老妇人在丈夫死去很久后，仍然表现得好像他还活着，吃饭的时候仍然还留着位置，给他盛饭。拒绝是一种极端的情绪防御形式。一般人很难纠正她，因为在心理机能上，她是无法接受外界的帮助的。

② 压抑。压抑是一种积极的努力，自我通过这种努力，把那些威胁自身的东西排除在意识之外，或使这些东西不能接近意识。和拒绝不同，压抑是一种强压，势必带来一些副作用。压抑在某种程度上是违背人的本性的。比如说提高人的修养，提高修养在某种程度上就是进行自我压抑，不能干想干的事，不能说想说的话。修养的提高是付出了人性的代价的。压抑在情绪管理中经常运用。但如果不能有效进行疏导的话，过分压抑也是有害的。

③ 替代。替代将冲动导入一个没有威胁性的目标物。在实际运用上，有一种表现形式是迁怒。一个人被他的老板骂了，假如他有下属，他很容易迁怒下属。假如他没有下属可以迁怒，势必会将这种情绪带回家，父母、妻子或儿女将成为不幸的对象。那么，解决

问题的关键就是怎么找一个好的替代品，建立一种良性的替代形式，既可以使情绪得到有效管理，又不伤及无辜。

④ 升华。升华是唯一真正成功的情绪管理机制。升华是把可怕的无意识冲动转化为社会接受行为的渠道。例如，如果你把攻击性的冲动直接指向你想攻击的人，那么你将陷入困境。但是，把这些冲动升华为，诸如拳击、足球比赛之类的活动，就能被接受。拳击比赛之所以这么受欢迎，还在于它不仅让比赛选手的情绪得到升华，同时让观众的攻击性情绪得到排解，看人打，似乎自己也打过了，也出气了。

五、大学生情绪表现的主要特点

大学生一般处在青年中期和青年后期开始这个发展阶段，这个阶段正是富于激情的时期，有其独特的情绪活动特点。大学生中存在的一些情绪障碍往往与这些独特的情绪活动特点有着内在的联系。大学生情绪的主要特点有以下几方面。

（一）鲜明的冲动性和突发性

美国心理学家霍尔用“疾风怒涛”形容青年的情绪。大学生正处于人生历程中情感生活冲突激烈的时期，容易感情用事，容易激动，容易走极端。在激情状态下，常因情绪失控而出现冲动性的行为。

此特点与大学生的心理、生理上的急剧变化相关。他们对社会的需要正处于高峰状态，要求自主独立，要求得到理解和尊重，要求表现自我的机会，希望自身价值得到社会的认可，还有性爱的需要，等等。然而，由于他们仍然处于一种社会边缘人的状态，对社会的复杂性，对自身欲望和行为的合理性，对个人与他人、集体、社会之间的关系等方面的认识，往往缺乏完整的理解，内心世界不免常常产生冲突。再加上青年人敏感、精力充沛、自我控制情绪的能力还比较欠缺，在情绪活动上就常常表现出强烈的冲动性和突发性的特点。

（二）微妙的文饰性

大学生的情绪表现不像少年儿童那样直露、天真、淳朴，开始具有内向、曲隐、含蓄的文饰性特点，不会轻易向别人流露个人的真实情感，特别是对成年人，包括自己的父母、老师。大学生能够依据一定的时间、地点、场合、对象等因素，有选择、有分寸地表达情绪和情感。有时外显的情绪表现与其内心的真实体验并不完全一致。这是大学生自我调节能力和社会适应性增强的表现。

（三）内容的丰富性

大学生的情绪所涵盖的内容是十分丰富的。有政治方面的、道德方面的、经济方面的，也有社会方面的、家庭和恋爱婚姻方面的，以及人际交往上的、事业上的，等等。大学生崇拜卓越的政治家、军事家、科学家和文学家或各类明星；大学生向往、赞美、追求美好的生活和爱情；大学生抨击、针砭时弊和不公正的现象；大学生喜欢在自然界和琴棋书画中寻求美学和精神上的充实和提高。对大学生这类在文化层次上处于较高水平的青年人来说，情绪情感的丰富性显得更为突出。这种丰富性，不仅表现在具有更多的“智慧的欢悦”上，而且也表现在具有更多的“智慧的痛苦”上。

（四）自尊、敏感和表现欲

大学生特别渴望得到别人的尊重。对伤害自己自尊心的人和事，表现特别敏感，最容易产生情绪和情感上的反应，甚至是异常反应。

大学生一般都喜欢表现自己，努力寻找机会显示个人的才干、智慧和力量，以引人注目，使他人对自己产生信任和好感。有的人，特别是那些内向、孤僻、自卑感很重的大学生，如果没有正当途径表现自己，可能会以扭曲的方式表现自己，从而产生怪诞的不良情绪表现，乃至严重的情绪障碍。

六、大学生提升情绪管理能力的有效方法

（一）情绪宣泄

通过一定的渠道合理地宣泄负面情绪，是改善大学生负面情绪的有效方法。情绪宣泄有直接和间接两种方式。直接宣泄就是向引起负面情绪的人、物表达自己的情感；间接宣泄就是向引起负面情绪的人、物以外的人或物表达自己的情感，或者通过一定的活动发泄多余的精力，使身心得到调节。因此，当遇到不顺心、不如意的事情的时候，大学生要主动找亲朋好友交流思想、沟通感情，增强战胜不良情绪的信心和勇气。善于沟通和交往的人，常常更容易成为健康、快乐和成功的人。

（二）情绪转移

情绪转移是有意识地将负面情绪转移到其他的人或物上，建立新的兴奋点，从而求得解脱的一种方法。所以当不愉快、不如意的事情发生时，大学生可以做一些平时喜欢做的事，如听听音乐，或参加跑步、打球、游泳等有意义的体育活动，不仅锻炼了身体，而且消除了情绪的紧张和不安，抑或进行语言暗示，自我鼓励，学会有意识地控制和改变自己的情绪，用顽强的意志战胜负面情绪的干扰。

（三）情绪升华

情绪升华是指把负面情绪引导到对人、对己、对社会都有利的方向，使之符合社会要求的行为规范，符合时代的进步和发展要求，这是对负面情绪的一种高水平宣泄。比如，某个学生遭遇了人生的重大变故，面对沉重的打击，他并没有因此而意志消沉，没有沉浸在个人的不幸之中自怨自艾，而是从巨大的变故中顽强地走出来，把精力全部转移到学习或工作中，并且立志克服一切困难，做生活的强者。

第三节　财务管理

培养良好的理财习惯，对形成正确的理财观念是非常重要的。进入大学，大学生开始自己支配金钱，消费时就可能出现无计划消费、消费结构不合理等问题。针对这些问题，社会、学校、家庭的引导及大学生自身的节制都是很重要的。学会理财、合理消费，将是

大学生今后需要学习的重要技能。

一、大学生消费行为的特点

（一）消费行为的个性化及从众性

大学生中20岁左右的青年占绝大多数，他们站在时代前沿，追新求异，敏锐地把握时尚，唯恐落后于潮流，普遍追求独特、新奇、时髦的商品。他们希望以个性化的消费形象，向社会展示自身的成长和成熟，通过消费上的新潮、时尚、前卫表达自己青春的活力。

群体是具有某些共同心理特征的人的共同体。群体通过群体规范、群体评价等手段实现对个体心理和行为的影响。大学生在群体引力下形成的消费从众心理和行为容易导致“消费潮汐”。大学生高度一致的群体认同感，加上集体生活与网络的普及，使大学生群体中信息的传递有着高度集中性。

（二）消费行为的冲动性

大学生对购买事先完全无愿望，出于心理反应或情感冲动而“心血来潮”或“一时兴起”，或是“求变化”“图新奇”采取一种突发性的购买行为。见到某种产品广告宣传，一时冲动对产品有了购买需求，但没有确定购买时间和地点，比如得知某商场有品牌要让利销售，专门到该商场购物，但没有具体的购物清单，即买“便宜货”是有计划的，买何种“便宜货”则是冲动的。

（三）注重情感和交际性消费

当代大学生普遍认为，与同学、朋友、师生的交往都离不开必要的经济支持。社会的个体有交往、归属和爱的需要，如需要朋友，渴望与他人建立感情联系，希望在团体中有一个位置，积极寻求社会认同感、群体归属感。这种需要促使当代大学生积极地通过物质、精神手段与外界紧密联系，从而形成了大学生交际性消费。有些大学生即便有可能面临收支不平衡的状况，也愿意借款以应对他们认为必要的情感消费。

（四）消费结构的多元化

消费结构一般是指维持生存的生存资料、满足享受的享受资料和促进自身提高的发展资料的比例构成。大学生消费结构的状况一方面与社会经济发展和人民生活水平的提高有关，另一方面也与大学生自身的文化修养的提高有关。近年来，大学生消费结构越来越呈现出多元化的局面，享受资料和发展资料的支出比例日益增大。同时，大学生在选择消费品的时候对于经济因素的考虑减少了，决定购买消费品和更新消费品的速度加快了。

二、大学生消费行为误区

（一）从众攀比性消费

从众，也就是俗语所说的随大流，是指在社会群体的压力下，个人自觉或不自觉地放弃自己的意见而采取与大多数人一致的行为。它在大学生的消费行为上表现得特别明显。有的学生家境并不富裕，但看到别人有高档电子产品，不管自己需要不需要，也必须拥有，而且型号要比对方新，功能要比对方强；别人过生日，下饭店，自己也不能落在人后，甚至档次还要升级；如果是谈恋爱，男生在女生面前更是以穿着讲究、出手大方表现自己的“男子汉气概”。这些不顾财力、攀比消费的行为既给家庭增加了经济负担，又会对大学生的学习、生活和身心造成不良的影响。

（二）盲目性消费

上大学后，绝大多数学生是第一次离开父母，第一次拥有了支配各种费用的权利，开始独立生活，不会理财、不会合理安排费用，在消费上没有明确的目标，出现了盲目、片面的消费行为。比如，一些学生追求物质享受，把钱花在吃喝玩乐上；一些学生沉迷于网游；一些学生将大量的消费用于人际交往上。这些不合理的开销，多多少少都存在盲目消费的现象。

（三）负债性消费

随着我国市场经济的发展，大学生的消费观念也发生了变化，大学生的消费观念越来越超前。目前一部分大学生表示“敢用明天的钱”负债消费。而“负债消费”使很多学生耽于物欲，轻则引起经济纠纷，重则引发动武斗殴。有的大学生依赖父母，有钱就花、花完再要，花得心安理得。

三、大学生消费存在的问题

（一）支出没有计划，主观随意性强

有的大学生用钱没有计划，糊里糊涂，控制不了自己花钱，导致每月的收支不能平衡，到学期末往往捉襟见肘，入不敷出，勉强借债度日，甚至有的学生一个月还没过一半，就又向家里要钱，钱花到了哪里也不清楚。

（二）消费结构不合理

大学生日常消费主要包括：饮食消费，是大学生最主要的消费；学习消费，主要是书报费、学习用品费、考证费和电脑消费等；休闲娱乐消费，该类消费名目繁多，如上网、唱卡拉OK、看电影等；人际交往消费，常见于同学之间；服饰消费，多用于装饰自身的外表，是在服饰方面较大的开销；恋爱消费，在谈恋爱的大学生中是一笔较大的开销。有的大学生在休闲娱乐、人际交往、恋爱等方面消费较多，而在学习上的消费较少，消费结构不合理。

（三）个人理财目标与理财规划不明确

大学生消费和投资随意性强，容易随波逐流。虽然大学生理财的愿望十分强烈，对理财知识的学习兴趣也很浓烈，可是究竟该如何理财，即使是一些经济类专业的大学生也是懵懂的，这是因为缺少最关键的一环——理财规划和人生设计。大学生理财规划意味着通过财务资源的适当管理来实现个人生活目标的过程，是一个为实现整体目标设计的统一的、互相协调的理财计划。

四、学会合理消费

大学生要树立正确的理财观念，学会理财，必须提倡艰苦奋斗、勤俭节约的科学的消费观。积极学习科学合理的理财观念，培养良好的理财习惯对于当前大学生来说是有必要的。与此同时，大学生也不能忘记一个前提，就是不能影响自己的学业，不能过度沉迷于投资理财。另外，大学生要做好心理准备，切记投资理财并不会使自己一夜暴富，它需要我们付出长期的艰苦努力，需要极大的耐心和毅力。

精品案例

校园贷的危害

湖北某大学的一名学生，为了购买最新款手机及其他消费，申请网上贷款。随后，拆东墙补西墙，不断找其他小贷公司贷款还债，最终欠下多家公司共计70余万元的债务，而原始金额仅为2万元。

分析：

问题出在大学生消费观念超前，还款能力和还款意识却没跟上潮流。大学生群体，存在着无节制消费的潜在现实，“校园贷”的逐利性，也在有意无意地放任着这种无节制性累积壮大。

大学生如何避免校园贷等骗局？

（1）保护好个人隐私。

大学生要增强防范意识，谨慎使用和妥善保管个人身份信息，不轻易对外泄露自己的家庭住址、宿舍住址、父母联系电话等关键信息及个人隐私，更不能贪图小利而帮助别人“刷单”或提供贷款担保，切忌答应他人以自己的名义通过网络借贷平台办理分期贷款。

（2）树立正确的价值观。

应该树立正确的消费观，培养勤俭意识，摒弃超前消费、过度消费和从众消费等错误观念，根据自己的经济能力理性消费，合理安排生活支出，不盲从、不攀比、不炫耀。若有额外开销、花费，应与父母、家人协商，避免上当受骗，落入校园贷陷阱。

（3）加强对金融、网络安全知识的学习。

了解金融行业发展动态，掌握逾期滞纳金、违约金、单利与复利等基本金融常识和网络安全知识。注意对网贷产品的甄别，切勿盲目信任，提高自身对网贷产品的鉴别和抵制能力。

来源：https://bwc.wbu.edu.cn/2018/1123/c417a34786/page.htm，略有改动。

具体来说，应该做好以下几点。

（一）学会记账，掌握手头钱的来龙去脉

理财最基本、最有效的方法是记账。通过记账，大学生能知道自己收入、花销状况和结余状况。通过记账，大学生可以从每个月的开销中总结出各项开支的比例和一些根本不必要花销的项目，对不合理的花费进行监督，从而在今后的日子里加以改善。这样一来，大学生最终做到有计划地进行消费。

（二）对个人收入做好安排，做到合理有效

当前，高校的助学金比例和资助金额越来越大，奖学金的设定金额也逐年提高，大学生勤工俭学的形式和途径越来越多样化，因此，越来越多的大学生积极参与勤工俭学。大学生的个人收入由原来的父母供给的单一来源向收入来源多样化转变。如今，大学生的个人收入包含父母供给的生活费，学校提供的奖学金、助学金，以及大学生自身通过勤工俭学挣来的工资等。大学生应当合理使用和安排个人收入，将之用于生活或学习，而不应该用于请客送礼或购买用处不大的东西。大学生应养成良好的储蓄习惯，把个人收入中用于普通开销之后的结余存入银行，以备不时之需，也为将来购买图书、考研、报辅导班、实习、找工作等准备必要的资金。

（三）正确区分什么是必需品，什么是非必需品

在当今经济全球化与后现代消费社会的背景下，消费结构呈现出多层次和多元化的特点。由于广告、传媒等效应，外来消费文化纷繁复杂，消费的价位远远超出实际需求的满足。商品的品牌效应和奢侈品消费被许多年轻人推崇。而大学生作为青年一代受到现代消费思潮的深远影响，其消费具有从众性、时尚性、易受暗示性、攀比性、个性化等特点，他们中有一部分人对必需品和非必需品的区分比较模糊。因此，大学生要树立科学的消费观，明确自己在大学期间生活与学习必需品的范畴，抵制各种优惠促销的诱惑，购买商品或服务时应该多考虑其实用价值，而不应只为了品牌或个性。

（四）合理使用信用卡，避免当“富翁”

并非人人都适合使用信用卡，特别是对花钱自制力较差的大学生来说，使用信用卡需要慎之又慎。先消费后付款的消费方式，加上在刷卡过程中没有现金支付的感觉和约束，往往很容易引起过度消费。大学生控制自己消费的能力较差，一不留神，信用卡就会透支。由于没有固定的经济来源，不易及时还款，可能造成没有必要的利息损失，甚至出现巨额透支，造成财务危机，影响自己的信用度。

（五）用好助学贷款

现在，很多家庭困难的大学生都面临申请助学贷款的问题。助学贷款一般有两种：一种是国家助学贷款。该类贷款是指对于经济确实困难的学生，经学校和银行等部门审批之后，政府给予贴息贷款。其贷款利率比市场利率更优惠，这样既可以减轻家庭负担，又可以培养大学生的责任意识，按约定偿还。另一种是商业性助学贷款。该类贷款由家长提出申请，只要符合银行的贷款条件，大学生就可获得贷款。因此，用好助学贷款是大学生理财的重要实践之一。

（六）树立勤俭节约的意识

一个民族、一个国家要富强，离不开自强不息、艰苦奋斗的精神。当代大学生应继承和弘扬艰苦奋斗和勤俭节约的优良传统，树立勤俭节约意识，理智消费，要根据自己的家庭情况和自己“勤工俭学”的能力制订合理的消费和理财计划，量入为出，避免不必要的消费。大学新生在对待“同乡会”“生日宴”“同学会”等“不得不出血”的“开学消费”或“热门活动”时，要有自己的原则和坚持，一些铺张浪费且并无必要的活动，不要盲目参加，要勇于拒绝、巧妙拒绝。即使出于维护同学情谊的需要必须参加，也须在不违背自身意愿的前提下有所取舍，不用“每会”必到，也不用有“别人都请客了，我也必须请一次”轮流“坐庄”的思想负担。在费用方面，能实行“AA制”最好。总而言之，无论在哪个年代，节俭永远都是我们中国人的传统美德，大学生一定要树立正确的价值观。

五、校园贷的危害与防范

（一）校园贷的含义

校园贷是近年来发展非常迅速的互联网金融产品之一。大学生要注意区分正常信贷和不良信贷。

① 如果是正常的信贷，那它只是一种金融工具，是互联网时代创新发展的金融理财衍生服务，它的确为大学生打开了一扇解决经济困难的窗口，在正确使用的前提下，能发挥校园贷的正向功能。

② 如果是不良信贷，即经常提到的校园不良网络信贷，大学生一定要远离。它一般披着具有诱惑力的迷人外衣，打着申请便利、手续简单、放款迅速的旗号，喊着“花明天的钱，圆今天的梦，总有一款满足你”的口号。目前，校园贷出现问题的几乎都是这些不良信贷。不良校园贷大多具有信息审核不严、高利率、高违约金的特点，可以在短时间内像滚雪球一样使原本的千元贷款变成万元乃至数十万元欠款。不良校园贷利用低门槛借贷引诱大学生过度消费，不注重贷款人信息保护，甚至以威胁、骚扰等违法方式催还贷款，给大学生带来了非常不好的影响。

（二）校园贷的危害

1. 费率不明

一些校园不良网络借贷平台往往只宣传分期产品或小额贷款的低门槛、零首付等好处，却弱化其高利息、高违约金、高服务费的分期成本，甚至隐瞒或模糊实际资费标准、逾期滞纳金、违约金等。看似免息、低息的平台，利息却往往高达20%以上，成了“高利贷”，且逾期后每日费率最高与最低相差达60倍之多。很多大学生因为一时购物冲动而选择贷款，最终要偿还的“本息和”可能相当于贷款本金的1.5倍甚至更多。

2. 隐形担保

分期平台并非真的“免担保”，大学生申请过程中提供的家庭住址、父母电话、同学电话、辅导员联系方式等信息，实际上就是隐形担保，如不能按期还款，某些平台就会向贷款人的父母、同学、辅导员催款。

3. 贷款门槛低、审核不严，身份可冒用

一些不良网贷借贷平台打出“零门槛，无抵押”“线上审核，3分钟到账”等广告，在这些不良网络借贷平台上注册账号后，一般只需要提供学信网数据、学生证、身份证及常规联系人信息，就可贷款2万~3万元，这一方面刺激、诱导了大学生非正常消费或使用资金；另一方面，大部分校园贷只需提供身份证及学生信息，并且只需要通过网络进行申请，资质审核方面存在漏洞。如果一名大学生获取了另一名大学生的身份信息，很容易冒用他人的身份去贷款，而被冒用身份的无辜学生，将不得不面对信用记录遭抹黑、莫名成为追债对象等棘手问题。更可怕的是，校园贷中还会衍生出“黑中介”，盗用他人身份信息进行网贷。

4. 高额度诱惑

如果看到“只要本科学历即可办理贷款，最低×万元起”的广告，大学生千万不要相信，因为一般本科生无论如何也无法单纯靠本科学历贷款几万元。事实上，这是高利贷提高授信额度以诱导贷款，大学生容易陷入“连环贷”陷阱。

5. 风险难控，易将风险转嫁给家庭

部分校园不良网贷平台利用少数大学生金融知识匮乏的特点，逃避金融监管，诱导大学生过度消费。大学生有旺盛的消费欲，但又没有稳定的经济来源，还款来源主要是父母，所以其校园借贷最后往往由家长兜底。

6. 校园代理人无资质

校园贷的许多代理人由在校大学生担任，其并没有金融行业相关从业资格。校园不良网贷平台“校园代理，层层分包提成”等发展模式破坏了正常的校园秩序。

7. 替人网贷风险大

有的大学生碍于人情关系等，同意用自己的身份证件替别人办理贷款。这种行为风险很高，因为一旦对方无力还款，剩余的债务就要由“被”办理人独自承担。他们往往认为，虽然是拿自己的身份信息办了网贷，但网贷来的钱自己一分没花，不需要还贷款，这种认知是大错特错的。

8. 分期购物，质量难保

有些网贷平台针对大学生推出了分期购物功能，其本质是以消费之名、行借贷之实，不仅借贷成本高，且所经营商品的质量也难有保障。

（三）校园贷诈骗常见套路

1. 套路一：以好处为诱饵，引诱贷款

诈骗分子在大学校园内以“给好处费”为诱饵，让大学生以自己的名义在网贷平台贷款，事后给大学生几百元至数千元不等的现金作为“好处费”，并承诺所有贷款均由自己来还，与帮其贷款的大学生毫无关系，然而一旦贷款成功，诈骗分子便“人间蒸发”。

2. 套路二：发布虚假广告，骗取押金

诈骗分子一般在网络上大量散布虚假网络贷款信息，待大学生搜索到该公司信息后与其联系，伪造贷款合同，并要求大学生缴纳数千元的保险金，有些还会继续以信誉不足等为由，多次要求大学生向其转账。

3. 套路三：骗取学生信息，迅速转账

诈骗分子还会先通过各种手段，如制作虚假贷款申请表获得大学生手机暂时使用权、银行卡及个人信息，将银行卡与自己的微信、支付宝等绑定后再交还大学生，并以该大学生名义在网贷平台多次办理大学生贷款，一旦到账便迅速转移资金，随后销声匿迹。

4. 套路四：谎称“黑户”漏洞，套现分红

诈骗分子谎称可以通过操作将大学生分期贷款变为银行内部的“黑户”，从而不用还款，利用这一软件漏洞赚钱。这种方式主要是让大学生分期贷款购买高端电子产品后再低价出售，套现后诈骗分子成功“分红”，事后贷款平台催收大学生还款时，诈骗分子已不知去向。

5. 套路五：额度小，期限短

“额度小”是为了迎合大学生的借款需求；“期限短”是为了间接提高贷款利息，而且短期的总利息看起来不高，大学生比较容易接受。但是，如果真正计算贷款成本，其费用是非常高的，因为它还包括了手续费及其他费用。若贷款大学生未按时还款，逐日累积，将超出其还款能力。

6. 套路六：采用“砍头息”

给借款人发放借款时，网贷平台会从本金中扣除一部分钱，这部分钱就是“砍头息”。比如，甲借给乙5万元，但在付给乙款项的时候，甲将扣除5000元作为利息，也就是说，乙实际拿到手的款项只有4.5万元。

7. 套路七：介绍还款路径

若借款大学生还不起款，放款人往往会主动为其介绍还款路径，而该路径就是向另外一家网贷平台借钱，以还上一家平台的欠款。这意味着借款人将签下更高额的欠款合同，易引发“连环贷”。不少大学生网络借贷后，拆东墙补西墙、利滚利，导致债务越来越多，后患无穷。

8. 套路八：规避法律风险做假流水

高利贷是不受法律保护的，为了逃避监管，一些网贷平台先将承诺的款项打入借款人的账户，然后让借款人取出，再从中取走一部分款项，所以，借款人最后拿到手的款项并没有承诺的那么多，但实际还款金额却是承诺的借款数额。

9. 套路九：贷款合同免责条款无本万利

一些校园网贷平台的服务协议里都有免责条款，明确了有些情况是网贷平台不承担责任也不赔偿的。比如，电信设备出现故障不能进行数据传输；黑客攻击、电信部门有技术调整或故障、网站升级、银行方面的问题等造成的服务中断或者延迟。在实际操作中，网贷平台完全可以利用这些免责条款逃避其应承担的责任。

（四）防范不良校园贷

1. 强化法律意识

大学生应知道什么行为是合法的、是受法律保护的，知道假如进行了校园贷自己的权益却被侵害，此时应如何维权。

2. 不参与校园贷

大学生应做到不在校园内宣传网贷，不做网贷代理人或中介，不向同学介绍网贷经历或网贷路径，更不能直接开展网贷业务。正规贷款公司都有正规流程，放贷之前就要求交纳费用的贷款公司往往是骗子公司，以贷款培训作为入职前提的公司可直接列为骗子公司。在任何场合之下，大学生都要谨慎充当担保人，更不要用自己的身份信息替他人贷款，否则要承担贷款连带责任或还款责任。

3. 注意管理个人信息

无论是身份证、学生证还是支付宝、银行卡账户，都不宜随便透露给他人，哪怕是学校的熟人（包括教师、学长、室友等），以免被有心人用作其他用途。若个人信息被他人用以申请校园贷，则大学生容易在自己不知情的情况下背负债务。

4. 提高“财商”

财商是与智商、情商并列的现代社会能力中三大不可或缺的素质之一。智商反映人作为自然人的生存能力，情商反映社会人的社会生存能力，而财商则反映人作为“经纪人”在经济社会中的生存能力。提高财商，必须树立正确的金钱观、价值观与人生观：钱既不是丑恶的，也不是万能的，这都是人为赋予的意义；自然看待钱、认真去赚钱、好好地花钱，这才是对钱最好的态度，消除把一切希望都寄托于有钱、无限度地放任自己欲望的想法；获取财物是为了更好地生活、实现自身责任、追求精神富足，因此理性消费，拒绝攀比、虚荣等一些不合理消费习惯；赚钱也是一种修行，要用汗水和泪水换取成长；学会如何“给予”和付出，相信自己的价值，并为自己的成就感到开心，不为了金钱抹杀自己的情感和合理欲望。

第八章　国家助学，自强不息

内容导入

资助家庭经济困难学生顺利完成学业，是阻断贫困代际传递的治本之策。党中央、国务院始终高度重视学生资助工作。多年来，特别是党的十八大以来，按照党中央、国务院的决策部署，我国已经建立起一套比较完善的、覆盖学前教育至研究生教育的、具有中国特色的学生资助政策体系。习近平总书记在北京市八一学校考察时指出："要优化教育资源配置，逐步缩小区域、城乡、校际差距，特别是要加大对革命老区、民族地区、边远地区、贫困地区基础教育的投入力度，保障贫困地区办学经费，健全家庭困难学生资助体系。要推进教育精准脱贫，重点帮助贫困人口子女接受教育，阻断贫困代际传递，让每一个孩子都对自己有信心、对未来有希望。"

扶贫先扶志。国家助学政策体系覆盖范围广，投入力度大，凝聚着党和政府对家庭经济困难学生成长成才的关爱，充分显示了党和政府关注民生、力促公平、优先发展教育、建设人力资源强国的坚定决心。接受国家资助的大学生要从思想上摆脱贫困，树立正确的世界观、人生观、价值观，放下思想包袱，摆脱自卑心理，轻装前行，通过接受良好教育改写人生；要有开阔的眼界，树立远大的理想和抱负，担当时代使命，爱国爱党、奋发自强、成长成才；要感恩父母、回报社会、报效祖国、感恩奉献、争做强国新青年。

第一节　我国高校学生资助概述

一、我国高校学生资助的政策背景

教育公平是社会公平的起点和基础。不断完善国家的资助制度，保障每个学生接受教育的基本权利，是推进教育公平的一项重要措施。中华人民共和国成立以来，我国高校学生资助政策的发展历程大致经历了五个阶段：人民助学金阶段、人民助学金与人民奖学金并存阶段、奖学金与贷学金并存阶段、"奖贷勤助减"混合资助初级阶段、资助体系不断完善阶段。

（一）人民助学金阶段（1952—1982年）

1952年，国务院发布了《关于调整全国高等学校及中等学校学生人民助学金的通知》，规定全国高等学校的公费制一律改为人民助学金制。之后，国家教委发出了《关于调整全国各级各类学校教职员工工资及学生人民助学金标准的通知》，具体规定了人民助学金调整的原则、标准，助学金的使用原则和评定办法等。这两个文件的颁发执行，标志着人民助学金制度在全国范围内的正式确立，其出发点是帮助大学生解决求学期间的经济困难。

（二）人民助学金与人民奖学金并存阶段（1983—1986年）

1983年7月，教育部和财政部联合颁布了《普通高等学校本、专科学生人民助学金暂行办法》和《普通高等学校本、专科学生人民奖学金试行办法》，缩减原有人民助学金的资助比例，除高等师范、体育（含体育专业）、农林和民族学院仍按100%的学生享受人民助学金，煤炭、矿业、地质、石油院校（含单设专业）按学生人数的80%享受人民助学金外，其他各类院校发放比例由75%降至60%，在继续实行人民助学金制度的同时设立“人民奖学金”。此时的资助体系发展为人民助学金与人民奖学金并存，迈出了我国大学生资助制度改革的重要一步。

（三）奖学金与贷学金并存阶段（1987—1992年）

1986年7月，国务院批转了国家教委和财政部共同出台的《关于改革现行普通高等学校人民助学金制度的报告》，提出将人民助学金制度改为奖学金和学生贷款制度。1987年7月，国家教委和财政部联合印发《普通高等学校本、专科学生实行奖学金制度的办法》和《普通高等学校本、专科学生实行贷款制度的办法》。从此，贷学金制度发挥了扶贫济困的功能，旨在帮助解决经济困难学生在学习期间的生活费用问题。

（四）“奖贷勤助减”混合资助初级阶段（1993—1999年）

伴随着高校收费制度的变化，大学生资助制度也逐渐改革，高校资助工作的方法和方式更趋于多样化。1993年，特困补助政策开始实行，为低于当地居民最低生活标准线的特困生设立了特困补助；1994年，国家教委、财政部发布了《关于在普通高等学校设立勤工助学基金的通知》；1995年，国家教委发布了《关于对普通高等学校经济困难学生减免学杂费有关事项的通知》；1999年，国家助学贷款政策开始实行。至此，我国已经基本形成了“奖贷勤助减”五位一体的混合资助体系。

（五）资助体系不断完善阶段（2000年至今）

2002年，国家正式出台了《国家奖学金管理办法》；2005年，教育部向各地、各有关部门、各高校发出了《关于切实做好2005年高等学校新生入学“绿色通道”工作的紧急通知》；2007年，教育部、财政部接连下发了《普通本科高校、高等职业学校国家奖学金管理暂行办法》《普通本科高校、高等职业学校国家励志奖学金管理暂行办法》《普通本科高校、高等职业学校国家助学金管理暂行办法》《高等学校学生勤工助学管理办法》《关于认真做好高等学校家庭经济困难学生认定工作的指导意见》。我国高校学生资助体系渐趋完善。

《国家教育事业发展第十二个五年规划》提出，要完善高校家庭经济困难学生资助政策体系，健全国家资助制度，扶助家庭经济困难学生完成学业。党的十八大报告中明确提出，要“提高家庭经济困难学生资助水平”。《国家教育事业发展“十三五”规划》提出，实现“家庭经济困难学生资助全覆盖”，以建立“精准资助”工作机制为抓手，紧紧围绕

“立德树人”根本任务，不断创新资助育人途径和方式，努力开创学生资助工作新局面。

以上文件精神均体现了党中央、国务院对家庭经济困难学生的关怀，同时也是保障和改善民生的重要举措，是实现国家长治久安、建设社会主义和谐社会的本质要求。

二、我国高校学生资助体系

2007年5月，国务院出台了《关于建立健全普通本科高校、高等职业学校和中等职业学校家庭经济困难学生资助政策体系的意见》，使高等学校家庭经济困难学生资助政策体系得到了较大改善。2010年《国家中长期教育改革和发展规划纲要（2010—2020年）》颁布并实施后，国家密集出台了一系列高校学生资助政策和措施，帮助家庭经济困难学生顺利入学并完成学业。

目前，国家在高等教育本专科阶段建立了国家奖学金、国家励志奖学金、国家助学金、国家助学贷款、基层就业学费补偿、国家助学贷款代偿、服兵役国家教育资助、师范生公费教育、新生入学资助、勤工助学、校内助学金、困难补助、伙食补贴、学费减免及新生入学“绿色通道”等相结合的资助政策体系。

学生资助是一项重要的保民生、暖民心工程，事关教育公平和社会公平。在习近平新时代中国特色社会主义思想指引下，各级教育、财政等部门和各级各类学校，坚持以人民为中心的发展思想，积极推进精准资助和资助育人，持续加强学生资助规范管理，确保国家学生资助政策体系更加完善，资金投入力度不断加大，学生资助工作进一步提质增效，为“不让一个学生因家庭经济困难而失学”提供了坚实保障。

（一）入学前不用愁

国家助学贷款是由中央与地方政府共同出资设立的，用于资助家庭经济困难的在校学生，每年每名学生不超过8000元。

目前，我国大多数县（市、区）都开办了生源地信用助学贷款。家庭经济困难的新生可在新学期开始之前向家庭所在地的县级教育部门提出贷款申请，之后县级学生资助管理中心负责对学生提交的申请进行资格初审，最终由金融机构进行审批并发放贷款，用于支付学生的学费和住宿费。中西部家庭经济特别困难的新生，还可以申请新生入学资助，用于支付入学报到的交通费及入学后的短期生活费。

（二）入学时不用愁

为切实保证家庭经济困难学生顺利入学，教育部、国家发展改革委、财政部规定各全日制普通高等学校必须建立“绿色通道”制度。入学时，家庭经济特别困难的新生如暂时筹集不齐学费和住宿费，可在开学报到当天，通过学校开设的“绿色通道”直接入学，缓交学费和住宿费。

大学生资助政策

（三）入学后不用愁

入校后，学校将对通过“绿色通道”入学的学生和申请资助的其他学生全面客观地进行家庭经济困难资格和程度认定，采取不同的措施给予精准资助。其中，解决学费、住宿费问题，以国家助学贷款为主；解决生活费问题，以国家助学金为主；解决突发临时困难问题，以临时困难补助等为主；解决综合能力和生活补助问题，以勤工助学金等为主。

三、我国高校学生资助政策的实施范围

促进教育公平是国家的基本教育政策。党和国家高度重视家庭经济困难学生的上学问题。近年来，中央有关部门密集出台了相关资助政策和措施，现已建立起覆盖学前教育至研究生教育的学生资助政策体系，从制度上保障了“不让一个学生因家庭经济困难而失学”。

公办普通本科高校、高等职业学校和高等专科学校的全日制普通本专科（含高职、第二学士学位）在校学生，符合国家规定条件的，享受国家的资助政策。按照国家有关规定规范办学、从事业收入中足额提取4%～6%的经费用来资助家庭经济困难学生的民办高校（含独立学院）招收的全日制普通本专科（含高职、第二学士学位）学生，符合国家规定条件的，也可享受国家资助政策，具体办法由各省（自治区、直辖市）依据国家有关规定制定。

四、我国高校学生贫困认定程序

家庭经济困难学生是指学生本人及其家庭所能筹集到的资金难以支付其在校学习期间学习和生活基本费用的学生。学生资助的认定程序如下。

（一）学生向学校申请贫困认定

家庭经济困难学生认定工作原则上每学年进行一次，每学期要按照家庭经济困难学生实际情况进行动态调整。学校向新生寄送录取通知书时寄送《家庭经济困难学生认定申请表》。需申请认定家庭经济困难的新生及在校学生如实填写《家庭经济困难学生认定申请表》，并承诺所填报的信息真实有效。

（二）学校认定

学校根据有关部门设置的标准和规定的程序，以民主评议方式进行家庭经济困难学生的认定，实行民主评议和学校评定相结合的原则，保证公开、公平、公正。各学校成立学生资助工作领导小组，领导、监督家庭经济困难学生认定工作；学生资助管理机构具体负责组织、管理全校家庭经济困难学生认定工作；院（系）成立以分管学生资助工作的领导为组长，班主任、辅导员代表等相关人员参加的认定工作组，负责认定的具体组织和审核工作；年级（专业或班级）成立评议小组，成员包括班主任、辅导员、学生代表等，开展民主评议工作。认定和评议小组进行民主评议时重点考虑建档立卡贫困家庭学生、最低生活保障家庭学生、特困供养学生、孤残学生、烈士子女、家庭经济困难残疾学生及残疾人子女等情况。

第二节　我国高校学生资助项目

学生历经数年寒暑，考上大学实属不易，如果家庭经济上有困难，一定不要轻易放弃

大学梦，而要相信党和政府，相信学校有决心、有能力、有办法帮助学生顺利完成学业。2007年以来，财政部教科文司、教育部财务司和全国学生资助管理中心每年均联合编印《高等学校学生资助政策简介》，向广大新生免费发放，确保考入大学的家庭经济困难学生及时、全面、准确地了解各项资助政策，消除顾虑，按时报到入学。国家在高等教育本专科阶段建立起国家助学贷款、国家奖学金、国家励志奖学金、国家助学金等多种形式有机结合的高校学生资助政策体系，如图8-1所示。（如遇国家政策调整，以新政策文件为准执行）

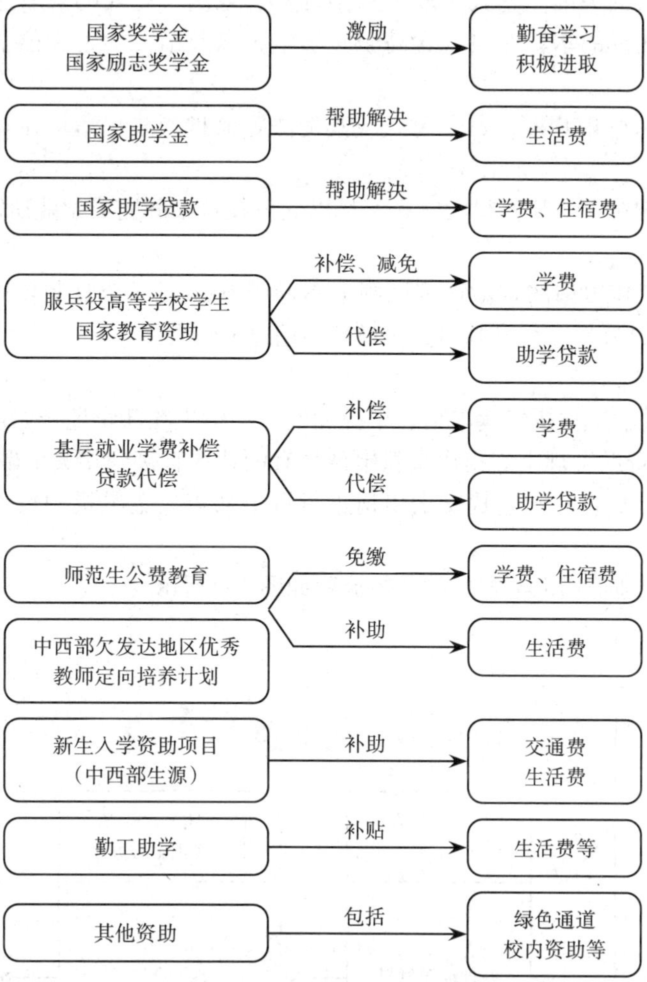

图8-1　高校学生资助政策体系

一、国家助学贷款

国家助学贷款是由政府主导、财政贴息、财政和高校共同给予银行一定的风险补偿金，银行、教育行政部门与高校共同操作，学生通过学校向金融机构申请办理，帮助高校家庭经济困难学生支付在校学习期间所需的学费和住宿费的银行贷款。国家助学贷款是信用贷款，学生不需要办理贷款担保或抵押，但需要承诺按期还款并承担相关法律责任。学生接到录取通知书后，可向学校咨询办理国家助学贷款的具体事宜。

（一）生源地信用助学贷款

1. 申请条件

① 具有中华人民共和国国籍。

② 诚实守信，遵纪守法。

③ 已被根据国家有关规定批准设立、实施高等学历教育的全日制普通本科高校、高等职业学校和高等专科学校（含民办高校和独立学院，学校名单以教育部公布的为准）正式录取，取得真实、合法、有效的录取通知书的新生或高校在读的本、专科（含高职）学生，以及第二学士学位学生和研究生。

生源地信用助学贷款

④ 学生本人入学前户籍、其父母（或其他法定监护人）户籍均在本县（市、区）。

⑤ 家庭经济困难，所能获得的收入不足以支付在校期间完成学业所需的基本费用。

2. 贷款额度

每个借款人每年申请的贷款额度原则上不低于1000元，全日制普通预科生、本专科学生最高不超过1.2万元，全日制研究生最高不超过1.6万元。

3. 办理程序

生源地信用助学贷款按年度申请、审批和发放。学生在新学期开始前，向家庭所在县（市、区）的学生资助管理中心提出贷款申请（有的地区直接到相关金融机构申请）。县级学生资助管理中心负责对学生提交的申请进行资格初审。金融机构负责最终审批并发放贷款。

学生办理生源地信用助学贷款的具体流程如图8-2所示。

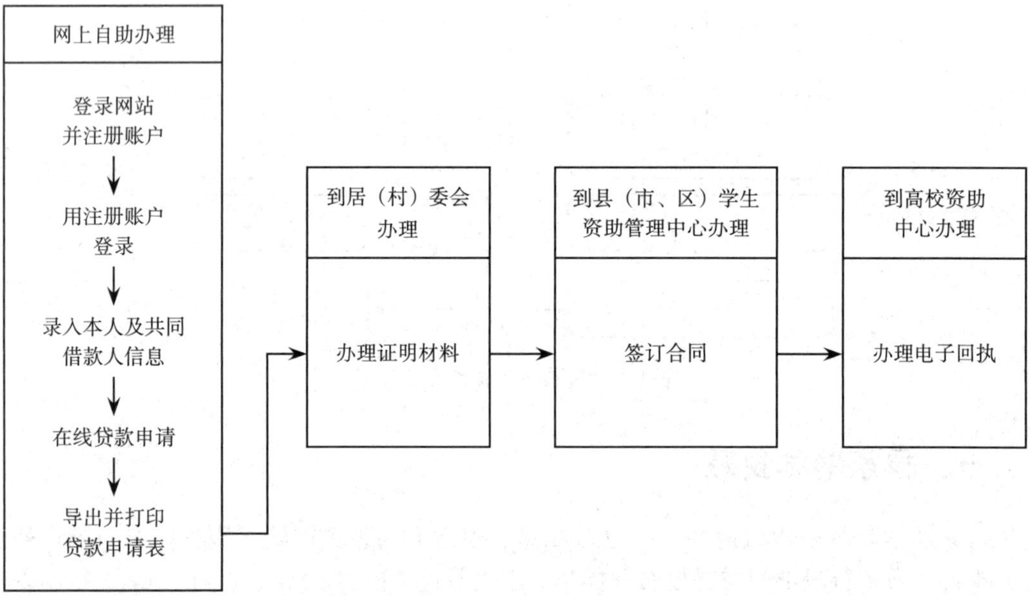

图8-2 学生办理生源地信用助学贷款流程

① 登录“国家开发银行生源地助学贷款学生在线系统”（网址https://sls.cdb.com.cn/#/），选择“生源地助学贷款”，点击“注册”，填写个人基本信息和申请信息，导出并打印

《国家开发银行生源地信用助学贷款申请表》（一式两份）。

② 首次申请贷款的学生需持申请表前往高中（限应届高中毕业生）、村（居）委会、乡镇（街道）民政部门任一单位进行资格审查并加盖公章。

③ 学生和共同借款人持已盖章的申请表（一式两份）、身份证原件及复印件（一式两份）、户口簿（本人及共同借款人户口簿只需出示，不需复印件）、高校录取通知书（在读学生持学生证）原件及复印件一份，向县（市、区）学生资助管理中心提交借款申请。

④ 县（市、区）学生资助管理中心对借款学生进行审查，审查通过后与借款学生签订《生源地信用助学贷款借款合同》。借款合同一式4份，学生、共同借款人、县（市、区）学生资助管理中心和开发银行分行各持一份。县（市、区）学生资助管理中心同时打印《国家开发银行生源地信用助学贷款受理证明》，盖章确认后交给学生，学生将此证明随同借款合同一并带到高校报到。

4. 贷款利息

生源地信用助学贷款利率执行中国人民银行同期公布的同档次基准利率，不上浮。学生在校期间的利息由财政部门全额贴息，毕业后的利息由学生和家长（或其他法定监护人）共同负担。借款学生在校期间因患病等原因休学的，应向经办机构提供书面证明，由经办机构向经办银行提出申请，休学期间的贷款利息由财政部门全额贴息。借款学生毕业后，在还款期内继续攻读学位的，可申请继续贴息，但应及时向组织办理生源地信用助学贷款的原县级教育部门提供书面证明，经办机构审核后，报经办银行确认。继续攻读学位期间发生的贷款利息，由原贴息财政部门继续全额贴息。

5. 还款期限和还款方式

生源地信用助学贷款期限原则上按学制加15年确定，最长不超过22年。学生在校及毕业后5年期间为偿还本金宽限期。偿还本金宽限期结束后，学生和家长（或其他法定监护人）按借款合同约定，按年度分期偿还贷款本息。

（二）高校国家助学贷款

1. 贷款对象

具有中华人民共和国国籍，被全日制普通本科院校、高等职业学校和高等专科学校（含民办高校和独立学院）、科研院所、党校、行政学院、会计学院正式录取，取得真实、合法、有效的录取通知书的家庭经济困难的全日制新生或高校在读的预科生、本专科学生、研究生。

2. 贷款额度

全日制预科生、本专科学生每年申请的贷款额度最高不超过8000元，全日制研究生最高不超过1.2万元。

3. 申请、审批和发放流程

申请、审批和发放流程如图8-3所示。

借款学生填写《国家助学贷款申请书》，通过学校向经办银行中国银行××分行提出贷款申请

↓

学校学生资助等部门负责对学生提交的国家助学贷款申请进行资格审查、核实

↓

审查合格后，由学校将资料汇总到教育经办银行，由经办银行负责最终审批学生的贷款申请

↓

最终审批合格后，由经办银行与学生签订贷款合同，并放款

图8-3 高校国家助学贷款申请、审批和发放流程

4. 贷款贴息

借款学生在校期间的贷款利息全部由财政部门补贴，毕业后的贷款利息由借款学生自行支付。

5. 贷款期限

贷款期限原则上按学制剩余年限加13年确定，最长不超过20年。

6. 违约后果

一是，国家助学贷款的借款学生如未按照与经办银行签订的还款协议约定的期限、数额偿还贷款，经办银行将对其违约还款金额计收罚息；二是，经办银行将违约情况录入中国人民银行的个人信用信息基础数据库，供全国各金融机构依法查询；三是，对恶意拖欠贷款的违约借款人采取限制措施，不予提供住房贷款、汽车贷款等金融服务；四是，对于连续拖欠还款行为严重的借款人，有关行政管理部门和银行将通过新闻媒体和网络等信息渠道公布其姓名、居民身份证号码、毕业学校及具体违约行为等信息；五是，严重违约的贷款人还将承担相关法律责任。

二、奖助学金与服兵役教育资助

（一）国家奖学金

国家奖学金是为了激励普通本科高校、高等职业学校和高等专科学校学生勤奋学习、努力进取，在德智体美劳方面全面发展，由中央政府出资设立的奖励特别优秀学生的奖学金。全国每年奖励6万名学生（从2019年起高职学生由0.5万名增加至1.5万名）。同一学年内，获得国家奖学金的家庭经济困难学生可以同时申请并获得国家助学金，但不能同时获得国家励志奖学金。

1. 奖励标准

每人每年8000元。

2. 具体申请条件

国家奖学金申请人，除须符合《学生资助资金管理办法》规定的“基本条件”外，还

应满足以下具体条件：

（1）学习年限。

本专科二年级（含二年级）以上；专升本学生进入本科阶段第2年（含第2年）以上；五年一贯制高职（中职、高职连读）学生入学第5年；本硕连读或本硕博连读的特殊学制学生，根据当年所修课程层次确定参与相应学段的国家奖学金评定，原则上从入学第6年开始（即不在本科学习阶段）不再具备本专科生国家奖学金申请资格。

（2）学习成绩。

学习成绩排名与综合考评成绩排名在评选范围内均位于前10%（含10%，下同）且没有不及格科目。学习成绩排名与综合考评成绩排名的范围应一致。学生排名比例计算方法为（凡涉及排名的，均用此方法）

学生成绩（综合考评成绩）排名 ÷ 排名范围（评选范围）总人数 × 100%

学习成绩排名或综合考评成绩排名没有进入前10%，但均位于前30%（含30%，下同）的学生，必须在道德风尚、学术研究、学科竞赛、创新发明、社会实践、社会工作、体育竞赛、艺术展演等某一方面表现非常突出。如此类学生申请国家奖学金，学校须严格审核其是否满足“在其他方面表现非常突出”的要求。所有证明材料均需经过学校审查并出具加盖学校公章的审查通过证明。

（3）评选范围。

评选范围按推荐人选产生的范围（不小于一个专业或年级）确定，并应实现大二及以上学生的全覆盖。

（二）国家励志奖学金

国家励志奖学金用于奖励资助全日制本专科（含高职、第二学士学位）学生中品学兼优的家庭经济困难学生。同一学年内，获得国家励志奖学金的学生可以同时申请并获得国家助学金，但不能同时获得国家奖学金。公费师范生、医学定向生和深度贫困县高职（专科）技术技能人才免费定向培养计划等实施学费全免政策的特殊学生，不再获得国家励志奖学金。

1. 奖励标准

每人每年5000元。

2. 具体申请条件

国家励志奖学金申请人，除须符合《学生资助资金管理办法》规定的“基本条件”外，还应满足以下具体条件。

① 学习年限。参照本专科生国家奖学金“学习年限”规定执行。

② 家庭经济情况。申请人在参评学年被认定为家庭经济困难学生。

③ 学习成绩。学习成绩排名与综合考评成绩排名，原则上应在评选范围内位于前10%。学习成绩排名或综合考评成绩排名超出前10%，但均位于前30%的，必须在参评学年获得一次及以上校级（含校级）以上表彰奖励。“校级（含校级）以上表彰奖励”的认定，由各高校自行确定。学习成绩排名与综合考评成绩排名的范围应一致，分母为排名范围内的全体学生（含非家庭经济困难学生）。

④ 评选范围。评选范围按名额分解下达到的最终一级单位（不小于一个班级）确定，应实现大二及以上学生的全覆盖。

（三）服兵役教育资助

1. 应征入伍服义务兵役国家资助

应征入伍服义务兵役学费补偿、国家助学贷款代偿和学费减免、直招士官国家资助对象如下。

（1）学费补偿、国家助学贷款代偿。

学费补偿、国家助学贷款代偿是指对应征入伍服义务兵役的高校学生，在入伍时对其在校期间缴纳的学费实行一次性补偿或获得的国家助学贷款（包括校园地国家助学贷款和生源地信用助学贷款，下同）实行代偿。“高校学生”是指全日制普通本专科（含高职）、研究生、第二学士学位的应（往）届毕业生、在校生和入学新生，以及成人高校招收的全日制普通本专科（含高职）的应（往）届毕业生、在校生和入学新生。“往届毕业生”是指毕业年份早于入伍年份的毕业生，但不包括政策实施起始年（2013年）之前入伍的往届毕业生。如2011年毕业生，2013年入伍的可以申请；2011年毕业生，2012年入伍的则不可以申请。

（2）学费减免。

学费减免是指对应征入伍服义务兵役前正在高等学校就读的学生（含正式录取的高等学校新生），服役期间按国家有关规定保留学籍或入学资格、退役后自愿复学或入学的，实行学费减免。

（3）退役士兵学费减免。

退役一年以上，参加全国统一高考或高职单招，考入全日制普通高等学校的自主就业退役士兵，可享受退役士兵教育学费资助。以下政策要点需特别注意：非自主就业退役士兵学生、9月份退役并于当年9月份入学的退役士兵新生、享受过应征入伍服兵役学费补偿贷款代偿政策的学生，不能享受退役士兵学费减免政策；以前学历阶段享受过退役士兵学费资助政策的学生不能再次享受，如学生本科阶段享受过退役士兵学费资助政策，则其研究生阶段不能再次享受。

（4）消防救援人员资助。

高等学校新生和在校学生入职期间保留学籍，退出国家综合性消防救援队伍后允许入学或复学，在学费补偿、助学贷款代偿等方面参照高校学生应征入伍服义务兵役国家资助相关办法享受优待。

（5）直招士官国家资助。

直招士官高校学生是指直接从非军事部门招收为部队士官的全日制普通本专科（含高职）、研究生、第二学士学位的应（往）届毕业生，以及成人高校的普通本专科（高职）应（往）届毕业生；被纳入全国高等学校招生统一考试、直接招录或选拔补充为部队士官的定向生。“往届毕业生”是指毕业年份早于入伍年份的毕业生，但不包括政策实施起始年（2015年）之前入伍的往届毕业生。2019年直招士官国家资助对象主要有三类：第一类是2019年8月直接招收入伍的高校毕业生；第二类是2016年9月入学参加定向士官培养、2018年12月入伍实习、2019年7月下达士官任职命令的高校毕业生；第三类是2017年9月入学参加定向培养、2019年12月入伍实习已拿到正式入伍通知书的高校学生。

2. 资助标准

学费补偿、国家助学贷款代偿或学费减免的标准是本、专科生每人每年最高不超过

8000元、研究生每人每年最高不超过1.2万元，超过标准部分不予补偿、代偿或减免。学费补偿或国家助学贷款代偿，按照学生实际缴纳的学费或获得的国家助学贷款（包括本金及其全部偿还之前产生的利息）两者金额较高者执行。

3. 资助年限

入伍资助期限为全日制普通高等学历教育一个学制期。复学或入学后攻读更高层次学历的不在学费减免范围之内。降级（留级）学年的学费不予补偿、代偿或者减免。

（1）毕业生学费补偿或国家助学贷款代偿。

资助年限按国家对专科（含高职）、本科、研究生和第二学士学位规定的基本修业年限据实计算。专升本、本硕连读、中职高职连读、第二学士学位毕业生学费补偿或国家助学贷款代偿的年限，分别按照完成本科、硕士、高职和第二学士学位阶段学习任务规定的学习时间计算。

（2）在校生学费补偿或国家助学贷款代偿。

以入伍时间为准，入伍前已完成的修业年限，即为学费补偿或国家助学贷款代偿的年限。专升本学生，在专科或本科学习阶段应征入伍的，以专科或本科规定的学习时间实行入伍资助；本硕连读学生，在本科或硕士学习阶段应征入伍的，以本科或硕士规定的学习时间实行入伍资助；中职高职连读学生入伍资助，以高职阶段学习时间计算。

（3）退役复（入）学学生学费减免。

退役复学学生或退役士兵学生，学费减免的年限按国家对专科（含高职）、本科、研究生和第二学士学位规定的基本修业年限据实计算，即学费补偿或国家助学贷款代偿的资助年限与退役复（入）学学费减免的资助年限之和必须少于或者等于国家规定的基本修业年限。

三、勤工助学与专项资助

（一）勤工助学

勤工助学是学校学生资助工作的重要组成部分，是提高学生综合素质和资助家庭经济困难学生的有效途径，是实现全程育人、全方位育人的有效手段。勤工助学活动应坚持“立足校园、服务社会”的宗旨，按照学有余力、自愿申请、信息公开、扶困优先、竞争上岗、遵纪守法的原则，由学校在不影响正常教学秩序和学生正常学习的前提下有组织地开展。

1. 活动管理

学生在学有余力的前提下，向学校提出勤工助学的申请，接受必要的勤工助学岗前培训和安全教育，再由学校统一安排到校内的岗位上进行勤工助学活动。学校不得安排学生参加有毒、有害和危险的生产作业，以及超过身体承受能力、有碍健康的劳动。任何部门和个人未经同意，不得聘用在校学生打工。

2. 时间安排

学生参加勤工助学不应当影响学业，原则上每周不超过8个工时，每月不超过40个工时。

3. 劳动报酬

学生参加校内固定岗位的勤工助学，其劳动报酬由学校按月计算，每月40个工时的酬金原则上不低于当地政府或有关部门制定的最低工资标准或居民最低生活保障标准，可以适当上下浮动。校内临时岗位按小时计酬，每小时酬金可参照当地政府或有关部门规定的最低小时工资标准合理确定，原则上不低于每小时12元。学生参加校外勤工助学的酬金标准不低于学校所在地政府或有关部门规定的最低工资标准，具体数额由用人单位、学校与学生协商确定，并写进聘用协议。

4. 权益保护

在校内开展勤工助学活动的，学生及用人单位须遵守国家及学校勤工助学相关管理规定。学生在校外开展勤工助学活动的，勤工助学管理服务组织必须经学校授权，代表学校与用人单位和学生三方签订具有法律效力的协议书。签订协议书并办理相关聘用手续后，学生方可开展勤工助学活动。协议书必须明确学校、用人单位和学生等各方的权利和义务。

（二）高校家庭经济困难学生入学资助项目

从2012年秋季学期起，中央财政利用中央专项彩票公益金设立了普通高校家庭经济困难学生入学资助项目，用于一次性补助家庭经济困难新生入校报到的交通费及入学后的短期生活费。学生可向当地县级教育部门咨询办理。

精品案例

高校资助与育人协同

王某，女，性格内向，不善与人交流，学习成绩中等偏下，参加课外文化活动较少。进入大三时，该生突然提出退学申请。

接到退学申请后，辅导员与该生进行了谈心谈话，基本掌握了该生提出申请的原因。经过谈心谈话了解到，该生家庭地处贫困县，家庭经济困难，家中多子女，该生为家中长女。父亲身体状况不好，本来还能外出打工，但在一次事故中胯部受伤，不能干重活（有残疾证明），母亲身体状况也较差，家庭无力供给日常生活费。进入大学学习后，经人介绍，该生在学校附近个体摊位兼职赚取生活费。因为忙于兼职，导致经常有科目不及格，累计重修学分多达20分，即将面临拿不到学位证的问题。加之近期母亲突发疾病，精神异常，需要紧急就医，面临大额开支，导致该生压力过大，萌生了退学的想法。

针对该生情况，辅导员主要做了五点工作：一是帮助其母联系就医，稳定其心理；二是积极帮助该生申请资助，加大资助力度；三是在校内联系勤工俭学机会，减少兼职花费时间；四是成立学生帮扶小组，帮助解决学业困难；五是委任适当工作，帮助该生融入班级团队。经过系列帮扶，该生慢慢走出了困境，性格变得比以前开朗，不及格科目得到控制，顺利毕业，实现就业。

分析：

这是一起典型的由于家庭经济困难导致学业困难的案例。在本案例中，学生并不是因为个体本身对学业失去了兴趣、从主观上主动放弃专业学习，而是因为家中长期以来巨大的经济压力导致学生经济和心理压力过重，加之母亲近期突发疾病导致学生心理崩溃，感觉学业难以为继，遂萌生退学的想法。面对学生的退学申请，辅导员要有心理准备，不能轻易应允，应当了解清楚学生提出退学的真实原因和真实想法，实施经济困难学生给予资助项目支持。

来源：https://www.fx361.com/page/2020/0704/6826170.shtml，有改动。

1. 资助范围与对象

该项目的资助对象为中西部地区每年考入全日制普通高等院校的家庭经济困难新生。本项目所指中西部地区具体包括河北省、山西省、内蒙古自治区、吉林省、黑龙江省、安徽省、江西省、河南省、湖北省、湖南省、广西壮族自治区、海南省、重庆市、四川省、贵州省、云南省、西藏自治区、陕西省、甘肃省、宁夏回族自治区、青海省、新疆维吾尔自治区、新疆生产建设兵团。

2. 资助标准

省内院校录取新生每人500元，省外院校录取新生每人1000元。

3. 申请条件

① 热爱祖国，拥护中国共产党的领导。

② 遵守宪法和法律，遵守学校规章制度。

③ 普通高中应届毕业生。

④ 参加高考并被全日制普通高等院校（含高职）录取。

⑤ 家庭经济困难，生活俭朴。

入学资助项目应优先资助孤残学生、父母丧失劳动能力学生、少数民族学生、烈士子女、单亲家庭经济困难学生、农村绝对贫困家庭学生、享受城镇居民最低生活保障政策家庭和因突发事件导致家庭经济困难学生、农村计划生育独生子女和双女户家庭学生等。

（三）绿色通道

家庭经济特别困难的新生如暂时筹集不齐学费和住宿费，可在开学报到期间，通过高校开设的“绿色通道”先办理入学手续。入学后，高校资助部门根据学生具体情况开展困难认定，采取不同措施给予资助。

（四）学费减免

公办高校中家庭经济特别困难、无法缴纳学费的学生，特别是孤残学生、少数民族学生、烈士子女、优抚家庭子女等，可获得减免学费资助。具体办法由各高校制定。

（五）辅助措施

各高校利用自有资金、社会组织和个人捐赠资金等设立奖学金、助学金；对发生临时困难的学生发放特殊困难补助等。

第三节　高校资助与育人协同

一、感恩于心，励志于行

用自己的实际行动回馈助学资助，是每一个受助学生应尽的义务。如何更好地履行这一项义务？可以从以下几个方面来进行。

（一）正视自己，严于律己

一些受资助的学生，因家庭经济因素，在大学入学前所接触的信息和参与的社会实践等比较少，进入大学校园后，看着光鲜亮丽的同学，往往会产生自卑的心理，把自己的缺点无限放大，认为自己事事不如人；还有一些受资助的学生，习惯了“开口要、伸手拿”，认为自己家庭经济困难，大家都应该以他为中心，因此在享受资助以后，不能正确估计自己，无法正视客观事实，更不要说感恩与回馈。

国家给予各项助学资助的目的是保证教育公平，为更多的寒门学子保驾护航，帮助他们顺利完成学业。因此，正确认识自己，遵章守纪，勤奋学习，刻苦钻研，顺利完成学业，是受资助学生感恩并回馈国家、社会和学校的体现。

（二）换位思考，宽以待人

每年资助资格量化考核及民主评议时都有部分家庭经济困难程度较轻、排名较后的同学没有获得受助资格，心里难免会有想法和不服气，极个别学生还会找班主任、辅导员理论，甚至说一些过激的话。

其实，贫困没有标准，贫穷更不能对比，每个递交认定申请的同学都存在经济困难的情况，在资助资源不能满足全部需求的前提下，为确保家庭经济最困难的学生可以得到国家资助款项，一小部分家庭经济不十分困难的学生需要体谅他人、换位思考，以宽厚博大的胸怀包容他人。

（三）热爱生活，回馈社会

受资助的学生在学有余力之时，在校期间要利用个人时间、精力、技能、资源积极响应学校号召，自愿、无偿地参与服务社会生产、生活和他人的公益活动，包括社区服务、环境保护、知识传播、社会治安、社会援助等，通过力所能及的行动回馈社会。

二、诚实守信，为人之基

内诚于心，外信于行。诚信是中华民族的传统美德，也是个人的道德准则，更是国家法律法规予以明确的行为规范，是社会主义核心价值观的重要组成部分。

我们要如何爱护诚信，这个自己的第二张“身份证”呢？可以从以下几个方面来努力。

（一）提高个人修养，诚心待人

无论是个人独处还是集体共处，大学生都需要真情实意，不因内心欲望或外界诱惑而动摇，敢于正视自己的弱点与不足，耻于弄虚作假、欺上瞒下。现阶段，一些乡镇民政部门对学生要求开具的证明的真实性核查把关不严、做顺水人情，导致有的学生认为造假成本低，铤而走险，虚开证明冒领资助，不仅欺骗了自己，也欺骗了学校和国家。针对这种不良现象，多所高校重拳出击，加大对福利欺骗的惩治力度。

（二）言行一致，持之以恒

诚信不仅要常讲、常提，更重要的是要付诸实践，用实际行动持之以恒地践行自己的承诺。

大学时期是人生重要的求知阶段。大学生不仅要学习专业技能知识，更要在大学里培养良好的品格。申请各项资助时，大学生要从自己的实际情况出发，如实反映，积极争取；领到资助款时，要信守自己在申请时的承诺，在学业上攻坚克难，力争优秀，积极参与各项公益活动，用志愿活动来诠释自己的承诺；在获批助学贷款以后，要履行合约精神，保管好贷款合同，及时登录贷款系统更新自己的联系方式；毕业后，要按时还款还息，切不可心存侥幸，逃避债务，让自己的个人征信记录留下终身的污点。

（三）正确了解征信，珍惜信用记录

中国人民银行建立了征信中心个人信用信息服务平台，由专业化的、独立的第三方机构为每个自然人建立信用档案，依法采集、客观记录信用信息，并依法对外提供信用报告。为真实、客观地反映个人的信用状况，个人信用报告不仅会反映个人信用交易的现状，而且会反映其信用交易的历史情况。

商业银行等金融机构在核批个人金融活动需求、判断一个人的信用状况时，考察的主要依据就是个人信用报告。获得助学贷款的学生，如果未能按照贷款合同或信用卡合约中的条款要求按时足额偿还贷款、支付各种费用，贷款银行会在逾期的第二天向征信机构提供个人不良信息。即使违约人偿还了欠款，曾经逾期的记录仍会在个人信用报告中保留一段时间。根据规定，不良信息的保存时限设定为5年，欠款还清（即失信行为终止）超过5年的不良信息会被删除。

信用是每个人都拥有的一笔实实在在的财富。有良好的信用，就能在贷款、求职等很多方面享受到便利。但这笔财富不是一朝一夕就能获得的，它需要靠每个人在日常生活中慢慢地积累。因此，大学生要注意养成良好的信用交易习惯，珍爱自己的信用记录，让诚信助你远航。

第九章　防范风险，安全指南

内容导入

大学生安全教育是高校教育的重要组成部分。大学生增强安全防范意识，掌握必要的安全知识和安全防范技能，减少安全隐患，对于确保大学生顺利完成学业具有十分重要的意义。大学生安全教育，包括人身财产安全教育、消防安全教育、户外活动与交通安全教育、食品卫生安全教育、网络安全教育、心理健康教育及校规校纪教育。这七项内容涵盖了大学生学习、生活、工作、娱乐中可能遇到的大多数安全问题，因此，必须加强这七个方面的教育。搞好大学生日常安全教育，必须以提高学生安全防范意识为目的，必须遵循“预防为主、教育优先”的原则。

第一节　人身安全

所谓人身安全是指个人的生命、健康、行动等没有危险，不受威胁。它是人们赖以生存和活动的首要条件。正是从这个意义上讲，我们说人身安全是安全之本。人身安全历来受到高度的重视，“安全第一”就是这个意思。

随着社会发展进步，大学生的生活空间也随之扩展，交流领域也在不断地拓展。大学生不仅要在校园内学习、生活，而且还要走出校园参加众多的社会活动，危及人身安全的危险因素也随之不断增多，给大学生的安全带来威胁。稍有不慎就可能造成不幸，给家庭造成痛苦，给社会造成负担。

高校开展人身安全教育，宗旨是帮助大学生认识、珍惜、热爱生命，培养积极的“生命观、生存观、生活观”。使学生认识自身安全的威胁因素，了解和掌握保障自身安全和生存的技能。学会应对地震等自然灾害的方法。

一、珍爱生命，珍惜青春

学会生存、学会学习、学会创造、学会奉献——这些是大学生将来面向社会和生活必须具有的最基本、最重要的品质。其中，核心就是学会如何做人：学会做一个符合社会不断发展进步所需要的人格健全的人，学会做一个能正确处理人与人、人与社会、人与自然关系并使之协调发展的人。这就要求每个在校大学生，必须积极主动地接受生命教育、生存教育和生

大学生安全教育

活教育，培养并牢固树立正确的人生观。面对困难，保持乐观的态度；遇到逆境，不失去信心。在遭受挫折的时候，勇于迎接挑战、战胜自己、超越自我，唯有如此才能充分展现青春的活力和魅力，使生命更有价值。

二、预防被伤害

人的生命只有一次，防止生命受到伤害，是大学生安全教育最主要、最基本的内容。

（一）大学生受伤害情况

伤害大学生的案件、事故基本类型有4种。

① 因不法之徒的违法犯罪侵害引发或转化的大学生生命伤害。例如，流氓滋扰、寻衅滋事、拐卖女生、殴打、性侵害，以及抢劫、盗窃等。

② 因违反管理规定引发各种事故，直接造成大学生生命伤害。例如，爆炸、火灾、交通事故、塌、砸、挤踩、溺水、煤气中毒、食物中毒等。

③ 因违反治安管理规定或因具体矛盾处理不当转化的大学生生命伤害。例如，参加邪教组织，误入非法传销，打架斗殴或在公共娱乐场所、公众聚集场合发生的矛盾，学习、生活中产生的摩擦，校外社交活动中发生的纠纷等。

④ 因其他意外情况偶发的大学生生命伤害。例如，突发的自然灾害造成生命伤害等。

（二）大学生被伤害的原因

大学生被伤害的原因多种多样，有客观方面的原因，也有大学生自身方面的原因。就其主观原因看，主要有以下几个方面。

1. 安全意识淡薄

对社会治安形势的严峻性，对不法分子侵害手段的残忍性缺乏足够的认识，甚至对随时可能发生的侵害预见性不够，面对复杂客观的治安形势，在思想上却采取了充耳不闻的思维方式，造成防范观念差，当意外侵害发生时，感到格外震惊。

2. 安全知识贫乏

对案件、事故的发生规律知之不多，因而，对在什么时间、什么场合、什么环境、什么氛围、什么人群容易发生什么案件、事故缺乏预见性，更谈不上采取措施积极主动预防。许多情况下，当事故、案件隐患已经严重威胁人身生命安全时，一些大学生不仅没有保持一定的警惕，甚至还常置若罔闻。

3. 自我安全保护能力弱

从已经发生的大学生人身生命受到伤害的案例看，许多大学生受伤害的程度本可以减轻，甚至一些受伤害的情况完全可以避免，但事实是本可以避免的伤害发生了，本可以减轻的伤害程度加强了。根本原因就是这些大学生的自我保护能力弱，当侵害发生时，束手无策，不但不能勇敢、机智、巧妙地进行自我保护，甚至做出激化矛盾、事与愿违的举动。

4. 处理问题的思想观念错误

许多受到侵害的大学生，往往在问题没有发生时，什么都不在乎，一旦问题发生，又不敢面对现实，甚至极度恐慌，总怕学校领导和老师知道，设法掩盖已发生的问题。在处理问题时就会出现不靠老师靠自己，不靠组织靠老乡，不靠理智靠哥们义气的情况。在这种错误理念下，往往使小纠纷演变成大矛盾，简单的问题演变得复杂化，好解决的问题演变得难以处理。

5. 社会公德、组织纪律、法律意识淡薄

特别是在公共聚集场合、公共娱乐场所、集体生活的环境中，有些人只想享受社会公德为自己提供的便利，而不愿遵守社会公德奉献自己的道德文明；只想享受纪律为自己提供的自由，而不愿意遵守纪律受纪律的约束；只想享受法律为自己规定的权利，而不愿意遵守法律尽法律为自己规定的义务。结果，扰乱了公共秩序、侵犯了他人正当权利、危害了公共安全、妨害了社会管理秩序，最终受到伤害的往往还包括大学生自己。

（三）大学生受伤害的预防

预防大学生人身生命遭受伤害是一项系统工程。一方面，它有赖于整个社会治安环境的改善，有赖于学校周边治安秩序的净化，有赖于文明校园氛围的提升；另一方面，大学生本身要做好防范工作。就自身如何确保生命安全，主要应该做好以下预防工作。

1. 尽量减少、避开遭受侵害的因素和环境

大学生在校阶段，应刻苦学习，努力完成学业。在日常生活中，尽量慎重出入治安环境复杂场所，远离不法分子侵害，减少遭受伤害的概率，对于大学生人身生命安全是必要的。一是了解易受不法分子侵害的环境。尽量远离治安环境复杂场所，尽可能不单独到偏僻无人或极少有人活动的林间、山路、沟渠、废旧建筑工地等处活动、逗留，减少与不法分子直接发生矛盾受其侵害的环境条件。二是了解易受不法分子侵害的时机、对象。尽量避免在夜深人静、黑暗、视线不良时单独出行或夜不归宿，避开不法分子侵害的时机，避免成为不法分子选择的对象。三是了解不法分子侵害的手段。尽量以机智灵活的方法、义正词严的态度应对不法分子的暴力、欺骗或软硬兼施，设法努力避免、减少不法侵害的发生。

2. 不给可能发生的侵害提供条件

大学生的人身生命安全遭受伤害，有时往往是由于自身原因引发的。因此，大学生为了避免自身生命遭受伤害，必须从自身做起。例如，为避免火灾、爆炸伤等，宿舍内不乱接拉电源、电线，不躺在床上吸烟和乱扔烟头，不在蚊帐内点蜡烛，不随地焚烧杂物，不使用易引起火灾的各种器（造）具，不存放易燃易爆物品，实验过程中不违反操作规程等。为防止不法分子侵害，在公共娱乐场所言语举动不轻佻，不以骄横失态、偏激对待问题，不用挑衅语言刺激对方，不给有不良企图的人发出易误会的信号，外出穿着不过于暴露，尽量不带贵重物品，钱物不外露，遇到意外，不慌张、不胆怯等，把可能由于自身原因引发的伤害程度降到最低。

3. 拒腐蚀、提高免疫力

大学生人身生命遭受伤害，有时候是自身存在的不良习气、不健康思想、不道德行为引起的。因此，大学生要减少或避免人身生命伤害，还要自觉拒绝不健康思想的侵蚀：一是警惕西方资产阶级人生观、价值观、生活方式的侵蚀，特别是自由化思潮和所谓性解放的影响。二是拒绝腐朽思想的腐蚀，特别是淫秽色情制品的影响。三是抵制世俗风气的影响。例如，借过生日、入党、获得奖学金、受到奖励等机会吃吃喝喝；发生问题不但不向老师报告，还互相包庇等。四是克服庸俗习气（例如，赌博、酗酒、吸毒、拉老乡、搞哥们儿义气、以力服人、逞匹夫之勇等）的影响。大学生一定要严于律己，不但要使自己成为一个具有专业文化知识的人，而且要使自己逐渐成为一个具有远大政治抱负、脱离低级趣味的高尚的人。

4. 正确对待发生的各类侵（伤）害

正确对待和处理正在发生和将要发生的各类侵（伤）害，是避免和减少大学生人身生命安全遭受伤害最直接、最现实的应对之策。

① 正确应对不法侵害。就是当不法侵害正在或即将发生时，能临危不惧，保持清醒的头脑，针对具体情况，采取果断、机智、灵活的办法，化险为夷。第一，凡不法侵害都是以违法犯罪为前提的，不法之徒亦胆怯心虚，见不得阳光和群众。对此，应义正词严，拿起法律武器，勇敢维护法律尊严和自己的权益，大胆震慑罪犯。第二，不法侵害者往往是亡命之徒，心狠手辣、不择手段、不计后果。对此，不宜以蛮干对无知、盲目硬拼、强逼困兽，以防遭受致命之灾。而应以智慧取胜，用机智、灵活的方法与之周旋，“两害相权取其轻”，甚至做出某种局部利益的牺牲，以保证生命安全。第三，不法之徒往往贪财好色，当遇不法之徒侵害时，应尽量与之周旋，拖延时间，争取外援，或找机会脱身、报案。一旦没有外援或无法脱身、报案时，为保全自身主要权益，可满足不法之徒部分条件，麻痹其警觉，造成其控制松懈。同时，注意掌握其罪证，为以后侦破案件、打击犯罪提供条件。

② 正确应对各类灾害事故。各类灾害事故对人的生命和财产安全具有极大的破坏性，正确应对各类灾害事故，就能有效地减少或避免伤害。一是灾害和事故具有演进性和规律性。凡灾害事故的发生，都是由渐变到突变的过程。因此，为预防灾害事故发生，避免、减少伤害，平时就要认真遵循规律，积极做好预防工作，把灾害事故化解在演进的过程中。二是灾害事故的发生具有偶然性和突发性。这种突如其来的灾害事故往往会给人们的心理造成极度的恐慌。为避免或减少其造成的伤害，应做到处乱不惊，保持清醒头脑；有生命危险时，设法保护人身生命安全；条件许可时，及时报警；防止事态进一步扩大；积极参与救助，等待救援。三是灾害事故对生命、财产安全具有极大的破坏性。对此，应面对和接受现实，树立信心，利用现有条件或积极创造条件，努力把伤害减到最低程度。

三、远离毒品、艾滋病、赌博

（一）毒品——一个无形的魔鬼

每年6月26日是国际禁毒日，也称国际反毒品日。从1992年起，国际禁毒日每年都有一个活动主题，以达到社会关注和共同参与的效果，同时号召全球人民共同解决毒品问题。

毒品是指鸦片、海洛因、甲基苯丙胺（冰毒）、吗啡、大麻、可卡因及国家规定管制的其他能够使人形成瘾癖的麻醉品和精神药品，它们具有以下的共同特征：有一种不可抗拒的力量强制性地使吸食者连续使用该药，并且不择手段地去获得它；连续使用有加大剂量的趋势；对该药产生精神依赖及躯体依赖性，断药后产生戒断反应（即断药后会出现“脱瘾”症状），对个人、家庭、社会都会产生危害性结果。

吸毒的人在断药以后，会出现情绪不安、身体忽冷忽热、起鸡皮疙瘩、流眼泪、流鼻涕、出汗、恶心、呕吐、肚子痛、拉肚子等一系列症状，像得了很严重的疾病。戒断反应很痛苦，所以吸毒者为了逃避这种痛苦会继续吸毒。

沾染毒品的诱因有很多，预防吸毒的措施也有很多，但归根结底，预防吸毒的关键还在于自己。

自律自爱，珍惜生命，远离毒品，才能够切实保护自己不被毒品所害。个人预防吸毒，主要是不断提高自身的综合素质和能力，筑起抵御毒品侵袭的铜墙铁壁。

青少年预防吸毒要做到以下10个“千万不要”：千万不要因盲目猎奇而吸毒；千万不要因寻求刺激而吸毒；千万不要因贪图享受而吸毒；千万不要因消愁解闷而吸毒；千万不要轻信吸毒者的谎言；千万不要听信吸毒能治病的谬论；千万不要在吸毒场所多停留1秒；千万不要接受涉毒人员馈赠的食品（包括香烟）；千万不要结交有吸毒行为的人；千万不要与贩毒人员有任何牵连。

具体地说，青少年预防吸毒要做好以下几点：树立正确的人生观，认清毒品的危害，从远离烟酒做起，增强自制力，谨慎交友，抵制引诱，不盲目赶时髦，合理用药。

要终生远离毒品，学习禁毒知识，必须做到“四个牢记”。

① 牢记什么是毒品。毒品不是“有毒的物品”，也不是“毒药”。

② 牢记吸毒极易成瘾，并极难戒断。要终生记住这句话。当你周围有人吸毒的时候，当有人拿出毒品告诉你吸它如何奇妙、如何快乐、如何好玩、如何时髦的时候，你一定要让这句话像警钟一样在你耳边响起。

③ 牢记毒品害己、害人、害家、害国。牢记那一桩桩、一件件沾满泪水和鲜血的案例，不要忘记那些陷入毒海难以自拔的人悔恨万分的呼唤。一辈子不沾毒品是做人的一条底线。

④ 牢记吸毒是违法行为。要时时记住毒品是受国家管制的物品，吸毒是违法行为。时时记住走私、贩卖、运输、制造毒品都是犯罪。违法犯罪难逃国法的制裁。

（二）预防艾滋病

艾滋病是一种致死率极高的严重传染病，目前还没有治愈的药物和方法，但可以预防。要熟练掌握预防艾滋病的有关知识，这样才可以更好地防止感染艾滋病。自艾滋病被发现以来，医学界的专家在艾滋病的流行病学、病毒学、免疫学、诊断学、预防学等领域里，取得了丰硕成果。这为今后预防控制艾滋病的流行与传播提供了科学依据。艾滋病通过性接触、血液、母婴三种途径传播。预防艾滋病是完全可能的，是可以做得到的。对大学生个人预防来说，除掌握有关艾滋病知识外，应该做到：

拒绝毒品
远离艾滋

① 不去非法采血站卖血，不涉足色情场所，不轻率地进出某些娱乐场所；在任何场合都应保持强烈的预防艾滋病意识；不存有任何侥幸心理；不因好奇而尝试吸毒。

② 生病时要到正规的诊所、医院求治，注意输血安全，不到医疗器械消毒不可靠的场所打针、拔牙、针灸、手术。不用未消毒的器具穿耳洞、文身、美容。

③ 不与他人共用剃须刀、牙刷等，尽量避免接触他人体液、血液，对被他人污染过的物品及时消毒。

④ 注意与艾滋病人的接触。给艾滋病人采血及注射时，应使用一次性注射器，对病人的血液、排泄物、污染的物品应进行彻底焚烧。

⑤ 洁身自爱，遵守性道德。这是预防性接触感染艾滋病的根本措施。不安全性行为

是导致艾滋病性传播的主要原因。

大学生要掌握相关医学知识，正确认识艾滋病，通过参加知识讲座、知识竞赛，学习宣传单、宣传图册上的知识等，了解艾滋病。

（三）赌博：倾家荡产

赌博是一种丑恶的社会现象，是指利用赌具，以钱财作赌注，以占有他人利益为目的的违法犯罪行为。近年来，个别高校出现赌博行为，并呈现出以下特点：赌博的花样越来越多，诸如打麻将、赌扑克、网络博彩等；赌博的地点越来越广，娱乐场所、寝室及网络均有赌案发生；参赌的大学生越来越多；赌博活动公开化。

① 荒废学业，浪费青春。学知识是大学生的首要任务，如果沉迷于赌博，必然会影响学习。个别大学生时常纠合在一起进行赌博，甚至一部分大学生赌博成瘾，经常迟到、缺课。不少人考试成绩不及格，被迫留级或退学，浪费了人生中最宝贵的黄金岁月。

② 引发不稳定因素。参与赌博的人今天赢，明天输，不可能天天赢，赢的时候大手大脚、挥金如土，输了就想把损失找回来，只能继续赌，若无赌资，就有可能引发抢劫、盗窃、杀人、放火等行为，引起社会的不稳定。就大学生而言，如果输得太多，就有可能寻求借贷，甚至借下高利贷，欠下巨额外债。一旦债主追讨导致东窗事发，父母只能无奈买单，成为赌博的受害者。

③ 严重影响人际关系，腐蚀校园风气。经常赌博的大学生，生活起居错乱，不遵守学校的作息制度。不但影响其他同学的学习和生活，还会影响校风校纪和同学间的人际关系。久而久之，必然会与同学产生矛盾和冲突。

④ 赌博容易使大学生产生贪欲。大学生参与赌博，久而久之会发生人生观、价值观的扭曲。输者垂头丧气，发誓要下次赚回；赢者洋洋得意，一副自以为是的模样。这些大学生的价值观发生了扭曲。

⑤ 毒害大学生的心灵。赌博活动易使大学生产生好逸恶劳、尔虞我诈、投机侥幸等不良心理品质。赌博会使大学生越来越接近社会上职业赌徒的心态，慢慢失去大学生应有的单纯和上进心。

四、正确认识宗教、抵制邪教侵害

（一）区分宗教与邪教

在宗教中，神和人是有别的，再有权威、再德高望重的神职人员（僧侣、主教、神父、牧师、道士等），也不得自称为神；邪教教主却自称为神。

宗教的传教活动是公开的，僧侣在寺庙中公开讲经，主教、神父在天主教堂中公开布道，教民可在教堂公开举行教务活动。邪教则经常进行隐蔽性的活动。

宗教并不反人类、反社会，而邪教则反人类、反社会。

宗教不允许神职人员骗财敛财，而邪教教主则大肆掠夺别人的财产。

宗教有自己的典籍和教义，邪教的所谓教义都是危言耸听的歪理邪说。

（二）大学生要坚决抵制邪教的侵害

大学生应当参加合法的社会组织，参与健康向上、有益身心的社会活动，包括体育健身活动。

警惕境内外反动宗教组织对我国的宗教渗透。

如果接到了散发或邮寄的宗教宣传品或参加宗教组织的活动的邀请信，切不可轻易参加或将宗教宣传品在同学、朋友中散发，而应主动报告学校保卫部门或党组织，并配合学校进行工作。

我国原则上不允许教徒在家里聚众举行宗教活动，如果有人邀请你参加家庭宗教聚会，应该婉言谢绝。

大学生应当努力学习科学知识、科学思想、科学方法和科学精神。只有具备以上“四科”，才能正确地分析问题、解决问题，正确地认识世界、改造世界。

大学生要学会识别真伪，分辨善恶，分清宗教与邪教的本质区别，分清我们提倡的“真、善、美”与邪教宣扬的“教义”的本质区别，从根本上认清邪教是反人类、反社会、反科学、反政府的非法组织。

大学生要永远站在党和人民一边，与邪教及其他非法组织进行坚决斗争，用实际行动反对迷信、反对邪教，用实际行动维护学校稳定。

五、常见自然灾害的自救

自然灾害是指一切给社会和人类的正常生活、生产秩序带来严重破坏，并造成人们生命财产巨大损失的自然现象和事件。

（一）暴风、暴雨灾害性天气的防范

检查寝室、教室及实验室等场所的设备装置，发现损坏、松动应及时向学校有关部门报告。如果外出，避风避雨时要选择安全地带，一定要注意道路两侧的易倒物，如围墙、树木和广告牌及简易建筑物等，在野外小心电线杆倒下或断线、公路塌方、树倒枝折等危险。外出行走风力很大时，尽量弯腰，经过高大建筑物时，要留意可能的高空坠落物。做好寝室或教室管道落水口的清理工作，以确保可能出现的积水快速顺利地排出。

1. 雷击的安全防范

雷是大气中的一种放电现象，产生的电流非常强大，放电时产生的强烈的光就是闪电。雷电产生的强大电流和释放的大量热量会引起物品燃烧爆炸、房屋倒塌、人畜触电伤亡。雷电会产生强大的电流，而人又是导体，所以预防雷击最关键的就是不能让自己成为雷电的导体。

遇雷电时，不要赤脚站在泥地或水泥地上，应紧闭门窗，防止危险的侧击雷和球形闪电侵入；尽可能中止室外活动，可就近寻求避雷场所，如成片的房屋等处，但不宜进入棚屋、岗亭等无防雷设施的低矮建筑物，更不宜躲在树下；不宜在建筑物朝天面上活动，因为当朝天面发生直接雷击时，强大的电流可导致人员伤亡；切勿接触天线、水管、铁丝网、金属门窗、建筑物外墙，远离电线等带电设备或其他类似金属装置，不宜在铁栅栏、金属晒衣绳、架空金属体及铁路轨道附近停留；不宜在室外游泳池、湖泊、海边游泳；注意地形地貌，尽可能远离山顶或其他制高点、水面或水陆交界处，若在森林中，则要注意选择周围是林木、中间是空地的地方避雷；保持良好的行走状态，尽可能消除安全隐患，不要撑金属伞柄的雨伞在雨中行走，不要接触铁轨、电线，不能在雷雨中跑动，也不宜骑

自行车，更不能骑摩托车，同时要尽可能远离建筑物外露的水管、燃气管等金属物体及电力设备；头、颈、手处如有蚂蚁爬走感，头发竖起，说明将发生雷击，应赶紧扔掉身上佩戴的金属饰品，如发卡、项链等，这样可以减少遭雷击的危险，如果看见闪电且几秒内就听见雷声，说明自己已处于近雷暴的危险地带，此时应停止行走，两脚并拢并立即下蹲，双手抱膝，尽量降低身体重心，减少人体与地面的接触面积，如能立即披上不透水的雨衣，防雷效果更好；避雷针只能保护建筑物，但对沿架空电线、电话线侵入的雷电波无能为力，因此雷雨天必须避免用手机接打电话，不要上网，最好把电脑的电源插座拔掉，另外应确保计算机有良好的接地措施；如果高压电线遭雷击落地，近旁的人要保持高度警觉，当心地面“跨步电压”的电击，逃离时应双脚并拢，跳着离开危险地带；若有人因遭到雷击，停止呼吸，应及时进行人工呼吸和外部心脏按压，并迅速送往医院进行救治，以防造成伤亡。

2. 泥石流、山洪预防和逃生

面对泥石流的突然发生，要保持冷静。首先判断崩塌、滑坡、泥石流威胁的范围，然后及时逃离险区。具体来说，泥石流发生时，滚石、坡体或泥石流都是从高的地方向低的地方运动，所以，应选择向左右两个方向，朝着沟岸的两侧山坡逃离危险区，而不要选择顺着滚石、坡体或泥石流运动的方向朝上游或下游逃生。

降暴雨时，要时刻观察房屋周围的河道水位和山体有无异样，特别是晚上，更应该提高警惕，随时准备转移。加强对塘坝水库水位、渗漏等情况的观测，如有异样，迅速转移。观测到降雨量可能引发洪水、滑坡、泥石流，立刻采取鸣锣、电话、广播、网络等预先设定的报警措施，迅速向可能受到威胁的人们传递信息。洪水到来时，河道水位会迅速上涨，不要沿着河道跑，应该向河道两岸的高处跑。如被洪水冲走，要尽可能抓住木棍、门板等漂浮物，漂过树木等固定物时迅速抓住，等待救援。被困山洪中时要保持镇定，保存体力，衣服尽可能保持干燥，耐心等待救援。

（二）地震的防范

1. 如果你在室内

地震具有突发性，使人措手不及，地震开始时，如果正在屋内，切勿试图冲出房屋，这样被砸中的可能性极大。应远离窗户，因为窗玻璃可能被震碎。

寻找掩护，身子蹲下，紧贴内部承重墙墙角作为掩护，然后双手抓牢固定物体。用双臂或遮挡物护住头部、脸部。

远离玻璃制品、建筑物外墙，以及其他可能坠落的物体，例如灯具等。这时，保护头部是极其重要的。在紧急情况下可利用身边的棉坐垫、毛毯、枕头等物盖住头部，以免被砸伤。

在晃动停止并确认户外安全后，方可离开房间。地震中的很多伤亡是在人们进出建筑物时被坠物击中造成的。要意识到可能断电，火警及自动喷淋装置可能启动。切勿使用电梯逃生。

2. 如果你在室外

如在室外，不要靠近楼房、树木、电线杆或其他任何可能倒塌的建筑物。尽可能远离高大的建筑物，跑到空地上去。

为免地震时失去平衡，应躺在地上。切勿躲在地窖、隧道或地下通道内，因为地震产生的碎石瓦砾会填满或堵塞出口。除非它们十分坚固，否则地道等本身也会塌陷。地震时，不要在道路上奔跑，这时所到之处都是落下的招牌、门窗等物品。因此，若在危险场合，最好戴上安全帽等能防护头部的物品。

第二节　财产安全

大学校园是人员密集的场所，基本上实行开放式管理，学校、学生与外界之间不可能完全隔绝。因此，对于大学生来说，虽然大学校园的安全环境是有保障的，但是由于人员密集、情况复杂，所以提高安全意识，提升自我安全防范措施是大学生应该做到的。

高校开展财产安全教育的主要目的是提高大学生物品保管、财产安全意识和能力，维护个人合法的财产权益。帮助大学生了解当前诈骗的主要手段，掌握防骗要领。

一、防范盗窃风险

近年来，由于高校人群密聚、人流量大，大学生钱物被盗现象时有发生。从整体来看，高校中80%以上的失窃案发生在大学生宿舍、教室、餐厅、图书馆、体育场，基本为内盗事件。目前，单靠学校保卫部门的力量只能有限度地降低发案率，大学生要增强防范意识，注意保管好自己的财物，不给个别人可乘之机。同时，学校要加强对大学生的法治教育、思想政治教育和各项安全教育，充分调动广大大学生参与治安综合治理的自觉性，共同构筑校园群防群治的综合治理体系。

纵观以往发生在大学校园的盗窃案件，可以看出盗窃分子在作案前或作案过程中往往有种种活动，可供识别。

① 借口找人，投石问路。外来人员流窜盗窃，首先要摸清情况，包括时间、地点、治安防范措施等。他们往往以找人为由打探虚实，一旦有机会就立即下手。

② 见财起意，顺手牵羊。有些偶然的机会，使盗窃分子有机可乘。他们看见别人的摩托车、自行车没锁，顺手盗走；看见宿舍内无人，将他人放在床上的钱物窃为己有。

③ 浑水摸鱼，就地取“财”。宿舍内发生意外情况或学校组织大型活动时，乘人不备，进行盗窃。

④ 里应外合，勾结作案。个别大学生勾结外来人员，合伙作案。

⑤ 撬门拧锁，胆大妄为。不法分子趁大学生上课、假期宿舍无人等时机，大胆撬门拧锁，入室盗窃。

大学生宿舍历来发生盗窃案件的时间值得注意。以一学年为周期来看，以下几个时间段值得注意：一是开学之初和学期末；二是新生刚入学时；三是放长假期间。以一天为周期来看，以下几个时间段值得注意：一是早上起床洗漱时；二是白天上课和晚上自习时间；三是晚上睡觉时。

因此，大学生宿舍防盗工作应该注意以下几个方面：妥善保管自己的财物；养成勤关门窗的好习惯；妥善保管自己的钥匙；加强考勤制度，掌握宿舍人员的去向；宿舍内不要留宿外来人员；加强宿舍的管理和巡查，注意可疑人员进出宿舍，发现情况及时向保卫部门报告。

一旦发生盗窃案件，一定要冷静应对：立即报告学校保卫部门，同时封锁和保护现场，不准任何人进入。不得随意翻动现场的物品。这对警察准确分析、正确判断侦查范围和收集证据有十分重要的意义。配合调查，实事求是地客观回答警察和保卫人员提出的问题。积极主动地提供线索，不得隐瞒情况，学校保卫部门和公安机关有义务、有责任为提供情况的同学保密。如果发现银行卡被窃，应尽快到银行挂失。积极向负责侦查破案的警察提供各种疑点，反映线索，协助破案，不要觉得此事无关紧要而忽略，不要觉得涉及某个同学怕伤感情，也不要怕连带出自己的逃课等行为而受批评。

二、防范诈骗

自从人类有了经济生活和政治生活后，诈骗一直与人们相伴，随着经济的发展和进步，诈骗不断渗透到人们生活的方方面面，而且随着生产力的提高和科技的进步，诈骗手法层出不穷，随着现代媒体的发展，诈骗也越来越向智能化、网络化、高科技领域发展，因此，诈骗具有隐蔽性和多样性的特点。诈骗是以非法占有为目的、用虚构事实或隐瞒真相的方法骗取款额较大的公私财物的行为。由于它一般不使用暴力，而是在一派平静甚至“愉快”的气氛下进行，受害者往往会上当。

（一）大学生受骗原因

在当今的大学校园里，大学生上当受骗屡见不鲜，究其原因，主要有以下几个方面。

① 思想单纯，分辨能力差。很多大学生从小学、中学到上大学“十年寒窗”，与社会接触较少，思想单纯，对一些人或者事缺乏应有的分辨能力，更缺乏刨根问底的习惯，对于事物的分析往往停留在表象上，或者根本就不去分析，使诈骗分子有可乘之机。

② 感情用事，疏于防范。帮助有困难的人，是中华民族的优良传统，是值得我们继承和发扬的。但如果不分辨对方身份，不假思索地“帮”一个不相识或相识不久的人，可能存在风险。然而遗憾的是，不少大学生凭着单纯、不做分析的同情、怜悯之心，一遇上那些自称走投无路急需帮助的“落难者”，就会被骗子的花言巧语蒙蔽，继而“慷慨解囊”，还自以为做了一件好事，殊不知已落入骗子设下的圈套。

③ 有求于人，粗心大意。每个人免不了寻求他人相助，但关键是要了解对方的人品和身份。有些大学生在有求于人，而有人愿“帮助”时，往往急不可待，完全放松了警惕，对于对方提出的要求，往往唯命是从，很“积极自觉”地满足对方的要求。

④ 贪小便宜，急功近利。贪心是受害者最大的心理缺点。很多诈骗分子之所以屡骗屡成，很大程度上正是利用人们的这种不良心态。受害者往往是被诈骗分子开出的“好处”“利益”吸引，自以为可以用最小的代价和付出获得最大的利益和好处，见“利”就上，趋之若鹜，对于诈骗分子的所作所为不加深思和分析，不做深入的调查研究，最后因小失大，后悔莫及。

（二）防人之心不可无

1. 建立反诈骗意识

害人之心不可有，防人之心不可无。当然，“防人”并不是要搞得人心惶惶，关键是要有这种意识。社会环境千变万化，大学生必须尽快适应环境，学会自我保护，积极参加学校组织的法治和安全防范教育活动，多知道、多了解、多掌握一些防范知识，有百利而无一害。大学生在日常生活中，要做到不贪图便宜、不好逸恶劳；在助人为乐、奉献爱心的同时，提高警惕性，不轻信花言巧语；对于任何人，尤其是陌生人，不可随意轻信和盲目随从，遇人遇事，应有清醒的认识，不要因为对方说了什么好话，许诺了什么好处就轻信、盲从；要懂得调查和思考，在此基础上做出正确的反应；不把自己的家庭地址等个人信息随便告诉陌生人，以免上当受骗；不用不正当的手段谋求择业和出国；发现可疑人员及时报告，上当受骗后更要及时报案、大胆揭发，使诈骗分子受到应有的法律制裁。

2. 不要感情用事

诈骗分子的最终目的是骗取钱财，并且是在尽可能短的时间内骗走钱财。因此，对于表面讲“感情”的诈骗分子（特别是假装遭受不幸的“落难者”、新认识的“朋友”“老乡”），若对你提出钱财方面的要求，切不可被感情的表象蒙蔽，不要一味“跟着感觉走”而缺乏理智，要学会“听、观、辨”，即听其言、观其色、辨其行，要懂得用理智分析问题。最好对比一下在常理下应做出的反应，当认为对方的钱财要求不合实际或超乎常理时，应及时向老师或保卫部门反映，以避免不应有的损失。

3. 切勿迷信“光环”

对过于主动夸自己“本事”或“能耐”的人，或者过于热情地希望“帮助”你解决困难的人，要特别注意。那些自称“名流”“能人”的诈骗分子为了能更快地取得你的信任，以达到其不可告人的目的，大多都会主动地在你面前炫耀自己的“本事”，说自己如何了得，取得了什么成就，说他正在运用他的“本事”“能耐”为你解决困难或满足你的请求。当遇到这种人时，应当格外注意，因为你面前的“能人”很可能是一个十足的诈骗分子，他正试图取得你的信任，此时你的反应很大程度上决定了你此后是否上当受骗。

4. 切忌贪小便宜

对飞来的“横财”和“好处”，特别是不太熟悉的人许诺的利益，要深思和调查。要知道，天上不会掉馅饼，要尽可能克服贪小便宜的心理。对于那些“横财”和“好处”，要冷静思考，认真分析，切忌贪小便宜。

5. 加强同学沟通

同学之间要相互沟通，相互帮助。同学之间加强沟通，相互帮助，不仅能增进同学间的友谊，营造良好的同学关系，与此同时，由于相互间沟通、帮助，更能从同学中得到“参谋”意见，避免出现“当局者迷”的情况。

6. 服从校园管理规定，自觉遵守校纪校规

服从校园管理规定，防止一些心怀不轨的外来人员进入宿舍，自觉遵守校纪校规，也有利于减少接触到骗子的机会，减少受骗的可能性。

大学生在生活中遇到的诈骗方式有很多，手段也纷繁复杂，在全国各大高校中出现的案例是多种多样的。诈骗分子行骗的过程可分为两个步骤：第一，博得信任；第二，骗取财物。生活中遇到任何问题，时刻保持应有的清醒，做到“三思而后行”，培养高度的法律意识，这样才能做到对自己行为正确认识、对法律后果准确预测，以及有效提前防范各种欺诈行为，避免受骗上当。

第三节　交通安全

高校开展交通安全教育，主要任务是让大学生掌握交通安全的基本知识，培养自觉遵守和维护交通法规的意识，掌握公路、铁路、水运、航运等交通行为的基本安全要求。

大学生交通安全是指大学生在校园内外的道路行走、乘坐交通工具时的人身安全。只要有行人、车辆、道路这三个交通安全要素存在，就可能存在交通安全问题。因此，大学生应时时刻刻提高交通安全意识。

一、大学生发生交通事故的主要表现形式

（一）校园内易发生的交通事故

校园内发生交通事故的主要原因是思想麻痹和安全意识淡薄。许多大学生刚刚离开父母和家庭，缺乏社会生活经验，交通安全意识比较淡薄。有的大学生在思想上还存在校园内骑车和行走肯定比校外安全的错误认识。

校园内发生交通事故主要有以下几种形式。

（1）注意力不集中。主要表现为边走路边玩手机或边听音乐，或者左顾右盼、心不在焉。

（2）在路上进行球类运动。大学生精力旺盛、活泼好动，即使在路上行走也是蹦蹦跳跳、嬉戏打闹，甚至有时在路上进行球类运动，更增加了发生事故的危险概率。

（3）骑“飞车”。一般高校校园面积都比较大，宿舍与教室、图书馆等之间的距离比较远，所以许多大学生课间或下课时骑自行车在人海中穿行是大学的一道风景线，但部分大学生骑车技术实在“高超”，居然骑着自行车与汽车比速度，殊不知就此埋下了祸根。

（二）校园外常见的交通事故

（1）行走时发生交通事故。大学生闲暇时购物、观光、访友要到市区活动，这些地方车流量大，行人多，各种交通标志眼花缭乱，与校园相比交通状况更加复杂，因此，大学生若缺乏通行经验，发生交通事故的概率很高。

（2）乘坐交通工具时发生交通事故。大学生离校、返校、外出旅游、参加社会实践、找工作等都要乘坐各种交通工具。全国各地高校大学生因乘坐交通工具发生交通事故的情况时有发生，有时甚至造成群体性伤亡，教训十分惨重。

二、大学生交通事故的预防

（一）提高交通安全意识

不管是校内还是校外，发生交通事故最主要的原因是思想麻痹、安全意识淡薄。作为在校大学生，遵守交通法规是最起码的要求。若没有交通安全意识，很容易带来生命之忧。

（二）自觉遵守交通法规

除提高交通安全意识、掌握基本的交通安全常识外，大学生还必须自觉遵守交通法规。以下两点是大学生必须掌握并要在日常生活中严格遵守的。

（1）在道路上行走时应走人行道，无人行道时靠右边行走。走路时要集中精力，“眼观六路，耳听八方”；不与机动车抢道，不突然横穿马路、翻越护栏；不闯红灯，不进入标有“禁止行人通行”“危险”等标志的地方。

（2）乘坐交通工具要遵守安全管理规定；乘坐火车、轮船、飞机时必须遵守车站、码头和机场的各项安全管理规定；乘坐市内公共交通工具时等车停稳后依次上车，不挤不抢；车辆行驶中不得把头、手等身体部位伸出窗外；乘坐长途客车时不能贪图便宜而乘坐车况不好的车，也不要乘坐“黑车”“摩的”，因为这些车辆没有安全保障。

第四节　食品卫生安全

“国以民为本，民以食为天，食以安为先”。食品是人类赖以生存和发展的物质基础，吃得安全、吃得放心是对食品安全的基本要求，是人们健康的保证。食品卫生安全关乎社会稳定，一直是人们所关注的重大公共卫生问题。然而现在社会上流传着一句话：“荤菜有激素，素菜有毒素，饮料有色素，吃什么心里没数。”大学生作为高知识水平的一类社会群体，应该具备多方面的素质，在学校学习专业知识的同时，也该学会一些生活常识，其中理应包含食品卫生安全方面的常识。而高校开展食品卫生安全教育，要让大学生养成良好的、科学合理的饮食习惯，不暴饮暴食，不抽烟酗酒；要让大学生掌握食物中毒的相关知识，提高鉴别、防范和自救、救助能力。当然，深层次的食品卫生安全需要政府、卫生主管部门和学校齐抓共管，需要全社会的共同参与。对于大学生来说，则需要了解食品卫生安全方面的一些关键性的常识。

一、大学生应掌握食品卫生安全的基本知识

掌握食品卫生安全的基本知识有助于大学生更好地预防食品卫生安全问题。大学生可以通过学校的安全教育课或者选修食品卫生与安全课获得有关食品卫生安全的知识，或者通过网络、报刊、校园文化宣传栏及其他方式获取食品卫生安全的相关知识。通过积极学习食品卫生安全知识，大学生不仅能够增强食品卫生安全意识，还有助于树立健康科学的消费观念，提高食品卫生安全风险防范能力。

一般来说，大学生应掌握以下食品卫生安全知识。

（一）学会辨别市场上的食品是否合格

QS制度是我国目前实行的食品质量安全市场准入制度，是为保证食品的质量安全，具备规定条件的生产者才允许进行生产经营，具备规定条件的食品才允许销售的监管制度。QS标识主色调为蓝色，字母“Q”与“质量安全”字样为蓝色，字母“S”为白色，食品市场准入标识的式样、尺寸及颜色都有具体的制作要求。看食品包装是否有QS标志，

可以辨别食品是否合格。

大学生要为自己的身体健康负责，拒绝劣质食品，选择卫生健康的食品。

1. 食用劣质食品对青少年的危害

长期食用劣质食品，如大肠菌、防腐剂超标的食品，会引发胃肠道疾病，长期食用亚硝酸盐超标食品，给肝脏、肾脏等人体重要器官带来损害，甚至诱发癌症。

此外，食品接触的劣质材料虽然不像感染病毒、细菌那样对身体造成显现的危害，但长期食用劣质包装的食品，将会导致慢性中毒，对儿童和青少年的成长发育不利。

2. 常见劣质食品的来源

劣质食品主要来源于“三无”产品。凡是缺少《中华人民共和国产品质量法》规定必须有的中文厂名、中文厂址、许可证号、产品标志、生产日期、电话等的产品均视为不合格产品。上述要求缺少其中之一，可视为“三无”产品。

“三无”小食品种类有很多，一般集中在学校周围。比如一些不合格膨化食品、烤鱼片、牛肉干、果脯蜜饯、果冻、方便面等，均含有超标的糖精、防腐剂、色素、甜味剂等添加剂，而且多用劣质原料制作，对健康十分不利。

3. 如何选择卫生健康食品

① 购买食物时，要注意食品包装有无生产厂家、生产日期，是否在保质期内，食品原料、营养成分是否标明，有无QS标识，不要购买“三无”产品。

② 打开食品包装，检查食品是否具有它应有的感官性状。不能食用腐败变质、油脂酸败、霉变、生虫、污秽、混有异物或者其他感官性状异常的食品，若蛋白质类食品发黏，脂类食品有哈喇味，碳水化合物有发酵的气味或饮料有异常沉淀物，等等，均不能食用。

③ 不到校园周边或医院、车站、码头附近的无证摊贩处购买盒饭或食物，减少食物中毒的隐患。

④ 不盲目轻信广告宣传，广告的宣传并不代表科学，是商家利益的体现。

（二）了解具有毒性的食物

了解哪些常见食品具有毒性、不可以食用或者加工后才能食用。

1. 一些有毒的危险食物

① 发芽的土豆。任何食物放置时间过长都不宜食用，特别是发芽的土豆，也不建议切了芽再食用。因为发芽土豆的嫩芽和变成绿色的皮中龙葵碱（生物碱甙）含量很高，食用易中毒。因此，发芽和表皮发绿的土豆不宜食用。

② 青西红柿。青西红柿含有龙葵碱，其为针状结晶体，对碱性非常稳定，但能够被酸水解。所以，食用青西红柿常感到不适，轻则感到口腔苦涩，重则会出现中毒现象。特别是当青西红柿开始腐烂时，其龙葵碱就会被破坏。而青西红柿变红以后，就不含龙葵碱了。

③ 河豚。一条500克左右的河豚的肝脏所含的毒可使11人丧命，因此绝对不可食用。

④ 鱼胆。人吞下鱼胆后一般在半小时到14小时内产生中毒症状。

⑤ 毛鸡蛋。吃了这种既带有病菌又没有完全加热的鸡蛋很容易发生食物中毒，出现恶心、呕吐、腹泻等症状。

⑥ 毒蘑菇。采摘野生蘑菇要仔细甄别，如果误食了毒蘑菇，就会出现很严重的中毒

情况。有些毒蘑菇食用以后会出现四肢瘫软、昏迷、视神经损伤等症状。轻度可能出现呕吐、腹泻、肚子疼等全身性的表现。所以，如果出现这种情况，一定要到医院进行洗胃、输液、利尿排泄治疗。毒蘑菇菌面颜色鲜艳，有红、绿、墨黑、青紫等颜色，特别是紫色的，往往有剧毒。无毒蘑菇的菌盖较平，伞面平滑，菌面上无轮，下部无菌托。毒蘑菇菌盖中央呈凸状，形状怪异，菌面厚实板硬，菌杆有菌轮，菌托杆细长或粗长，易折断。切记不要随意采摘、进食野生蘑菇，尤其是颜色鲜艳的，也不要购买来源不明的蘑菇，避免吃到毒蘑菇。

2. 一些不能混吃的家常食物

① 蜂蜜和洋葱。同吃后脸或者身体会出现浮肿，还会损伤眼睛。

② 菠菜和豆腐。菠菜中含有大量的草酸，豆腐则含有钙质，混合后会生成不可溶解的草酸钙，易使人患草酸结石症。

③ 菠菜和猪肝。猪肝中含铁、铜等金属元素，一旦与菠菜中大量的维生素C相结合，金属离子极易被氧化而减弱自身的营养价值。

④ 豆浆和鸡蛋。鸡蛋中黏液性蛋白易和豆浆中的胰蛋白酶结合，不易吸收。

⑤ 西瓜和羊肉。同食伤元气，出现中毒症状。

⑥ 猪肉和菱角。同食会引起肚子痛。

（三）了解食物中毒的病因

1. 细菌性食物中毒

细菌性食物中毒是指人们摄入含有细菌或细菌毒素的食品而引起的食物中毒。

引起食物中毒的原因有很多，其中最主要、最常见的原因就是食物被细菌污染。我国近年食物中毒统计资料表明，细菌性食物中毒占食物中毒总数的50%左右，而动物性食品是引起细菌性食物中毒的主要食品，其中肉类及熟肉制品居首位，其次有变质禽肉、病死畜肉，以及鱼、奶、剩饭等。

2. 化学性食物中毒

食用化学性中毒食品引起的食物中毒即为化学性食物中毒。化学性食物中毒发病特点是，发病与进食时间、食用量有关。一般进食后不久发病，常有群体性，病人有相同的临床表现。

3. 真菌性食物中毒

真菌在谷物或其他食品中生长繁殖产生有毒的代谢产物，人和动物食用这种毒性物质发生的中毒，称为真菌性食物中毒。被真菌污染的食品，用一般的烹调方法加热处理不能破坏食品中的真菌毒素。真菌生长繁殖及产生毒素需要一定的温度和湿度，因此中毒往往有比较明显的季节性和地区性。

4. 有毒性动植物食物中毒

食用有毒的动植物性食物引起的中毒即为动植物性食物中毒。主要原因是误食或加工处理方法不当。

（四）了解发生食品卫生安全问题之后的维权知识

大学生不仅要学会预防食品卫生安全问题，还要培养自己的维权意识，掌握维权知识。大学生可以根据《中华人民共和国消费者权益保护法》《中华人民共和国食品安全法》

的相关规定维权。

（五）掌握食物中毒后的应急处置措施。

1. 食物中毒应急处置的基本要点

① 停止食用可疑食品，保留食物样品及呕吐物。

② 立即催吐，饮水稀释并速去医院就诊。

③ 尽快报告班主任（或辅导员）和学校医院。

2. 几种食物中毒的应急措施

一旦发生食物中毒，最好马上到医院就诊，不要自行服药，若无法尽快就医，可采取如下急救措施。

① 催吐。如食物吃下去的时间为1~2小时，可采取催吐的方法，取食盐20克，加开水200毫升，冷却后一次喝下；如果不吐，可多喝几次，以促呕吐。亦可用鲜生姜100克，捣碎取汁用200毫升温水冲服。若吃下去的是变质的荤食，则可服用“十滴水”催吐。也可用筷子、手指等刺激喉咙，引发呕吐。

② 导泻。如果病人吃下食物的时间超过2小时，且精神尚好，则可服用泻药，促使食物尽快排出体外。一般用大黄30克，一次煎服；老年患者可选用元明粉20克，用开水冲服即可缓泻；老年体质较好者，也可采用番泻叶15克一次煎服，或用开水冲服，亦能达到导泻的目的。

③ 解毒。如果是吃了变质的鱼、虾、蟹等引起的食物中毒，可取食醋100毫升，加水200毫升，稀释后一次服下。此外，还可采用紫苏30克、生甘草10克一次煎服。

若是误食了变质的饮料或防腐剂，最好的急救方法是用鲜牛奶或其他含蛋白质的饮料灌服。

注意，发生食物中毒后，应就近就医，而且要记得收集呕吐物样本供医疗化验。

二、大学生应提高食品卫生安全意识

（一）大学生食品卫生安全意识现状

1. 缺乏良好的饮食习惯

当前大学生饮食结构存在着很大的不平衡，部分大学生不能认识到某些含有添加剂的饮料或奶茶对身体有害。如果学校食堂的食物并不适合自己的口味，大学生就会选择在校外小饭店吃饭或叫外卖。

食品学专业的学生，虽然对食品卫生安全有所了解，但将实际问题付诸实践时，却无法正确辨别食物的种类和特征，缺乏相应的自我保护意识，自我控制能力较差。未考虑饮食结构是否科学，只有很少一部分大学生能够认真倾听科学的饮食建议，并据此调整个人的饮食习惯。

2. 对食品卫生安全的关注不够

调查结果显示，大学生对食品卫生安全的关注显然不够，即使是一些已曝光的不安全食品，也有很大一部分大学生不顾自身安危，继续食用，“垃圾食品”仍然是部分大学生十分喜爱的食物。此外，很多大学生在购买食品时不注意产品的成分。其实，当前形势下的食品卫生安全问题形势非常严峻，如果食品卫生安全得不到保证，那么大学生的健康指数就会随之下降。

3. 维权意识淡薄

虽然大学生普遍能意识到食品卫生安全问题会影响正常生活，也能意识到食品卫生安全问题的危害，但有很多大学生在生活中依旧购买和食用不安全食品。很多大学生在购买不安全食品时，不会主动与经营者交涉，更不会知道如何联系相关的政府部门或消费者协会维权。调查结果表明，当代大学生维权意识不强，对自身食品卫生安全缺乏应有的法律保护意识，缺乏社会责任意识。内、外因素密切相关，通过对食品卫生安全管理程序的分析，可以发现学生饮食安全意识的缺失，为不安全饮食提供了环境和空间，这是一个亟待解决的问题。

（二）通过食品卫生安全教育，提高大学生食品卫生安全意识

第一，在学校教育中，要重视食品卫生安全观念的影响因素，特别要加强对学生食品卫生安全意识和维权方法的培养，通过多种途径开设食品安全选修课或举办社会实践活动，使大学生在日常生活中养成科学的饮食习惯。

第二，在开展教育工作时，要充分考虑大学生的经济条件、年龄等因素，结合贴近生活的教学内容，综合经济、年龄等因素，使大学生易于接受。在网络资源非常发达的今天，网络渠道已经成为一种形式多样、内容丰富的信息获取方式，大学生也可以从网络上获得食品卫生安全知识。

第三，可借鉴其他国家的做法，如美国通过食品卫生安全报告或电子教材等，对大学生进行食品卫生安全观的教育，开发多种教学方法，使学生准确掌握食品卫生安全动态信息。

总而言之，食品卫生安全意识培养工作要从现实生活出发，紧密结合大学生的生活习惯和行为习惯，将传统教育与创造教育有机地结合起来，在实践中不断检验和发展。

三、大学生应在日常生活中践行食品卫生安全理念

掌握食品卫生安全知识只是预防食品卫生安全问题措施的一个方面，最主要的是，大学生要在日常生活中践行食品卫生安全的理念，这样才能有效达到预防食品卫生安全问题的目的。

（1）尽量在学校食堂就餐。

有些大学生不喜欢食堂里的饭菜，经常在外面就餐。但是相对于外面的餐厅，学校食堂对食品来源、安全有一套标准，工作人员也是经过培训上岗的，一般很少出现食品卫生安全问题。就算出现了问题，学校对学生的赔偿会有保障。因此，大学生为了自己的健康着想，应尽量在学校食堂就餐。

（2）在外就餐时要选择具备食品卫生许可证和工作经营证的餐厅。

在外就餐时，一定要注意查看此餐厅是否具备食品卫生许可证和工作经营证，如不具备，就换另一家餐厅就餐，如果仍不放心，还可以让餐厅老板开一张发票，证明你在此餐厅就餐，发生争议时以此为维权依据。

（3）在零售店、超市购买食品时，一定要注意查看食品的相关信息。

即使在零售店、超市购买的食品，也有可能存在食品卫生安全问题。因此，一定要注

意查看你所购买的食品的信息，一般应包括：食品生产厂家及厂址、生产日期和保质期、质量安全标志、有无添加防腐剂等。

（4）选择到规范的市场购买食品。

相对于无固定摊点、不规范的市场，规范的市场有一定的安全保障。因此，要选择到规范的市场购买食品。买菜时，还要注意菜的光泽、大小，至于肉类食品、腌制食品，也要注意其价格是否合理，食品本身是否存在问题。

大学生应明白，预防食品卫生安全问题关系自身健康，应予重视，并在日常生活中践行食品卫生安全理念。

第五节　网络安全

随着互联网的崛起和迅速普及，一种全球性的社会组织形式——“网络社会”已经形成。网络在使人类文明进步的同时，其负面影响也逐渐显现。大学生应该学会正确地利用网络，要全面了解国家关于互联网的法律法规，具备基本的网络道德和辨别不良信息的能力，形成良好的上网习惯，远离网络犯罪。同时，要掌握网络犯罪威胁信息安全的形式、种类和防范方法，具备一定的防范和应对能力。

一、网络对大学生成长的影响

在现在这样一个网络普及的信息时代，大学内“无人不网、无时不网、无处不网”。但网络是一把“双刃剑”，它在给大学生的学习和生活带来便捷的同时，也带来了相当多的负面影响。

（一）网络对大学生道德品质的影响

网络为道德相对主义提供了温床，为许多不道德的行为提供了可能发生的场所，网络的使用冲击了现存的道德规范。大学生在使用网络时，如果不加强自己的责任感，秉持诚信的原则，将不利于道德意识的形成和道德行为的培养，反而还有可能降低思想道德素质，影响高校人才培养的质量。

此外，一些由于大学生网络道德缺失而引发的利用网络实施犯罪的现象同样值得警惕。

（二）网络对大学生学业的影响

一些缺乏自律的大学生由于过度地迷恋、依赖网络，沉湎于网络之中，导致正常的学习、生活秩序遭到破坏，学习时无精打采，学习成绩下降，有的甚至厌学、逃学、辍学。调查结果显示，认为“上网对我的学业或工作已造成一些消极影响”的受访者占24%，认为“因为熬夜上网而导致白天精神不佳”的受访者占28.4%。多所高校的学籍管理资料也显示，心理障碍和网络成瘾是大学生休学、退学的两大主要原因。

（三）网络对大学生身心健康的影响

大学生正处在身心发育阶段，如果长时间上网玩游戏或聊天，容易身心疲惫，生物钟紊乱，肾上腺素水平异常增高，交感神经过度兴奋，血压升高，自主神经功能紊乱；严重者还会引发心血管疾病、胃肠神经官能症、紧张性头痛等。网上聊天还使一部分大学生陷入虚幻的世界不能自拔，使原本美好的心灵扭曲，这对大学生的身心健康极为不利。

（四）网络对大学生人际关系的影响

学习人际交往和处理人际关系需要时间的投入，一些大学生沉迷于网络虚拟世界，在很大程度上失去了在真实环境中与别人交往的机会，减弱了与他人交往的欲望。人际交往的减少很容易加剧自我封闭心理，造成人际关系淡化，导致一部分大学生脱离现实，只满足于精神需求。由此，一些大学生在真实的交往中会感到紧张、不适应，产生孤僻的情感反应，产生对现实人际交往的逃避和恐惧，甚至会患上“网络孤独症”，造成人际关系障碍，这对大学生的发展是非常不利的。

（五）网络对大学生兴趣爱好的影响

丰富多彩的文体活动是大学生生活的重要组成部分。大学生学习任务繁重，没有良好的情绪、情感和健康的体质是很难完成的。沉溺于网上游戏或聊天，大学生将会利用一切可以利用的时间上网。人的时间和精力是有限的，从这一点来看，这部分大学生几乎不可能重拾以往的业余爱好，他们可能会对现实的各种活动，如打球、下棋、看电影及班级里的各种活动都不感兴趣，认为这些活动没有什么意义，网络已成为几乎代替一切活动的一种新的嗜好。

二、大学生沉迷网络的原因

（一）缺乏自律，自控能力较差

大学生正处在人生的过渡期，其生理虽趋于成熟，但心理却正处在走向成熟的过程中。因而，大学生的认识和行为常常不能协调一致，知行脱节，即使知道该怎么做，可实际行为却不这样，表现为意志力较弱，不能完全控制自己的行为。加之这个时期大学生的自主意识增强，有较强的独立意识，希望别人把他们当作成年人对待，但习惯了从小到大被教师、家长管束的他们，依赖性仍然较强，自主、自控的能力没有得到应有的锻炼和提高，明知不可为而为之是部分大学生普遍的特点。因此，网络上大量的新奇信息、游戏和其他以视听功能为主的娱乐性活动，使得不少追逐时尚、喜欢猎奇的大学生深陷其中，不能自拔。

（二）为摆脱孤寂，宣泄紧张或压抑的情绪

当代大学生在成长过程中大多受到太多来自家庭和学校的关爱、照顾。进入大学后，因远离父母和家庭，大学的管理又以自我管理为主，他们被迫独自面对学习和生活，所以不少学生到大学后感到不被重视，缺乏关爱。另外，在现实生活中，一些大学生因为各种角色的需要、利益冲突、人际关系紧张、学习压力等而不能畅快地表达情绪，造成压抑的心理状态。这时，可以匿名的网络给他们的精神世界营造了相对平等而自由的空间，使其情绪得以表达和宣泄。于是，这些大学生就会在虚拟的网络世界里寻找心灵的慰藉。

（三）为逃避学业困难，逃离现实

不少大学新生在进入大学后，认为自己的学习基础好，应付大学学习绰绰有余，于是对学习抓得不紧，甚至是放松。殊不知，大学的学习远没有想象得那么容易，之所以产生这样的认识，主要是因为他们对大学学习和生活的不了解。另外，大学的教学和学习方法与中学有很大的不同，不少大学生来到大学后仍以中学的学习方法应对大学的学习，结果发现不适应大学教师的教学风格，跟不上教师的讲课速度和思维，同时发现自己在学习上的投入和产出极不相符。进入大学后的第一次测验、第一次考试的成绩往往出乎很多大学生的意料，在学习生涯中令他们感到“耻辱”的分数出现了。当大学生因为对学习的放松和不努力而导致成绩差，或因基础差而在学习上产生了困难，或因方法不当出现学习障碍时，这一切都将使他们产生极大的心理压力。面对困难和压力，一些大学生选择了逃避，于是网络成了他们逃避现实的最佳去处，网络让他们沉醉其中，忘却现实中的学习烦恼，以此来麻痹自己。

（四）缺乏高远的志向，没有奋斗目标

一些大学生在进入大学前把考上大学作为自己的奋斗目标，当大学梦实现以后，他们就以为达到了人生的终极目标。因此，对于上大学后该如何完成学业、自己将来应成为怎样的人、未来要做成什么事等问题，他们根本没有思考过。在这种状况下，他们势必表现出学习上的被动、无计划性，也不会有效管理时间，生活无规律，于是，空虚、孤独、寂寞、无力感、无兴趣感等情绪油然而生，他们终日无所事事，对学习、社团活动等毫无兴趣，只觉得生活无趣。在这种情况下，他们极易被网络吸引，希望在网络中寻求精神刺激，从而获得心理上的满足。这种情况在大一新生中尤为常见。

（五）生活单调，追求刺激

大学生活虽然丰富多彩（校园内学生社团活动、第二课堂活动、由学校组织的大型学术活动、校园文化活动、体育活动等），但大学生是以学为主、以学为重的，他们每天更多的时间要用于学习。尤其是工科院校的学生，学习任务更是繁重。当进入大学之初的新奇感随着对大学学习、生活的熟悉而渐渐消失时，他们对大学的感受归于平淡，进而在以学为主的学习生活中深感生活的单调乏味、缺少刺激；而大学生的心理发展特点是喜好新奇、崇尚冒险、追求刺激，当现实的生活无法满足其心理需要时，他们必然转向网络，因为网络世界能很好地满足他们的这种心理需要。

（六）为满足好奇心，获得成就感

大学生有着强烈的求知欲、探索欲和好奇心，乐于尝试一切新奇事物。而网络世界里又有许多新奇事物，当这些新奇事物出现在大学生眼前时，很容易吸引大学生的眼球，于是他们迫不及待地去认识它、使用它，从而满足自己的好奇心与探求欲。

同时，网络特有的匿名特性，使不少大学生在现实生活中因学习成绩不佳、情感挫折、人际关系紧张等带来的挫败感在网络上一扫而空。正如有人说：“我在现实中不善言辞，难以与人交往，但在网上我却能口若悬河、滔滔不绝地与网友交流，并与不少网友有着非常好的感情和关系。”因此，当网络虚拟世界能极大地满足大学生的这种自尊和成就

需要时，他们自然地选择了网络，进而迷恋网络、过分依赖网络。

三、绷紧网络安全警戒线

网络作为一个人人都可以参与的平台，大学生可以在这里尽情地展示自己，在让别人了解自己的同时，也使自己的生活变得更加方便和精彩。但是，大学生也应该注意网络的不安全因素，特别是个人信息的泄露，很容易让自己陷入危险，造成事故。所以，大学生必须懂得如何安全地使用网络，尽量减少不安全因素对自身的影响。

（一）加强自身信息的保护

计算机系统的出现，是人类历史上相当重要的一次信息革命，计算机从1946年诞生至今，经历了科学计算、过程控制、数据加工、信息处理等应用发展过程，功能逐步完善，现已进入普及应用的阶段。网络技术的应用，使得原先在空间、时间上分散、独立的信息，形成庞大的信息资源系统。网络资源的共享，极大地提高了信息系统中信息的有效使用价值。

如何文明上网

在生活中，许多网络诈骗分子就是通过窃取他人信息骗取钱财的，因此有必要加强自身信息的保护。作为在校学生，可以利用课余时间，对网络安全的基本理论知识和系统安全策略进行学习，如防火墙工作原理、系统漏洞修补方法、网络病毒处理等知识，以此保证电脑、手机信息的安全，也可以防止在网络购物过程中自己的信息泄露；还可以观看网络安全防范技能宣传资料，以丰富自身的网络安全防范技能；还可以通过关注新闻时事了解网络诈骗的形式。在平时生活中，大学生应多了解一些常见的网络诈骗类型及案例，如兼职刷单、网络借贷、网上购物、QQ盗号冒充熟人、办理各类证书、抢红包等，熟知常见的骗局，以此增强自身对于诈骗信息的认知度与辨识能力。另外，大学生要提高对诈骗事件的关注度，多参加网络诈骗防范技能学习。

所谓“知己知彼，百战不殆。”指的就是要先了解对方的实际情况。学生在了解网络诈骗的类型之后，在生活中遇到了类似诈骗行为，就可以清楚地分辨出来，以防自身财产、人身受到威胁。就拿常见的网络诈骗行为——QQ、微信诈骗来说，身边的同学、朋友，甚至你自己可能都有过这样的经历，不法分子先盗取QQ、微信账号，然后找到“最近的联系人”，要求其给自己充话费、汇钱，以此来达到骗取钱财的目的。这就提醒同学们要管理好自己的各类账号、密码，完善账户保护设置，保护好个人信息，不给不法分子进行网络诈骗的机会。同时，在生活中，凡是收到类似的诈骗信息，如果是家人、朋友等，应该及时与对方联系，告知对方保护好自身信息安全；如果是陌生人，那么应不予理睬，以防泄露更多信息，给不法分子留下更多可乘之机。此外，大学生网购现象非常普遍，有人在收取快递后，没有将自己的个人信息及时处理干净就把快递盒、快递件丢弃，于是出现个人信息泄露的情况，给自己带来许多安全隐患。因此，要提高相关安全意识，切实保护好自己的个人信息，尽量避免类似的信息泄露事件出现。

（二）树立正确的信息安全意识

在互联网蓬勃发展的背景下，个人信息极易遭到泄露，涉世未深的大学生更容易成为受害者。遇到填写问卷、注册会员、兼职招聘、购物抽奖等情况时，部分大学生常常不加思考地就将个人信息泄露给他人。因此，大学生应注意个人信息安全，树立个人信息作为自己的专属标志，是一种不容侵犯的人身权利，不能轻易泄露的意识。大学生应积极参加入学教育活动、安全教育会、主题班会等一系列活动，认识个人信息安全的重要性，重视保护个人信息安全，系统学习防诈骗知识，增强自身防范意识，以消除各种安全隐患。在日常生活中，遇到需要登记个人信息的情况时，大学生应仔细斟酌，辨别事情真伪；在陌生软件上注册时，先要进行了解核实，尤其在填写个人真实信息时应提高警惕，详细了解软件的性质、功能、用途、存在的风险、登记内容、登记用途等；遇到身份不明人员要求转账时，大学生更应该提高警惕，通过电话沟通、求助周边同学与教师等判断信息是否属实，为信息安全多上一把锁。

（三）网络购物时应注意的问题

随着信息技术的发展，电子商务进入人们的日常生活中，人们对网络的依赖性逐渐增强。在进行网上购物时，应注意如下几方面的问题。

① 选择合法的、信誉度较高的网站交易。网上购物时，必须对该网站的信誉度、安全性、付款方式等情况进行考查，防止个人账号、密码遗失或被盗，造成不必要的损失。

② 对一些网上的销售广告，要认真辨别，特别是进行二手货物交易时，更要谨慎，不可贪图小便宜。

③ 避免与未提供足以辨识和确认身份资料（缺少登记名称、负责人名称、地址、电话）的网上商家进行交易，若对其感到怀疑，应核实相关资料。

④ 若网上商店提供的商品与市价相距甚远或明显不合理时，要小心求证，切勿贸然购买，谨防上当受骗。

⑤ 消费者进行网上交易时，要妥善保存交易记录。

（四）上网聊天交友应注意的问题

在上网交友时，尽量使用E-mail或QQ等虚拟的信息，尽量避免使用真实姓名，不轻易告诉对方自己的电话号码、住址等个人真实信息。

不轻易与网友见面。许多大学生与网友沟通一段时间后，感情迅速升温，不但交换真实姓名、电话号码，而且有一种强烈的见面的欲望，但要慎重考虑，不要轻易和网友见面。

与网友见面时，要有自己信任的同学或朋友陪伴，尽量不要一个人赴约，约会的地点尽量选择公共场所、人员较多的地方，不要选择偏僻、隐蔽的场所，尽量选择白天；否则，一旦发生危险，得不到他人的帮助。

上网时，不要轻易点击来历不明的网址链接或来历不明的文件，往往这些链接或文件携带逻辑炸弹，或带有攻击性质的黑客软件，会使系统崩溃或被植入木马程序。

警惕网络色情聊天、反动宣传。

（五）避免网络陷阱，防止网络欺骗

不要轻易相信互联网上中奖之类的信息。

不要轻易相信互联网上来历不明的测试个人情商、智商、交友的测试软件，这类软件大多要求提供个人真实的资料，往往是网络陷阱。

不要轻易用自己的电话号码、手机号码在网上注册，一些网民在注册成功后，不但要缴纳高额的电话费，而且会受到一些来历不明的电话、信息的骚扰。

不要轻易相信网上公布的快速致富的窍门，天下没有免费的午餐，一旦相信这些信息，绝大部分都会赔钱，甚至血本无归。

精品案例

提高网络安全意识

不法分子利用大学生防范心理弱的特点，诱导大学生扫二维码，大学生在不知情的情况下，登录预设网站自动下载木马病毒，导致个人信息、网银密码等被盗窃。大学生夏某在某个街口因为贪图送的大鸭子毛绒玩具扫描了陌生人的二维码，结果回到家发现自己的支付宝被五次盗刷，总共被盗走3500元，等到发现的时候，已经晚了。

分析

面对扫描二维码打折优惠促销等活动，要提高警惕，不要见码就扫，建议在手机上安装防病毒安全软件。

来源：https://baijiahao.baidu.com/s?id=1739668679699356426&wfr=spider&for=pc，有改动。

（六）增强法律意识，预防网络犯罪

网络在为人们带来巨大便利的同时，一些不法分子也看准了这一点，利用网络频频作案，近些年来，网上犯罪数量不断增长。一位精通网络的社会学家说："互联网是一个自由且身份隐蔽的地方，网络犯罪的隐蔽性非一般犯罪可比，而人类一旦冲破了某种束缚，其行为可能近乎疯狂，潜伏于人心深处的邪恶念头便会无拘无束地发泄。"个别大学生学习一些计算机的知识后，急于寻找显示自己才华的场所，会在互联网上显身手，寻找一些网站的安全漏洞进行攻击，肆意浏览网站内部资料，删改网页内容，有意无意之间触犯了法律，追悔莫及。有的大学生依仗自己技术水平高人一等，利用互联网技术从事违法活动，最终走上一条不归路。

《中华人民共和国计算机信息网络国际联网管理暂行规定》第六条明确要求，任何单位和个人不得自行建立或者使用其他信道进行国际联网。如果违反第六条规定，由公安机关责令停止联网，给予警告，可以并处1.5万元以下的罚款；有违法所得的，没收违法所得。网络空间不是法外之地，虚拟网名发言不代表可以恣意妄言，在网络上散布不当言论需要承担法律责任，有可能触犯法律甚至构成犯罪。

正确使用互联网技术，不要随意攻击各类网站，一则随意攻击各类网站会触犯相关的法律，二则可能会引火上身，被他人反跟踪、报复，得不偿失。

不要存有炫耀或侥幸心理，自以为技术手段高明。互联网技术博大精深，没有掌握全部技术的完人，作为大学生更要时刻保持谦虚的态度，不在互联网上炫耀自己或利用互联网实施违法犯罪活动。

第十章　规划职业，成就未来

内容导入

人生道路漫长，终有一天我们会告别学生时代，迈入社会，进入职场。不论未来从事何种职业，走向成功的第一步，就是要进行职业生涯规划，从而给自己的未来指明方向。职业生涯规划是指在对个人和内部环境因素进行分析的基础上，通过对个人兴趣、能力和个人发展目标的有效规划，以实现个人发展的成就最大化为目的而做出的行之有效的安排。每个人在人生的每个重要阶段都应该有相应的发展计划，以此来管理自己的人生，这是一种积极的生活态度。从职业发展的角度来看，为今后职业生涯发展做准备是大学阶段的重要任务，而且对于绝大多数大学生来说，大学也是职业生涯准备的最后阶段，它关系到大学生将来进入什么行业、选择什么职业、如何发展等。每一个大学新生面对新的生活，都应该认真地审视自我，明确大学期间的任务、奋斗目标，规划好宝贵的大学时光。认真规划自己的职业生涯，目的不只是协助个人达到和实现一己目标，更重要的是帮助个人真正了解自己，并且进一步评估内外环境的优势和限制，在对内外做出综合评价的情况下，设计出合理且可行的职业发展方向。

第一节　生涯与职业发展

人的一生短暂而漫长，职业生涯占据着人生最宝贵的时间，是人生发展历程中不可或缺的重要部分。成功的人生，多由成功的事业支撑；成功的事业，又和人生的合理规划是分不开的。刚入校的大学生，对职业发展和生涯规划的概念及相关理念的认识基本为零，此时如果能够建立生涯与职业意识，大学生完全可以凭借个人的努力，获得良好的职业发展能力，把握发展机会，为职业成功、生涯成功奠定良好的基础。

一、生涯与职业生涯

生涯规划专家舒伯认为，所谓生涯，是指一个人在一生中所扮演的角色的综合及结果，这些角色包括子女、学生、休闲者、公民、职业人、配偶、家庭人员、父母和退休者9项。

生涯的一个非常重要的时间维度就是年龄。每一个人都有4个年龄。第一个年龄是生日年龄，也就是从出生日开始，按日历计算的年龄。第二个年龄是生理年龄，它以生理器官的生长发育成长情况为特征，与生日年龄基本相符为生理发育正常，相对迟缓为发育不良，发育过快为早熟。第三个年龄是心理年龄，心理年龄是指人的整体心理特征所表露的年龄特征，人的一生要经历胎儿期、乳儿期、幼儿期、学龄期、青少年期、青年期、中年期、老年期，每个心理年龄期都有不同的心理特点，如幼儿期天真活泼；青少年期自我意识增强，身心飞跃式发展，心理活动进入剧烈动荡期；进入老年期，心理活动趋向成熟稳定、老成持重、身心功能弹性降低，情感容易倾向忧郁、猜疑。第四个年龄是容貌年龄，指一个人的外表所显示的年龄，有人显得年轻，有人显得苍老。容貌年龄不仅与遗传有关，更与后天的保养、健康状况、生活经历、职业生涯经历及心态密切相关。

人生的发展随年龄变化也有相应的周期，可以将人生分为3个维度的发展周期。一是生命周期，包括从受孕形成胚胎到死亡的全部过程，可分为人生生物生命周期和人生社会生命周期。人生生物生命周期是从生理变化的角度看人的发展，具有单向性和不可逆性，所以每个人都会觉察到时间的紧迫性；人生社会生命周期是从参与社会活动的角度研究人生，具有多样性和可重复性。二是家庭周期，涉及个人的家庭关系，承担着不同的角色责任。三是职业生涯周期，包括一个人的学习，对一项职业或组织的生产性贡献，直至最终退休。三大周期相互作用、相互叠加，对每个人的生涯都会产生正面或负面的影响。

一般意义上讲，职业生涯就是个人职业的发展道路，包括就业的形态、工作的经历及与职业相关的活动等，指的是一个人从职业学习开始到职业劳动结束的过程。职业生涯是个体的行为经历，其以职业为核心，是一个发展过程。当今世界，很少有人能够终身从事某一种职业，每个人都在工作过程中慢慢寻找最适合自己的职业，即使在同一职业中，个人的职位也在不断发展、变化着。职业生涯的改变通常是职务的升迁和职业的改变。

大学生职业生涯规划书基本格式及范文

二、职业发展与人生成功

职业生涯占据着人生最宝贵的时间，是人生发展历程中不可或缺的重要组成部分。在现实生活中，一个人选择一种职业后也许会终身从事，也许会转换几种职业。人生价值是通过职业生涯来实现的。

（一）人生需求

人生需求是有规律的，实现人生价值是人的高层次需求。马斯洛提出了著名的人生需求层次理论，指出人的需求由低级层次依次向高级层次推进，即生理需求—安全需求—社会需求—尊重的需求—自我实现的需求。

人都潜藏着这5种不同层次的需求，但在不同的时期表现出来的各种需求的迫切程度是不同的。人的最迫切的需求才是激励人行动的主要原因和动力。人的需求是从外部得到的满足逐渐向内在得到的满足转化。各层次需求的基本含义如下。

1. 生理需求

生理需求是人类维持自身生存的最基本要求，包括衣、食、住、行等方面的要求。如果这些需求得不到满足，人类的生存就成了问题。从这个意义上说，生理需求是推动人们行动的强大动力。马斯洛认为，只有这些最基本的需求满足到能维持生存所必需的程度后，其他的需求才能成为新的激励因素，而到了那时，这些已相对满足的需求也就不再成为激励的因素了。

2. 安全需求

安全需求是人类要求保障自身安全、摆脱失业威胁和丧失财产威胁、避免职业病的侵袭等方面的需求。马斯洛认为，人的整个有机体是一个追求安全的机制，人的感受器官、效应器官、智能和其他能量主要是寻求安全的工具，甚至可以把科学和人生观都看成满足安全需求的一部分。当然，这种需求一旦相对满足后，也就不再成为激励的因素了。

3. 社会需求

社会需求包括两个方面的内容。一是友爱的需求，人人都希望伙伴之间、同事之间的关系融洽或保持友谊和忠诚；人人都希望得到爱情，希望爱别人，也渴望接受别人的爱。二是归属的需求，即人都有一种归属于一个群体的感情，希望成为群体中的一员，并相互关心和照顾。感情上的需求比生理上的需求更细致，它和一个人的生理特性、生活经历、受教育程度都有关系。

4. 尊重的需求

人人都希望自己有稳定的社会地位，希望个人的能力和成绩得到社会的认可。尊重的需求又可分为内部尊重和外部尊重。内部尊重是指一个人希望在各种不同环境中有实力、能胜任、充满信心、能独立自主。总之，内部尊重就是人的自尊。外部尊重是指一个人希望有地位、有威信，受到别人的尊重、信赖和高度评价。马斯洛认为，尊重的需求得到满足，能使人对自己充满信心，对社会充满热情，体验到活着的用处和价值。

5. 自我实现的需求

自我实现的需求是最高层次的需求，它是指实现个人理想、抱负，发挥个人的能力到最大限度，完成与自己的能力相称的一切事情的需求。也就是说，人必须做称职的工作，才能感受到最大的快乐。马斯洛提出，人为满足自我实现需求所采取的行动是因人而异的，自我实现的需求是在努力实现自己的潜力，使自己在越来越成为自己所期望的人的过程中得到满足的。

马斯洛的研究成果对职业生涯理论和方法的探索有重大指导作用，但也存在不足。马斯洛需求理论强调人的创造性潜能的发挥及人的自我实现，其着眼点在于将个人的能力发挥出来，却未能将自我实现与社会需求有机地联系起来，这有可能导致一种无视社会需求的个人奋斗。我们所提倡的不是单纯的个人自我实现，而是要将个人的自我实现与社会需求结合起来，这才是真正有意义的自我实现，才能使人得到最大的心理满足。

一个人要想实现自己的梦想，得到集体和社会的承认，实现人生价值，就一定要为集体、为社会作出贡献。

（二）人生价值

人生的价值由3部分组成：人的社会价值、自我价值及人格价值。人的社会价值是个人对社会需求的满足。一个人对社会的贡献越大，他的人生价值就越高，即人生价值大小是由人对社会的贡献多少决定的。一个人的人生有价值，即指人作为价值客体能满足他人、集体和社会的需要，对他人、集体和社会有一定的积极作用。

我们在强调人生价值在于对社会所作的贡献时，绝不能忽视人的“自我价值”和人的“人格价值”。自我价值是个人对自身需求的满足，个人通过努力，满足自身的生理、物质和精神方面的需求，即自我贡献和自我尊重；人格价值是指社会对个人需求的满足，特指作为人的权利、地位和尊严等。

实现人生价值就是实现自我价值、人格价值和社会价值的统一，缺少任何一环都不是完整的人生价值。在市场经济的现实生活中，一个人对社会的贡献越大，提高自我价值、获得人格价值的机会就越多。一个人的物质生活需求是有限的，而精神生活需求是无限的，只有立足于高层次需求，将自我实现与社会需求结合起来，才能实现最大的人生价值。

（三）职业生涯与人生需求

人的职业生涯通常是从精力充沛的20多岁开始，到精力逐渐衰退的60多岁结束。每个人的职业生涯都要经过几个阶段，职业周期之所以重要，是因为我们所处的职业阶段将会影响个人的知识水平及对于各种职业的偏好程度。

1. 成长阶段

成长阶段大体上可以界定在从一个人出生到14岁这一年龄段上。在这一阶段，个人通过对家庭成员、朋友、教师的认同及与他们之间的相互作用，逐渐建立起自我的概念。在这一阶段开始的时候，角色扮演是极为重要的，在这一时期，儿童将尝试各种不同的行为方式，而这使得他们形成了人们如何对不同的行为做出反应的印象，并且帮助他们建立起一个独特的自我概念或个性。到这一阶段结束的时候，进入青春期的青少年（青少年在这个时候已经形成了对他们的兴趣和能力的某些基本看法），开始对各种可选择的职业进行带有某种现实性的思考。

2. 探索阶段

探索阶段界定在一个人15—24岁这一年龄段上。在这一阶段，个人将认真地探索各种可能的职业选择。他们试图将自己的职业选择与他们对职业的了解，以及通过学校教育、休闲活动和工作等途径中获得的个人兴趣和能力匹配起来。在这一阶段开始的时候，他们往往做出一些带有试验性质的较为宽泛的职业选择行为。然而，随着个人对所选择职业以及对自我的进一步了解，他们的这种最初选择往往会被重新界定。到这一阶段结束的时候，一个看上去比较合适的职业已经被选定，人们也已经做好了开始工作的准备。

人们在这一阶段及以后的职业阶段需要完成的最重要的任务也许就是对自己的能力和天资形成一种符合现实的评价。类似的，处于这一阶段的人们还必须根据来自各种职业选择的可靠信息做出相应的教育决策。

3. 确立阶段

确立阶段界定在一个人25—44岁这一年龄段上，它是大多数人工作生命周期中的核心部分。有些时候，个人希望在这期间（通常是这一阶段的早期）能够找到合适的职业，并随之全力以赴地投入有助于自己在此职业中获得永久发展的各种活动中，人们通常愿意（尤其是在专业领域）早早地将自己锁定在某一种已经选定的职业上。然而，大多数情况下，在这一阶段，人们仍然在不断地尝试与自己最初的职业选择所不同的各种能力和理想。

确立阶段本身又由3个子阶段构成。

（1）尝试阶段。

尝试阶段界定在一个人25—30岁这一年龄段，在这一阶段，人们不断确定当前选择的职业是否适合自己，如果不适合，人们就会准备进行一些改变。到了30—40岁这一年龄段的时候，人们通常进入了第二个子阶段——稳定阶段。

（2）稳定阶段。

在稳定阶段，人们往往已经定下了较为坚定的职业目标，并制订了更为明确的职业计划确定自己晋升的潜力、工作调换的必要性及为实现这些目标需要开展哪些教育活动等。最后，在30多岁和40多岁之间的某个时段，人们可能会进入下一个子阶段——职业中期危机阶段。

（3）职业中期危机阶段。

在职业中期危机阶段，人们往往会根据自己最初的理想和目标对自己的职业进步情况做一次重要的重新评价。人们有可能发现，自己并没有朝着目标（如成为公司总裁）靠近，或者在已经完成了自己预定的任务之后才发现，过去的梦想并不是自己想要的全部。在这一时期，人们还有可能会思考工作和职业在自己的全部生活中的重要性。通常情况下，在这一阶段人们第一次不得不面对一个艰难的抉择，即判定自己到底需要什么，什么目标是可以达到的，以及为了达到这一目标自己需要作出多大的牺牲。

4. 维持阶段

到了45—64岁这一年龄段，许多人很自然地进入了维持阶段。在这一职业的后期阶段，人们一般都已经在自己的工作领域中占据了一席之地，因而他们的大多数精力主要放在保有这一位置上。

5. 下降阶段

当临近退休的时候，人们不得不进入职业生涯中的下降阶段。在这一阶段，许多人都不得不面临这样一种前景：接受权力和责任减少的现实，学会适应一种新角色，学会成为年轻人的良师益友。再接下来，就是几乎每个人都不可避免地要面对的退休，这时，人们所面临的选择就是如何打发原来用在工作上的时间。

第二节　就业与创业

“路漫漫其修远兮，吾将上下而求索。”青春易逝，岁月无痕。大学生涯说长不长、说短不短，能否把握时间、抓住机遇，主要靠大学生自己。机遇通常偏爱有准备的人，因此，制订大学生涯规划是当务之急。大学的几年是大学生职业生涯的萌芽阶段，很大程度上决定了大学生今后的人生走向。自己适合做什么？喜欢做什么？能做什么？这一系列的问题都需要大学生在大学里找到答案。如果等到跨出校门的时候才去想这些问题，那么为时已晚。

一、职业生涯规划概述

职业生涯规划简称生涯规划，又叫职业生涯设计，是指结合自身条件和现实环境，确立自己的职业目标，选择职业道路，制订相应的培训、教育和工作计划，并按照职业生涯发展的阶段实施具体行动以达到目标的过程。它是个人与组织相结合，在对一个人职业生涯的主客观条件进行测定、分析、总结的基础上，对个人的兴趣、爱好、能力、特点进行综合分析与权衡，结合时代特点，根据个人的职业倾向，确定最佳的职业奋斗目标，并为实现这一目标作出的行之有效的安排。职业生涯规划的目的绝不仅是帮助个人按照自己的资历条件找到一份合适的工作，比达到与实现个人目标更重要的是帮助个人真正了解自己，为自己定下事业发展计划，筹划未来，拟定一生的发展方向，根据主客观条件设计出合理且可行的职业生涯发展方向。职业生涯贯穿人的一生，因此，对职业生涯的合理规划，就是为自己未来的人生绘制理想的蓝图。

实际上，职业生涯规划的关键就是要解决“干什么”“何处干”“怎么干”“以什么样的心态干”的问题，可以概括为“四定”——定向、定点、定位、定心。

定向，就是确定自己的职业方向。方向与目标有所不同，目标是自己拟定的期望达到的一个理想，方向是为达到目标而选择的一种路径。方向如果错误，目标就会偏离，即使可以修正，也需要花费更多的时间和精力。对于大学生来说，职业定向需要冷静的头脑和十足的勇气，根据自己的兴趣、理想、专业选择职业方向。

定点，就是确定职业发展的地点。地点也是现实环境的一个因素。各地的经济发展现状和前景各有不同，甚至差异很大，如中心城市和边远山区、沿海地区和西部地区等都有很大差异。近几年的调查研究结果显示，大多数毕业生选择就业地点时只盯着经济发达地区，但这些地区不仅竞争激烈，外地生源还要面临环境、观念、语言、文化等差异带来的困难，而且发展与晋升的空间和机会并不见得比去发展中地区更好，这也是大学生就业时要慎重考虑的。

定位，就是确定自己在职业人群中的位置。定位过低会导致个人在职业生涯中无法实现自我价值的最大化，定位过高则容易因连遭挫折而对职业生涯丧失信心。因此，大学生需要准确地标定自己的位置，根据自己的实际水平，在择业时对职位、薪资、工作内容等做好判断和把握。

定心，就是稳定自己的心态。人的一生必然会有高低起伏，成功与挫折经常结伴而行，个人的职业生涯也不例外，在实现职业理想与目标的过程中，难免会有磕磕碰碰和意想不到的困难。因此，大学生要保持平常心，敢于直视就业过程中的困难和问题，始终坚定地按照自己的既定计划实现理想。

二、进行职业生涯规划的意义

① 职业生涯规划有助于帮助大学生确定职业发展目标。大学生要通过分析认识自己、了解自己，明确自己的能力及性格；找出自己的特点，明确自己的优势，正确设定自己的职业发展目标并制订行动计划，使自己的才能得到充分发挥，以实现职业发展目标。

② 职业生涯规划有助于鞭策大学生努力工作。对许多人来说，制订和实现规划就像一场比赛，随着时间的推移，一步一步地实现规划的内容，这时自己的思维方式和工作方式会渐渐改变。即便如此，大学生在制订规划时，也必须保证它是具体的、可以实现的。

③ 职业生涯规划有助于大学生抓住重点。制订职业生涯规划的一个最大好处是它有助于我们分清日常工作的轻重缓急。通过职业生涯规划，大学生能紧紧地抓住工作的重点，增加走向成功的可能性。

④ 职业生涯规划有助于引导个人发挥潜能。职业生涯规划能帮助大学生集中精力，全神贯注于自己具有优势并且会有高回报的方面，有助于发挥自己最大的潜力，最终获得

成功。

⑤ 职业生涯规划有助于评估目前的工作成绩。职业生涯规划的一个重要功能是提供了自我评估的重要手段，大学生可以根据规划的进展情况评价自己目前取得的成绩。

美国成功学专家安东尼·罗宾曾经提出过一个成功的万能公式：

成功 = 明确目标 + 详细计划 + 马上行动

从这个公式可以看出，大学生要想成功，一般要先明确自己的目标并制订详细的计划。职业生涯也是一样，大学生首先要选择一个最适合自己发展的行业和工作，然后确定自己的目标，同时对整个职业生涯进行初步规划，最后付诸行动，并且要经常对自己的目标和计划进行检查修正。按照此方法不断坚持，大学生就有很大的可能获得职业生涯的成功。

三、职业生涯规划的步骤

每个人都渴望成功，但并非人人都能如愿。了解自己，有坚定的奋斗目标，制订相应的计划，并按照情况的变化及时调整自己的计划，只有这样才有可能成功。大学生职业生涯规划的步骤如下。

（一）自我评估

自我评估就是对自己进行全面分析并评价，这是实施职业生涯规划的第一步。自我评估既包括对自己的兴趣、特长、性格的了解，也包括对自己的学识、技能、智商、情商的认识，以及对自己的思维方式、道德水准的评价等。自我评估的目的是认识自己、了解自己，从而对自己适合的职业和职业生涯目标做出合理的抉择。

从事自己感兴趣的职业，是迈向成功职业生涯的第一步。如果对自己的职业感兴趣，就会在学习和工作中全神贯注、积极热情、富有创造性；如果对自己的学习或工作毫无兴趣，即使再聪明能干，也难以在该领域有所建树。人的职业兴趣并非与生俱来，而是以一定的知识为前提，在生活实践过程中逐渐发生和发展起来的。例如，喜欢与人接触、对销售、采访、传递信息等活动感兴趣的人，比较适合推销员、记者、公务员、教师、行政管理、公共关系等岗位的工作；对想象和创造思维感兴趣、喜欢独立工作的人，比较适合社会调查、经济分析、新产品开发、艺术设计等工作。

能力是影响工作效果的基本因素。过高地估计自己的能力或者对自己的能力认识不足，都有可能使自己的职业定位出现偏差，在职业活动中难以取得预期的成效，也难以获得成就感，从而陷入自我挫败的误区。过低地估计自己的能力或者对自己的能力特点认识不正确，即使在“眼光向下”的职业定位中找到自己的位置并有所表现，也难以让人得到满足感，更不要说让生命的意义得到充分的体现。一般来说，一项职业总是需要几种能力的综合，因此大学生择业时，就应考虑自己是否具备这些能力。试想，倘若鲁迅继续学医，可能不会成为伟大的文学家；假如陈景润一直当中学教师，便可能没有举世闻名的“陈氏定理”；要是达尔文当初听从父亲的安排，放弃科学考察而去做一名牧师，自然界的生物进化之谜就不知延迟多久才能被解开。因此，在进行职业生涯规划与职业选择时，大学生应充分考虑个人的最佳能力，选择最能发挥和运用自身优势和才能的职业。

性格与个人的职业生涯紧密相关，大学生要尽可能根据自己的性格特点选择职业。近年来，许多用人单位在选择人才时出现了一种新观念，即认为性格比能力重要。其原因是，如果一个人能力不足，尚可通过培训提高；但如果一个人的性格不好，改变起来就困难多了。对性格更加重视的另外一个原因是，性格是个性中具有核心意义的成分，几乎涉及人的心理过程及个性特征的各个方面。个人在选择职业时通常应根据自己的性格，选择适合自己性格特点的职业和工作。一般来说，内向型性格的人有耐心、谨慎，比较适合从事有计划的、稳定的、不需要与人过多交往的职业，如科学家、技术人员、会计师、统计员、资料管理人员、一般办公室职员等；外向型性格的人爱好交际，善于活跃气氛，更适合从事需要与外界广泛接触的职业，如管理人员、律师、政治家、推销员、记者、教师等。

每个人的气质不同、经历不同，形成的做事风格也不同。气质虽不能直接决定一个人成就的大小和社会价值（各种气质类型的人都可以作出对人类有价值的贡献），但是气质对人们从事生产活动的效率具有明显影响。当一个人所具有的气质特点符合其工作特点的要求时，这个人就容易适应，工作起来也比较轻松；而当一个人所具有的气质特点不符合其工作特点的要求时，适应起来就比较困难，工作也比较吃力。在日常生活中，常常可以看到，有些人稳重、沉着，办事慢条斯理；有些人活泼好动，手脚麻利；有些人脾气暴躁，容易动怒；有些人行动缓慢，容易伤感。这些人与人之间的心理活动的不同表现，实际上属于人的气质的差异。因此，在职业生涯规划中，大学生要尽可能地根据自己的气质类型选择与自己相适应的职业，力争发挥优势与特长，以取得更大的成就。

自我评估的方法主要有：自评法，即自我反省、自我分析；他评法，即让家长、教师、朋友、同学对自己进行评价；测评法，即利用职业测评软件对自己进行测评。为了提高自我评估的准确度，可以联合使用以上各种方法。

（二）职业生涯机会的评估

职业生涯机会的评估，主要是评估周边各种环境因素对自己职业生涯发展的影响。环境因素对个人职业生涯发展的影响是巨大的，它为每个人提供了活动空间、发展条件和成功的机遇。在对个人的职业生涯进行规划时，大学生要充分了解个人所处环境的特点，掌握职业环境的发展变化情况，明确自己在这个环境中的地位，以及环境对自己提出的要求和创造的条件等。只有对环境因素有充分的了解和把握，才能做到在复杂的环境中趋利避害，使自己的职业生涯规划具有实际意义。

社会环境为每个人提供了活动的空间、发展的条件、成功的机遇，对个人的职业生涯乃至人生发展都具有重要影响。对社会环境的分析，主要是了解国家或所在地区的政治、经济、法治建设情况，寻找各种发展机会，了解未来拟选职业在社会环境中的发展状况，以及社会发展趋势对该职业的影响和该行业的人才储备情况。

校园环境分析包括学校的专业教学计划、馆藏图书资料、社团活动、学术讲座、社会实践等情况，大学生应使这些资源尽可能为个人职业目标所用。对于大学生来说，专业学习对职业的影响是教育因素中尤为重要的一个方面。大学生都经过一定的专业训练，已具备某一专业的知识和技能，这是大学生的优势所在。大学生都有自己所学的专业，每个专业都有一定的培养目标和就业方向，这就是大学生职业生涯设计的基本依据。用人单位对大学毕业生的需求，一般首先着眼于其专业方面的特长；大学生迈入社会后的贡献，主要也是运用所学的专业知识实现的。如果职业生涯规划离开了所学专业，无形当中会增加许多“补课”的负担，个人的价值可能难以实现。

家庭环境分析主要指家庭成员的文化程度、职业、观念对个人职业目标的支持程度，大学生要明确社会关系等其他因素可以为自己的职业目标的实现提供哪些有利条件，存在哪些不利因素。职业生涯的每一个阶段都与家庭因素息息相关，或协调或冲突。在走进社会之前，家庭对孩子职业意向的影响是多方面的，父母的职业在很大程度上决定了孩子特殊的生长环境，“子承父业”的现象并不罕见；父母的价值取向、教育方式和一言一行都可能转化为孩子的价值标准；父母的社会地位与社会关系往往也会影响子女的就业途径；父母对子女成功、成才的不同期待，可能导致子女对职业的不同选择；等等。

此外，大学生还应该关注政治环境、经济环境、组织环境等，弄清环境对个人职业发展的作用和影响，以便更好地进行职业目标的选择和职业路线的设计。

（三）确定职业发展目标

“志不立，天下无可成之事。”立志是人生的起跑线，反映着一个人的理想、胸怀、情趣和价值观。在准确地对自己和环境做出评估之后，大学生可以确定适合自己、有实现可能的职业发展目标。在确定职业发展目标时，大学生要注意自己的性格、兴趣、特长与选定职业的匹配度，更重要的是要考察自己所处的内外环境与职业目标是否相适应，既不能妄自菲薄，也不能好高骛远。合理、可行的职业生涯目标的确立往往决定了职业发展中的行为和结果，是制订职业生涯规划的关键。

“大学毕业以后我要成为一个什么样的人?”这是每个大学生在进入大学时就应该认真思考的问题。哈佛大学有一个关于目标对人生的影响的跟踪调查。调查对象是一群智力、学历、环境等条件都差不多的大学生，调查结果显示：3%的人有清晰的长期目标，10%的人有清晰的短期目标，60%的人目标模糊，27%的人没有目标。30年后的跟踪结果发现：有清晰的长期目标的人总是朝着一个方向不懈地努力，后来几乎都成为各领域的成功人士、社会精英，他们中不乏百万富翁、行业领袖；有清晰的短期目标的人不断完成预定的短期目标，生活水平不断提高，后来几乎都成为各行各业的专业人士，如医生、律师、工程师、高级主管等；目标模糊的人，安稳地生活与工作，但都没有什么特别的成绩；没有目标的人，几乎都长期在失败的阴影里挣扎，他们的生活过得很不如意，并且抱怨他人、抱怨社会、抱怨世界。可见，目标对人生具有重要的导向作用，一个人能否成就一番事业，很大程度上取决于这个人有无正确而恰当的人生目标。

大学生职业生涯规划要求大学生用一系列的目标为自己铺就一条成功之路。设定目标是为了激励行为，所以目标的选择不能随心所欲，不恰当的目标不仅不能起到激励作用，相反还会挫伤自己的自信、阻碍自己的发展。目标通常分为短期目标、中期目标、长期目标和人生目标。短期目标又分为日目标、周目标、月目标、年目标，中期目标一般为3～5年内的目标，长期目标一般为6～10年内的目标。在确定目标的过程中，大学生要注意如下几个方面的问题：目标要符合社会的需要；目标要适合自身的特点；目标要高远但又不能好高骛远；目标幅度不宜过宽，聚焦于具体方向，最好能全身心投入；目标要明确、具体、简明。

例如，适合电子商务专业毕业生的工作岗位有很多，包含不同的职业方向，有管理、教学、技术、营销等，大学生可以结合自己的个性特征、兴趣爱好等选择适合自己的职业方向。在职业方向的指引下，大学生再设定自己的具体职业目标——可以是成为行业业务骨干或管理人员，可以是在学校从事电子商务课程的教学或在企事业单位从事培训工作，可以是在经济管理部门从事电子商务的设计与开发，可以是成为企业的营销骨干或商业部门的营销人员。

（四）选择职业生涯发展路线

在职业发展目标确定后，大学生还要明确按哪一条路线发展：走技术路线或者管理路线；走技术+管理路线，即技术管理路线发展先走技术路线，再走管理路线等。发展路线不同，对职业发展的要求也不同。因此，在职业生涯规划中，大学生必须对发展路线做出抉择，以便及时调整自己的学习、工作及各种行动措施，使自己沿着预定的方向前进。

依据大学生的特点，大学生可以选择在变换工作的同时，提升在组织中的层级的传统纵向职业路径；可以选择积累阅历、扩大知识面、跨职能边界进行工作变换的横向职业路径；可以选择纵向、横向相结合的网络职业路径；可以选择凭借自己的能力的提高为组织作出贡献，从而赢得更好的待遇、获得应有的承认的职业路径。当然，职业生涯发展路线也可能会出现交叉与转换，大学生可以根据自己的情况与环境决定。

（五）制订职业生涯行动计划与措施

一种性格决定一种命运，一种习惯决定一种性格，一种行为决定一种习惯，一种思想决定一种行为。在确定了职业生涯的终极目标并选定职业发展的路线后，行动便成了关键的环节。这里所指的行动，是指落实目标的具体措施，主要包括工作、培训、教育、轮岗等方面的措施。大学生可对应自己的行动计划将职业目标进行分解，分解后的目标有利于跟踪检查，同时可以根据环境变化制订和调整短期行动计划，并针对具体计划目标采取有效的措施。大学生有机会接触大量的信息，而且长期目标的实现有众多的不确定性，这就要求大学生在长期目标的指引下，根据自身实际和社会发展趋势，不断设定短期可操作目标，每天都朝着既定的目标前进。

（六）评估与反馈

常言道，计划赶不上变化。影响职业生涯规划的因素很多，有的变化因素是可以预测的，而有的变化因素难以预测，况且大学生的人生观、价值观尚处于形成阶段，种种不确定因素可能会使原本制订好的规划与实际情况产生偏差。在此状态下，要使职业生涯规划行之有效，大学生必须不断地对职业生涯规划执行情况进行评估，及时加以修订。首先，要对年度目标的执行情况进行总结，确定哪些目标已按计划完成，哪些目标未完成；然后，对未完成的目标进行分析，找出未完成原因及发展障碍，制订相应的解决障碍的对策及方法；最后，依据评估结果对下一年的计划进行修订与完善。如果有必要，大学生也可以考虑对职业目标和路线进行修正，但修正时一定要谨慎。修正的内容主要包括：职业生涯机会的重新评估、职业的重新选择、职业目标的修订、计划和措施的变更等。

第三节　规划好大学生活

大学生的学习生活与未来的职业发展有着密切联系，大学生涯规划是职业生涯规划的重要阶段，人生需要规划，大学生活也需要规划。

一、专业学习与职业生涯发展

（一）专业与职业的联系

专业成绩不仅反映知识水平，而且反映一个人的做事态度，反映一个人有多大的培养价值与发展潜力。专业知识是指大学生在校期间所学专业的知识，是大多数大学毕业生今后走向工作岗位的“重要武器”，是大学生知识结构的主要内容。高校的专业设置就是基础教育发展到一定程度时，随着社会的需要而建立的一个特殊人才的培养计划，专业知识的学习是最终实现育人目标的必然途径。

专业与职业的联系从“亲疏”上来看，可以分为专业对口型、专业相关型、专业无关型。

专业对口型是以专业为职业发展的核心，完全按照专业进行职业选择，大学生毕业后从事与专业直接相关的工作。在这类情况中，一般职位对专业的精度要求较高，在技术类专业大学生中所占比例较大，约占70%，并且以理工科学生居多，如建筑、医学等专业。

专业相关型以专业为职业线索，指专业的某一项特点能够与工作岗位相结合，或专业特点能够与个人特长、兴趣、优势相结合，专业与职业之间存在着某种联系。这类情况中，非技术类专业大学生所占比例较大，约占80%，以文、史、哲、经济管理类学生居多。例如，学历史的大学生去做导游，可以旁征博引，提升旅游的知识性、趣味性；学医学的大学生做医药、器械销售，具有更强的说服力；土木工程专业的毕业生如果文笔好，可以去建筑类杂志社，如果计算机水平高，可以去做建筑类应用软件等。

专业无关型是指完全脱离专业进行职业的选择，所从事的工作与专业知识几乎没有一点关系，这种情况在各个专业的毕业生中都存在，比较典型的是技术类专业毕业生从事非技术类职业。但一般来说，非技术类专业毕业生从事技术类职业的比例较小。

（二）课程与职业的联系

课程是构成学业学习的基本单元，高校往往会根据各专业教学大纲，在大学教育期间开设一系列课程，一般分为基础课、专业课、选修课等。目前大学中任何一个专业的课程安排都是经过考量的，有其合理性、科学性和系统性，一门门课程共同搭建起大学生的知识结构。

掌握基础知识是学好专业知识的根基，如学理科的大学生要学好数学、物理、英语等，基础课程如果学不好，学习后面的专业课程就会遇到很大的障碍。

大学生还可以深挖感兴趣的课程，一门专业课、选修课都可以成为一个职业方向的突破口。例如，工商管理专业就是由行政管理、人力资源管理、会计学等课程构成的。专业为大学生提供了一个平台，而课程则是一扇扇窗，至于窗外的“四季”则全靠大学生自己去品味了，如果自己能将一些课程学得炉火纯青，就可能会打开若干扇发展的窗。很多毕业生都有这样的经历，被用人单位选择或者选择职业发展方向时，仅仅是因为学了某门课程或者某些课程学得好。

（三）专业转换和辅修与职业的联系

从职业生涯发展的角度来看，大学阶段是一个人规划职业生涯的黄金阶段，大学期间所学习的专业应与大学生自身的兴趣、爱好及能力倾向相协调，这样大学期间的学习才会有热情、有动力、有目标、有效率，呈现出大学生自觉自愿的、积极主动的、“我要学”的局面，并且有助于大学生未来的职业生涯发展。但事实上，由于我国目前职业生涯规划教育体系不完备，教育资源分布的不平衡，高考时的专业选择与个体整个职业生涯发展的匹配情况难以达到理想的要求等，一些大学生对自己的专业不适应、不喜欢甚至排斥。

当前，越来越人性化的教育培养模式为转专业提供了可能性，根据各高校的不同情况，新生进入大学后，大致有以下3种机会可以重新选择专业：一是高校有关实验班面向新生选拔学生；二是按大类招生的院系，在大学二、三年级时才组织学生选择专业方向；三是学生完成一年或两年学业后，允许一次或两次转专业。

辅修是指兼修本专业以外的任何一个专业。辅修专业分为辅修、双专业、双学位三个学习阶段，学生修读完辅修培养方案规定的学分，才有资格申请修读双专业、双学位。简单来说，就是多修一门与本专业有关的学科，如专业为市场营销，修多科电子商务，就是辅修，因为拿的都是同一个学位，所以称为辅修；如果是不同学位，就叫作双学位。双学位是指修读经济学、法学、教育学、文学、历史学、理学、工学、管理学等不同学科门类的任意两个专业的学位。如果你想多修一门，扩展自己的知识面，就要做好多读一年的准备。从大一开始就要认真学习，三个学期的绩点平均要3.0及以上才能辅修。同时，第四个学期的绩点不能倒退，不能有重修记录。

辅修从职业生涯层面而言，辅修专业并不能以过硬的学历用于就业，但是它绝对是提高自我价值的体现，是大学学业的附加纬度，是大学生爱好、成就、动机的延伸。

二、进行大学生涯规划的必要性

大学生涯规划就其内涵来看，是指大学生根据自身的天赋、兴趣及社会的需要，为实现自己的职业发展目标而制订的大学期间的成长、发展计划。大学生涯规划的必要性有以下3点。

（一）有利于突破人才“标准化”，形成人才个性

在大学，如果大学生只是根据学校的教学计划，跟随教师的指挥，按照学校和教师的要求学习，就只是“批量生产的标准化产品”。大学生应该根据个性特征和个人需求，制订个性化的发展规划，以便形成个性化的知识结构，构筑自己的竞争优势，使自己在“出厂”时，既符合专业标准，又具有突出个性。

（二）有助于增强学习主动性，提高学习效率

调查结果显示，凡是在毕业时能顺利找到理想工作的大学生，大多数都是在大学期间

做过一定规划的大学生，如规划在大学阶段英语、计算机达到什么等级，何时准备职业资格证书的考试，参加哪些课外活动，侧重锻炼自己哪方面的能力，假期如何安排等。科学地进行大学生涯规划能使大学生的学习目的更加明确，而有了近期和远期的目标，大学生就会增强学习主动性，从“要我学”转变为“我要学”，从而大大提高学习效率。

（三）大学生涯规划是职业生涯规划的基础

职业生涯规划是指个人发展与组织发展相结合，对决定一个人职业生涯的主客观因素进行分析、总结和测定，确定一个人的事业奋斗目标，并选择实现这一事业奋斗目标的职业，编制相应的工作、教育和培训的行动计划，对每一步骤的时间、顺序和方向做出合理的安排。大学阶段实际上是大学生走向社会的一个缓冲期，大学生在走出校园之前，应该为参加工作做好准备。通过大学生涯规划，大学生能够认清自我，发现自己的优势，提高自己的能力，并根据自己的特点，结合社会实际需要规划好自己的事业目标，提高事业成功的可能性，即所谓“凡事预则立，不预则废”。综上，大学是大学生进行职业准备和选择的阶段，大学生涯规划正是职业生涯规划的基础。

三、大学四年阶段划分

大学是职业起跑的助跑期，在这个阶段，大学生要制订行动计划，选择合适的方式和途径以实现人生目标。职业生涯规划应从大一开始做起，且不同的年级各有侧重点。

一年级是职业试探期。在这个阶段，大学生要初步了解职业，特别是自己未来想从事的职业或与自己所学专业对口的职业。大学生要多和学长交流，向毕业生询问就业和考研情况；利用学生手册了解相关规定，为考研、择业、留学做好资料收集和课程准备；在培养学习习惯、掌握学习方法、打牢学习基础上下功夫；适当参加一些学校的活动，以锻炼和增强实践能力。

二年级是职业定向期。大学生应考虑清楚自己大学毕业后是考研（继续深造，即学术导向）还是就业（立即就业，即市场导向），并以提高自身的基本素质为主，通过参加兴趣小组、科研小组、学生会或社团等组织，锻炼自己的各种能力，同时检验自己的知识技能。大学生可以按照学校的安排，参加科研技能大赛，尝试兼职或其他社会实践活动，并要具有持久性，最好能在课余时间长时间从事与自己未来职业或本专业有关的工作，提高自己的责任感、主动性和抗挫折能力；增强英语口语能力和计算机应用能力，参加英语和计算机的相关证书考试，并开始有选择地辅修其他专业的知识以充实自己。

三年级是职业冲刺期。这一时期大学生开始接触专业课程，所以目标应锁定在提高专业素养、职业技能，收集专业信息或确定所从事职业上。大学生可以尝试撰写专业学术文章，大胆地提出自己的见解，锻炼自己独立解决问题的能力和创造性；参加和专业有关的假期工作，和同学交流求职的心得体会，学习写简历、求职信；了解收集工作信息的渠道，并积极尝试加入校友网络，和已经毕业的校友谈话，以了解往年的求职情况。希望出国留学的大学生，要留意留学考试资讯，向相关教育部门索取简章和参考资料，并准备相关考试。

四年级是分化期。此时不能再犹豫不决，一部分大学生的目标应该锁定在工作申请及成功就业上。这时，大学生可先对前面的学习准备做一个总结：首先检验自己已确立的职业目标是否明确，以前的准备是否充分；然后开始毕业后的工作申请，积极参加招聘活动，在实践中检验自己；最后预习或模拟面试，积极利用学校提供的条件，了解就业指导中心提供的用人单位的资料信息，强化求职技巧，进行模拟面试等，尽可能地在准备较充分的情况下进行演练。在这个阶段，大学生还可以参加学校组织的教育培训、企业招聘宣讲会、创业模拟沙盘大赛、职业生涯规划大赛、就业创业形势讲座等。

大学生毕业后能否找到满意的工作，决胜点在于长期、点滴的积累。令人担忧的是，许多大学生没有注重有计划地在生活中培养自己真正有发展潜力的素质。证书、成绩、丰富的经历只是求职的表面文章，真正的“内功”才是最后面试成功的关键所在，而这种“内功”是需要大学生认真修炼的。

第四节　把握机遇

精品案例

把握机遇的重要性

在学校2023年3月份举办的小型招聘会上，毕业生小袁的父母在招聘会尚未开始时，就早早地到会场打听用人单位的情况。招聘会开始很久以后，小袁才姗姗来迟，并由家长陪同前往用人单位展台前面谈。面谈过程中，小袁发言的时间还没有其父母多，结果谈了一家又一家，最终一无所获。

案例分析：

小袁的问题出在择业过程中过分依赖他人，而依赖他人是难以选择到一份满意的工作的。现在的毕业生中，独生子女所占的比例较大，他们的生活一帆风顺，没有经历过什么波折，再加上父母的过分呵护，客观上养成了他们的依赖心理。这类毕业生大多缺乏主见，自我意识模糊，在择业中常会茫然不知所措，自己独立进行择业决策的能力差，以致在人才市场上，父母代替子女，亲友代替本人与用人单位洽谈的场面屡见不鲜。难怪有用人单位对依赖性过强的毕业生说：“你本人都要靠别人来推销，企业又如何靠你来推销产品呢?”

来源：https://w.51tietu.net/shehuishijianbaogao/634623.html，有改动。

机遇本身是客观存在的，但机遇更爱垂青那些有准备的人，个人的能动性能帮助大学生寻求到新的发展机会或者为自己创造机会。所谓有准备，就是要有坚实的基础，创造好必要条件，“万事俱备，只欠东风”，只要时机一到，便能乘风破浪。通常，想要打好基础、创造必要条件，大学生须做好以下几点。

一、职业品质准备

大学新生一进入大学，就应该有意识地培养和锻炼以下10种职业品质。

（一）责任心

俄国文豪托尔斯泰曾说过："一个人若是没有热情，他将一事无成，而热情的基点正是责任心。"有了责任心，大学生才有可能产生"国家兴亡、匹夫有责"的历史责任感，才会把"人人为我，我为人人"落实到具体行动中，才会自觉承担起对社会、对他人的责任。

（二）爱岗敬业

忠于职守、具有敬业精神是基本的职业品质，认认真真、兢兢业业地对待自己的工作几乎是每个成功者的个性品质。大学生在职业生涯初期，往往难以找到想要从事一生的工作，但是，喜欢不喜欢这份工作是一回事，应该不应该做好这份工作、是否有能力做好这份工作则是另一回事。北京市公交总公司售票员李素丽在平凡的岗位上，爱岗敬业，用她伟大的人格做出了不平凡的事，赢得了人们的尊敬。爱岗敬业是任何职业的灵魂和核心，爱岗敬业的人无论走到哪里，都会得到别人的信赖，无论从事什么样的工作，都更容易成功。

（三）自觉主动

企业希望每个员工都有主动关心企业及主动工作的心态，要有主人翁的精神。大学生如果想要成功，就要永远保持主动、争先的精神面对自己的工作。即使面对的是自己毫无兴趣的工作，只要能够做到主动自发，最终也能获得回报。没有人能保证你获得成功，除了你自己；也没有人能阻挠你获得成功，同样除了你自己；"没有时间"是懒散者的挡箭牌，是懦弱无能者的借口。

（四）诚实守信

诚实守信对大学生顺利踏入职场并取得良好的职业发展有着重要的意义。

有一家外资公司招聘雇员，条件很苛刻，前往应聘的都是高学历者。当第一名应聘者走进房间时，主考官立即露出兴奋之色，像他乡遇故知一样热情地说："你不是××大学某专业的研究生吗？我比你高一届，你不记得我啦？"应聘的毕业生心里一怔："他认错人了！"此时，承认自己有××大学的学历对应聘绝对有好处，但这个毕业生认为诚实比什么都重要。于是，他冷静客气地说："先生，你可能认错人了。我没有在××大学学习过。"说这话的同时，他已做好了不被录用的心理准备。没想到，主考官又一次露出了惊喜之色，他说："你很诚实，刚才就是我们考试的第一关。"最终，这名毕业生被录用了。

（五）宽容大度

宽容绝不是无原则的宽大无边，而是建立在自信、助人和有益于社会基础上的适度宽大，同时必须遵循法制和道德规范。对于绝大多数人来说，宽容大度宜采取宽恕和约束相结合的方法，从这一意义上说，"大事讲原则，小事讲风格"乃是应采取的态度。

懂得宽恕的人是伟大的，懂得感恩的人是幸福的。宽容大度就是对人宽厚，有气量，宽容能给人以力量，大度更是自信的表现。不论是在工作中还是在日常生活中，宽容大度都是与人和睦相处、成功合作不可或缺的品质。大学生生活在群体中，如果能对别人多一分理解、多一分同情、多一分宽容，将有助于自己获得良好的人际关系，有助于学习和事业的成功。

（六）勤奋刻苦

勤奋刻苦是成功的阶梯，这是不容置疑的事实。实践经验表明，成功的道路上从来就没有捷径，那种企图以侥幸的心理取得成功的人，最终也逃不过失败的命运。

（七）坚韧不拔

实现理想的目标无疑是大多数人梦寐以求的，但是真正能到达成功巅峰的人为数却不多，这是为什么呢？主要原因在于大多数人不能持之以恒。由此可见，要达到目标并非易事，在这个过程中，人除了要付出艰辛的劳作外，更需要坚强的意志来约束自己。在工作中，一个人一旦具备了坚韧的品质，即使没有受到上司的青睐，也不会觉得沮丧。大学生培养坚韧的品质，应从生活中的小事入手，如坚持不迟到、不旷课等。

（八）善于合作

在现代社会，“孤家寡人”、单枪匹马越来越难取得成功，成功越来越需要团结协作、形成合力。从某种意义上讲，帮助别人就等于帮助自己，合则共存，分则俱损。实践经验证明，无法与他人和睦相处、坦诚合作，是一些人与成功无缘的原因之一。美国哲学家威廉·詹姆士曾经说过：“如果你能够使别人乐意和你合作，那么不论做任何事情，你都可以无往不胜。”大学有丰富的社团活动、社会实践活动，许多专业还有不同的实验活动，这些都是大学生培养协作精神的良好契机。大学生应积极参加各种集体活动，在活动中有意识地培养自己的协作精神。

（九）成熟自律

一个自律的人，一定是懂得自爱、勇于自省、善于自控的人，而一个缺乏自律的人很难在学业或事业中取得成功。大学与中学最大的不同在于，它更强调大学生的自我学习和自我管理，这对大学生的自律能力既是考验，又是培养和提高的好机会。有些大学生沉迷于网络游戏而荒废了学业，其实这都是缺乏自律的表现。

（十）人格和谐

真正能适应现代国际社会挑战的一代新人，应该具有开放的头脑、宽广的视野、博大的胸襟、平衡的身心状态和超前的意识，换言之，就是必须具有自主、和谐、健全的人格特征和素养。因此，大学生在校学习期间要注意自身知识结构的合理性，尤其要重视人文社科知识的学习，提高人文素养。

总之，优秀的个性品质、良好的职业素养不能一蹴而就，它需要大学生在日常的学习生活中有针对性地锻炼、培养，尤其要重视高尚道德的培养，提高思想认识。在此基础上，大学生更要付诸行动，因为只有将正确的认知落实到行动中去，并且持之以恒，才能最终形成良好的品质。有了这些良好的职业品质，当机遇来临时，大学生才能有效地把握住。

二、实践锻炼

“实践出真知。”知识的积累、技能的培养、素质的提高主要靠平时实践中的学习，实践是缩小能力差距最有效、最直接的方法。人们在实际工作中需要具备的许多才干，更多的是从实践中学来的。理论学习是学习，实践中的学习也是学习，而且是更重要的学习。同时，大学生在参与实践的过程中还要注重发展优势、培养强项，这有助于为自己创造机遇、获得成功。

参考文献

[1] 丁盛，胡洪安，王璐. 大学生入学教育[M]. 北京：北京邮电大学出版社，2017.
[2] 庄林议，江艺敏，陈锦锋. 大学新生入学教育[M]. 北京：北京出版社，2019.
[3] 韩天顺. 大学新生入学适应教育研究[D]. 北京：北京化工大学，2014.
[4] 李伟中. 大学生入学教育[M]. 北京：人民邮电出版社，2020.
[5] 李瑞丽，蔡炳育. 大学生入学教育[M]. 苏州：苏州大学出版社，2021.
[6] 赵驰轩. 扬帆：新生入学必读[M]. 北京：人民邮电出版社，2016.
[7] 王国伟. 关于当代大学学生组织思想政治培养[J]. 教育，2015（40）：178.
[8] 马纪岗. 大学生入学教育[M]. 北京：北京理工大学出版社，2018.
[9] 蔡昌卓. 当代大学生安全课程[M]. 北京：中国人民大学出版社，2015.
[10] 赖芳，季辉. 大学生恋爱与婚姻[M]. 天津：天津大学出版社，2012.
[11] 詹秀娟. 团队合作[M]. 北京：中国轻工业出版社，2019.
[12] 金艳. 大学新生适应性发展概论[M]. 武汉：武汉大学出版社，2020.
[13] 刘儒德. 自我管理[M]. 北京：北京师范大学出版社，2010.
[14] 毛芳才，梁华，林明. 大学生入学教育读本[M]. 长春：东北师范大学出版社，2019.
[15] 吴才智，蒋湘祁. 大学生心理健康教育[M]. 上海：华东师范大学出版社，2013.
[16] 陈伟. 大学导引[M]. 成都：西南财经大学出版社，2019.